Zwischen Dom und Davidstern

Jüdisches Leben in Köln von den Anfängen bis heute

Kirsten Serup-Bilfeldt

Zwischen Dom und Davidstern

Jüdisches Leben in Köln
von den Anfängen bis heute

Ulrike Mast-Kirschning (Hrsg.)

Lektorat   Astrid Roth, Köln

Grafische Gestaltung   Joachim Kubowitz, luxsiebenzwo, Köln

Druck   Dr. Cantz'sche Druckerei, Ostfildern

ISBN 3-462-03508-8

Inhalt

Warum ein Jude aus Hamburg gerne in Köln lebt

Dies gleich eingangs, weil ich alles andere als einen Affront gegen die eigene Biographie empfände: Ich bin Hamburger, bin 1923 in Hamburg geboren, habe die ersten vierzig Jahre meines Daseins dort zugebracht, darunter jene schrecklichen zwölf zwischen 1933 und 1945, wie ich sie in meiner Familien- und Verfolgten-Saga *Die Bertinis* geschildert habe, und bin vor diesem Hintergrund Mitglied der Jüdischen Gemeinde Hamburgs. Die Nabelschnur zu meiner Vaterstadt an der Elbe war nie durchschnitten, und wird es bis an mein hoffentlich fernes Ende nicht sein.

Aber licht, so darf ich mit Fug und Recht sagen, licht ist mein Leben mit Köln geworden, und zwar in dem Sinn, daß ich erst hier, wie ich es gern nenne, in die „Speichen meiner Begabungen" greifen konnte: 1964 holte mich der Westdeutsche Rundfunk nach Köln und bot mir als Fernsehdokumentarist Möglichkeiten, die ich mir in meinen allerkühnsten Träumen nicht hätte ausmalen können. Ich konnte über 25 Jahre, bis zu meiner offiziellen WDR-Pensionierung 1988, hinausfliegen in die Welt. Es war ein Leben buchstäblich wie im Fluge, jenseits der Schwerkraft, und ohne daß die kreative Spannung je nachgelassen hätte.

So also kam ich nach Köln – und bin dort bis zur Stunde dieser Niederschrift geblieben.

Die ersten acht Jahre nomadisierend, ohne festen Wohnsitz, anwesend nur beim Schnitt des jeweiligen Films. Dann, ab 1972 mit fester Adresse, erst in Rodenkirchen, dann an der Grenze zwischen Bayenthal und der Marienburg.

Dort hocke ich nun an meinem Computer und versuche, der Aufgabe dieses Vorworts „Warum ein Jude aus Hamburg gerne in Köln lebt" gerecht zu werden.

Ja, warum?

Wenn ich zunächst ganz generell antworten sollte: weil ich die Menschen hier eher als eine defensive Gattung des Homo sapiens empfinde und ihnen nach meinen Erfahrungen ganz und gar jene Aggressivität abgeht, wie sie so oft unangenehmerweise in anderen urbanen Metropolen anzutreffen ist.

Die erste Begegnung mit Köln fand übrigens schon 1963 statt, und das sinnigerweise im Urgebäude des WDR am Wallrafplatz und – mit Heinrich Böll.

Ungeachtet meiner eingestandenermaßen lang andauernden Schwierigkeiten als Norddeutscher mit dem einheimischen Dialekt, dem Kölsch, hatte die bedeutendste Entdeckung meiner organisch gewachsenen Vertrautheit mit der Stadt und ihren Menschen jedoch eben genau damit zu tun. Denn als ich zu meinem nicht geringen linguistischen Entzücken erfuhr, daß auf Kölsch der „Hund", also Einzahl, „Hunk" genannt wird, die „Hunde", also Mehrzahl, aber „Hüng" heißen – da, in diesem Moment, als ich mir den weicheren Plural „Hüng" geradezu genüßlich auf der Zunge zergehen ließ, da ahnte ich, daß mein bis dahin bloßer Integrationsprozeß in bodenständige Seßhaftigkeit ausgeartet war.

Und natürlich waren inzwischen über eine so lange Zeit Bindungen an Ort und Stelle entstanden, Freundschaften, ja, Lebensfreundschaften, innere Beziehungen auch zur Stadt, zu ihrer Geschichte und ihrer Gegenwart. Nicht zu vergessen, daß Kiepenheuer & Witsch hier in der Rondorfer Straße seine denkmalgeschützte Wohnstatt hat, also der Verlag, der seit zehn Jahren meine Bücher herausbringt.

Und als ich dann noch eine Urkölnerin heiratete, oder meine Frau Roswitha, genannt Röschen, mich, konnte das Schicksal als endgültig besiegelt gelten: Endlich war auch Köln zu meiner Heimat geworden.

Daß der jüdische Teil seiner Geschichte mich besonders berührt, bedarf wohl kaum der Erwähnung. Ich werde den differenzierenden und bewundernswert eindrücklichen Inhalt von *Zwischen Dom und Davidstern – Jüdisches Leben in Köln* hier nicht vorwegnehmen. Wohl aber anmerken: Ich bin mir nur allzu bewußt, daß ich in Nähe und Umgebung des Historischen Rathauses nicht allein auf dem Territorium der ältesten römischen Siedlung Germaniens stehe, sondern auch auf dem der ältesten jüdischen Gemeinde auf nachmals deutschem Boden. Sobald ich vor der glasüberdacht gesicherten Mikwe, jenem einst zur Synagoge gehörigen Kultbade, stehe und darauf heruntersehe, wallen in mir

Empfindungen auf, die zu beschreiben ich gar nicht erst versuche. Das gleiche, wenn ich vor der Synagoge in der Roonstraße stehe, vor hundert Jahren – mit welchen Hoffnungen und welcher Blindheit vor kommenden Unzeiten! – errichtet, 1938 in der Reichspogromnacht vom 9. auf den 10. November teilzerstört, 1959 dann wieder aufgebaut und heute der Mittelpunkt einer der größten Jüdischen Gemeinden der Bundesrepublik Deutschland.

Sie, liebe Leserinnen und Leser dieses verdienstvollen Werkes von Kirsten Serup-Bilfeldt und Ulrike Mast-Kirschning, werden vieles von dem erfahren, was sich zwischen den Geschichtspolen Römerzeit und Gegenwart hier abgespielt hat, an Großem und an Kleinlichem, an Zeiten des Heils und des Unheils, am Kölner Opferanteil des Holocaust, an Schuld gegenüber Juden und Hilfe für Juden, an zerschlagenen und wiederaufkeimenden Hoffnungen – von alldem, und mehr, berichtet das Buch. Und das zu einer Zeit, da glücklicherweise vorausgesagt werden kann, daß durch den Zustrom aus dem Osten jüdisches Leben in Deutschland im 21. Jahrhundert nicht nur erhalten bleibt, sondern daß es, bei allen natürlichen Schwierigkeiten innerhalb dieses Prozesses, wachsen und blühen wird.

Daß den alten und den neuen Feinden jedweder Triumph künftig versagt bleibe, dazu mögen *Zwischen Dom und Davidstern* und die Leserschaft beisteuern.

Wie es mit seinem Molekül, seinem Atom auch der Autor verspricht, dem die Ehre dieses Vorworts gegeben worden ist.

Ralph Giordano

Vorwort

„Ich habe einmal in der Sorbonne", so schrieb Kurt Tucholsky 1930, „einen chinesischen Studenten sprechen hören, der sprach glatt und gut französisch, aber er begann zur allgemeinen Freude so: ‚Lassen Sie mich Ihnen in aller Kürze die Entwicklungsgeschichte meiner chinesischen Heimat seit dem Jahre 2000 vor Christi Geburt...' Er blickte ganz erstaunt auf, weil die Leute so lachten..."

Vor einer ähnlichen Situation wie dieser Student haben wir auch gestanden, als wir mit unserem Buch *Zwischen Dom und Davidstern – Jüdisches Leben in Köln* begannen. Denn dieses jüdische Leben in Köln ist fast zwei Jahrtausende alt. Am Rhein siedelten Juden schon in römischer Zeit, und ihr Schicksal hier ist ein Spiegel ihrer vielhundertjährigen Geschichte in Europa.

Wir mussten uns also beschränken, konnten Geschichte und Geschichten nur punktuell erzählen, nur schlaglichtartig erhellen.

Viele unserer Geschichten sind traurig. Wenige fröhlich. Denn es gab nicht viele Zeiten der Ruhe, des friedlichen Miteinanders von Juden und Christen. Der Wechsel von Verfolgung und Duldung kennzeichnete jüdische Existenz – auch in Köln.

Auffallend war bei allen Geschichten immer wieder die Liebe der jüdischen Bürger zu ihrer Heimatstadt Köln – selbst dann, wenn diese Liebe unerwidert blieb. Der gemalte Dom an den Wänden der Baracken von Theresienstadt, die Weigerung mancher Verfolgter, Köln zu verlassen, in der Hoffnung, dass in dieser Stadt nicht möglich sei, was andernorts geschehen konnte, geben davon Zeugnis. Das trifft auch auf die alte Dame zu, die nach über 50 Jahren das erste Mal zu einem Besuch ihrer alten Heimatstadt eingeladen war und ein Lied immer wieder summte. Es war von Willi Ostermann und hieß „Ich möcht' zo Foß noh Kölle jonn..."

Wir widmen dieses Buch all den jüdischen Kölnern – den Männern, Frauen und Kindern – die mit dem Blick auf Dom und Strom die Reise ohne Wiederkehr antreten mussten.

Wir widmen es aber auch denen, die zurückkehrten, sich fürs Bleiben entschieden, dafür sorgten, dass die Tradition eines 2000-jährigen jüdischen Lebens in Köln weitergeführt wurde, und – dafür, dass dieses Buch kein Nekrolog wurde.

Köln, im Januar 2001
Kirsten Serup-Bilfeldt
Ulrike Mast-Kirschning

Für Hilfe, Rat und Unterstützung danken wir:

den Mitarbeiterinnen der Germania Judaica Köln und deren Leiterin Dr. Annette Haller

den Mitarbeiterinnen und Mitarbeitern des NS-Dokumentations-zentrums Köln und dessen Leiter Professor Horst Matzerath

Dr. Thomas Blisniewski, Köln
Dr. Edna Brocke, Essen
Miguel Freund, Köln
Winfried Günter, Köln
Waltraud Herbstrith, Tübingen
Wolfgang und Udo Overath, Lohmar
Herby Sachs, Köln
Winfried Seibert, Köln
Margarete Siebert, Weilerswist
Dr. Gabriele Teichmann, Köln
Benzion Wieber, Köln

Köln – eine Stadt, in der die Geschichte der Juden älter ist als die Geschichte der Kirche

Sie kamen als Flüchtlinge, und sie blieben

Stätten jüdischen Lebens im ersten Jahrtausend

Die ersten jüdischen Ansiedlungen in Köln gab es zur Römerzeit. Wahrscheinlich befanden sie sich innerhalb der alten Römermauer in der Gegend um die Marspforte. Der jüdische Friedhof lag möglicherweise im Süden der Stadt an der alten Römerstraße, die nach Bonn führt. Gesicherte Angaben über die genaue Lage der jüdischen Gemeinde zu Köln im ersten Jahrtausend n.Chr. gibt es nicht.

Ein römischer Grabstein, auf dem der Name „Leo" zu lesen ist, steht im Römisch-Germanischen Museum. „Leo" könnte ein Mitglied der jüdischen Gemeinde gewesen sein.

Die Juden in römischer Zeit

„Die Weisen von Aschkenas erhielten die Torah als Erbe von ihren Vorfahren in den Tagen der Tempelzerstörung", notierte zu Beginn des 14. Jahrhunderts der Talmudgelehrte Ascher ben Jechiel, damals eine Autorität der Juden in Deutschland. Mit diesem Hinweis bezog er sich auf die Tempelzerstörung in Jerusalem 70 n.Chr. durch die römischen Legionen unter Kaiser Titus. Dieser Zeitpunkt gilt als Ende des jüdischen Staates und als Beginn der Zerstreuung der Juden in alle Welt und unter alle Völker. Wie überall bei der Suche nach Spuren der ersten Ansiedlungen der Juden in dieser Zeit führt die Geschichte der Juden in Köln zunächst zu Legenden und dann zu dürftigen Indizien, die vorsichtige Vermutungen erlauben – und im besten Fall wahrscheinlich sind. Wahrscheinlich ist, dass die ersten jüdischen Ansiedlungen innerhalb der Römermauer in der Gegend um die Marspforte lagen. Möglich erscheint, dass sich der jüdische Friedhof im Süden der Stadt befand – an der alten Römerstraße, die nach Bonn führte. Genaue Angaben über Örtlichkeiten der jüdischen Gemeinde zu Köln aus römischer Zeit gibt es jedoch nicht. Ein römischer Grabstein, auf dem der Name „Leo" zu lesen ist, steht inzwischen im Römisch-Germanischen Museum. Bei „Leo" könnte es sich um ein Mitglied der jüdischen Gemeinde handeln, aber das ist reine Spekulation, denn der Name ist lateinischen Ursprungs. Es wäre der einzige bekannte jüdische Name aus der Römerzeit in Köln.

Auch lateinische Inschriften auf Grabstätten lassen nur vermuten, dass im Gefolge römischer Legionen, die nach Germanien kamen, ebenfalls Juden waren. In Legenden über Juden am Rhein wird erzählt, dass der germanische Stamm der Wagionen als Belohnung dafür, dass er bei der Belagerung Jerusalems im Jahr 70 n.Chr. im Heer des Titus gekämpft hatte, mit schönen jüdischen Mädchen beschenkt worden sei. Nach der Rückkehr der Krieger an den Rhein hätten diese jüdischen Frauen ihre Kinder auch weiterhin im jüdischen Glauben erzogen.

Isaak und Kalonymos siedeln am Rhein

Er hieß Isaak und war wohl das, was man heute als „Multi-Talent"
oder „Allround-Genie" bezeichnen würde. Er besaß vielseitige Sprach-
kenntnisse und weit reichende Geschäftsverbindungen. Er war Kaufmann, Dolmetscher, Organisator, Diplomat. Er wusste immer, welche
Sprache man gerade können musste, wo man einen Krug Öl oder
Wein, kostbare Gewürze, einen pelzverbrämten Rock oder ein weiches
Bett für die Nacht bekommen konnte.

In gewissem Sinn waren er und seine Glaubensbrüder überall zu
Hause. Sie hatten eine gemeinsame Religion, Sprache, Kultur und ein
Gefühl von Solidarität füreinander über alle politischen Grenzen
hinweg. Sie gehörten zu einer Klasse international agierender jüdischer Handelsleute, die die teuren, heiß begehrten Produkte des
Ostens gegen die Erzeugnisse des Westens tauschten. Ihre rege Han-
delstätigkeit sowie ihre glänzenden geschäftlichen Verbindungen
wurden von vielen Herrschern geschätzt und begünstigt.

An einem Sommertag 802 n.Chr. erblickte Isaak irgendwann im
Dämmerlicht des schwindenden Tages zu seiner großen Erleichte-
rung endlich die grünen Täler des Rheinlandes. Nach einer langen,
beschwerlichen und gefährlichen Reise, nach fünf Jahren in sonnen-
durchglühten, ausgedörrten Landschaften, sah er den mächtigen
Strom, dichte grüne Wälder und saftige Wiesen wieder.

Doch trotz der Wiedersehensfreude saß der Schmerz tief. Die lange Reise mit einer Delegation seines Herrn, Karls des Großen, ins ferne Bagdad, die Isaak als eine Art Reisemarschall, Dolmetscher und Diplomat begleiten durfte, hatte unter einem unglücklichen Stern gestanden: Zwei der vornehmsten Edelleute der Delegation waren kurz
nacheinander an Infektionskrankheiten gestorben. Auch die Rück-
reise hatte sich schwierig gestaltet. Nachdem die diplomatischen Ver-
handlungen mit dem Kalifen Haroun-Al-Rashid zu einem erfolgreichen Abschluss gebracht worden waren, hatte die Karawane, deren
Lasttiere nun mit kostbaren Geschenken für Karl den Großen schwer
beladen waren, überall Aufsehen erregt. Sie war von Dieben, Räubern
und Wegelagerern bedrängt und überfallen worden. Isaak war es je-

Der Rhein ist für die Römer ein wichtiger Verkehrsweg. Relief eines römischen Schiffes, 1980 bei Ausschachtungsarbeiten in der Innenstadt gefunden.

doch gelungen, die Gaben des Kalifen raffiniert zu verstecken und auf diese Weise zu retten.

Auf eines der Geschenke hätte Isaak vermutlich ganz gern verzichtet: Es hieß Abdulabbaz und war ein weißer Elefant von äußerst eigenwilligem Charakter. Der Kalif hatte sich offenbar gern von ihm getrennt, da er in Bagdad nicht nur die kunstvollen Palastgärten zertrampelt hatte, sondern auch noch so störrisch war, dass er keinen Reiter auf seinem Rücken duldete. Isaak, der ihn nun auf dem Heimweg geduldig am Zügel führte, vermochte nicht genau zu sagen, was in aller Welt sein Herr, der Kaiser Karl, in seiner stolzen Pfalz zu Aachen mit Abdulabbaz anfangen sollte.

Als einziger Überlebender dieser Delegation kehrte Isaak im Sommer 802 erschöpft an den Rhein zurück. Vermutlich hat er sich in Köln erfrischt, um schließlich sein eigentliches Ziel, den Hof Karls des Großen in Aachen, zu erreichen.

Der zweite namentlich bekannte Jude, der im ersten Jahrtausend für das Rheinland eine gewisse Rolle spielt, ist der schon etwas schärfer konturierte Kalonymos. Er erwarb sich Ruhm in der deutschen Geschichte, indem er seinem kaiserlichen Herrn Otto II. das Leben rettete. In einer Legende heißt es:

Im Jahre 982 wird Otto II. bei dem Versuch, die Sarazenen aus Italien zu vertreiben, bei Cotrone in Kalabrien geschlagen. Nach der vernichtenden Niederlage und dem Verlust des Heeres flieht der Kaiser. Allein, zu Pferde die Meeresküste entlang, um ein rettendes Schiff zu erreichen. Siegestrunkene Sarazenen heften sich an seine Fersen und jagen dem einsamen Reiter nach. Als schließlich das erschöpfte Tier unter ihm zusammenbricht, erscheint an Ottos Seite Kalonymos ben

Meschullam auf einem frischen Pferd. Der Jude steigt ab, wirft dem Kaiser die Zügel zu und ruft: „Jüngling, nimm mein Ross. Und sollte ich hier den Tod finden, sorge für meine Kinder...!" Otto erreicht das Schiff und ist in Sicherheit.

Es wird berichtet, dass auch Kalonymos überlebte und vom Kaiser in Ehren und Dankbarkeit an seinen Hof aufgenommen wurde. Im Hochzeitsgefolge Ottos, der die byzantinische Prinzessin Theophanu heiratete, kam Kalonymos 972 nach Rom. Später ließ er sich mit seiner Familie in Mainz nieder und gründete dort ein großes Handelshaus. Im Lauf der Zeit entsprangen dieser Familie aber nicht nur tüchtige Kaufleute, sondern auch berühmte Talmudgelehrte, Mystiker, Rabbiner und Dichter. Sie wurden die erste jüdische Dynastie in Deutschland. Kalonymos' Nachkommen, die Kalonymiden, siedelten sich überall in den Städten und Dörfern des Rheinlandes an – vermutlich auch in Köln.

Unter Kaiser Konstantin entsteht eine erste feste
Rheinbrücke von Köln zum Deutzer Kastell.

Die frühe Kölner Gemeinde

Die Juden, die in den ersten Jahrhunderten n.Chr. den Weg nach Deutschland fanden – Kaufleute, Ärzte, Dolmetscher – , ließen sich in Regensburg, Worms, Mainz, Trier und Köln nieder. Später kamen Gruppen von Flüchtlingen von überall her.

Wie groß die ersten Gemeinden waren, ist nicht bekannt. Nachgewiesen ist aber, dass es in Köln bereits zu Beginn des vierten Jahrhunderts eine lebendige jüdische Gemeinde gab: Kaiser Konstantin

Das konstantinische Dekret

Konstantin I. d. Gr. (etwa 280–337 n.Chr.), Sohn des Kaisers Constantius Chlorus und Helenas, war der erste Kaiser des Römischen Reiches, der das Christentum vor allen anderen Religionen begünstigte. Die Annahme des christlichen Glaubens durch den Kaiser markierte den Beginn einer neuen Epoche, die auch durch eine Wende Konstantins hin zum Judenhass geprägt war. Das hatte zur Folge, dass er bald die Juden als Bürger zweiter Klasse behandelte.

In einem Erlass vom 18. Oktober 321 etwa ordnete er an, dass Juden, die einen aus ihrer Religionsgemeinschaft Übergetretenen „mit Steinen oder auf eine andere Art angreifen, sofort den Flammen übergeben werden sollen". Und auch jener Untertan, „der ihrer abscheulichen Religion beitritt und ihren Zusammenkünften beiwohnt, soll mit ihnen die verdienten Strafen erhalten".

Am 11. Dezember desselben Jahres richtete der Kaiser das so genannte „konstantinische Dekret" an den Rat der Stadt Köln: „Allen Behörden gestatten wir durch allgemeines Gesetz, die Juden in den Stadtrat zu berufen. Damit ihnen aber eine gewissen Entschädigung für die frühere Regelung verbleibe, lassen wir es zu, dass immer zwei oder drei das Vorrecht genießen sollen, durch keinerlei Berufung in Anspruch genommen zu werden."

befasste sich in einem Schreiben aus dem Jahr 321 mit den Juden in Köln. Er gab darin Anweisung an alle Behörden, in Zukunft auch Juden in den römischen Stadtrat, die „Curia", zu berufen und ihnen, bis auf wenige Ausnahmen, keine Sonderstellung mehr einzuräumen. Die Tatsache, dass Juden in dieser Zeit in den Stadtrat berufen werden konnten, spricht dafür, dass sie so wohlhabend waren, dass man ihnen Steuern auferlegen konnte. Da sie vermutlich nicht über Nacht zu Vermögen gekommen waren, sondern ihr Wohlstand sich allmählich entwickelte, darf man annehmen, dass eine blühende jüdische Gemeinde in Köln schon geraume Zeit vor der Erwähnung im Dekret des Kaisers Konstantin existierte.

Diese frühe Kölner Gemeinde setzte sich offenbar aus einer größeren Gruppe zusammen, an deren Spitze Priester, Synagogenväter und andere mit der Wahrnehmung verschiedener Aufgaben betraute Mitglieder standen.

Die Berufung in den römischen Stadtrat erlegte den Juden schwere Pflichten auf. Zu diesen Pflichten gehörte auch die Aufgabe, in der Bevölkerung Steuern für den Kaiser einzutreiben, also als eine Art Finanzbeamte zu fungieren. Dieser „Ehre" entzogen sich viele Bürger mit allerlei Ausflüchten gern, da diese Steuereintreiber im Volk aus verständlichen Gründen nicht sonderlich beliebt waren.

Der Beginn der alten Römerstraße nach Bonn, hier mit dem mittelalterlichen Severinstor.

In diesen Jahren waren die Juden in Köln im Allgemeinen noch geachtete Bürger. Allerdings änderte sich dieser Zustand mit der beginnenden Macht der christlichen Kirche: Gegen Ende des vierten Jahrhunderts entwickelte sich unter der Ägide der Kirchenväter ein System der politischen und rechtlichen Degradierung der Juden und beeinflusste auch das Verhalten von weltlichen Machthabern und Behörden. Anlass und Legitimation für diese Maßnahmen war vor allem die These, die Juden seien die Mörder Jesu Christi. So dekretierte Kaiser Theodosius 439:

Kein Jude soll Ämter und Würden erhalten. Ihm soll die Verwaltung der Stadt nicht erlaubt sein, auch soll er nicht das Amt eines Verteidigers der Stadt ausüben. Wir halten es für eine Sünde, dass die Feinde der himmli-

schen Majestät und der römischen Gesetze die Vollstrecker unserer Gesetze sein sollen (...) Aus demselben Grund verbieten wir, dass irgendeine Synagoge ein neues Gebäude errichtet.

Damit wird der Grundstein für eine 1500-jährige Hetze in allen Gebieten des Römischen Reiches gelegt.

Die Spuren jüdischen Lebens verlieren sich

456 n.Chr. zerstören die Franken Köln, die Stadt, in der die Geschichte der Juden älter ist als die Geschichte der christlichen Kirche. In keiner anderen Stadt in Deutschland sind zu einem früheren Zeitpunkt Juden urkundlich erwähnt worden. Mit der Zerstörung Kölns verschwinden auch die Spuren, die auf jüdisches Leben aus den Jahrhunderten vorher hätten hinweisen können. Ob Juden unter der Frankenherrschaft in Köln gewohnt haben, bleibt ebenfalls ungewiss. Die Normannen zerstörten 881 n.Chr. in Köln das, was unter den Franken übrig geblieben war. Für jüdisches Leben in der fränkischen Stadt Köln spricht etwa die Tatsache, dass Karl der Große, der seine Pfalz in dem der Stadt Köln nahe gelegenen Aachen hatte, die Juden begünstigte. Er hatte Isaak 802 n.Chr. nach dessen Rückkehr aus dem Orient in Aachen empfangen. Isaak ist der erste namentlich in einer Urkunde erwähnte Jude in der deutschen Geschichte. Isaak und seine Nachkommen, Kalonymos und seine Nachkommen – sie alle tun offenbar das, was schon in den ersten Urkunden steht, die im vierten Jahrhundert jüdische Gemeinden an den Ufern des Rheins erwähnen, sie bleiben. „Manentes" werden sie in den Chroniken genannt: „die Bleibenden". Sie bleiben, als unter Kaiser Konstantin das Christentum römische Staatsreligion wird. Sie bleiben, als unter dem Druck der Völkerwanderung das Römerreich zerfällt. Sie bleiben, als aus Mittelasien Hunnenscharen auf ihren Pferden rheinabwärts galoppieren, raubend, plündernd, mordend durchs Land ziehen und eine Stadt nach der anderen niederbrennen. Sie bleiben, als aus den Trümmern das Reich der Merowinger entsteht, das Reich der Franken, der Ottonen, der Salier, der Staufer. Und sie helfen mit, diese Reiche aufzubauen. Sie nen-

nen sich „Aschkenasim" – die „Deutschen". Bei der Entwicklung des Deutschen Reiches zur führenden Macht in Europa spielen sie eine bedeutende Rolle, da in ihren Händen – dank ihrer vielfältigen Verbindungen – der internationale Handel liegt.

So entstehen nach und nach gegen Ende des ersten Jahrtausends in den Städten Köln, Bonn, Mainz, Trier, Worms und Speyer starke jüdische Gemeinden, die sich mit ihren berühmten Talmudschulen zu Zentren jüdischer Gelehrsamkeit entwickeln. Die Schulen der Aschkenasim, wie sie bald in der rabbinischen Literatur heißen, werden für mehr als ein halbes Jahrtausend eine geistige Hochburg des europäischen Judentums.

Die Mitglieder der angesehenen jüdischen Gemeinde in Köln stammen aus vielen europäischen Ländern. Ihr Zusammenleben mit den Christen gestaltete sich offenbar zunächst harmonisch. Im zehnten Jahrhundert etwa nutzte der von der Kölner jüdischen Gemeinde verehrte Erzbischof Anno von Köln nachweislich die Darlehen der jüdischen Mitbürger und war bei ihnen tief verschuldet. Als er starb, hielt man in der Synagoge eine Totenfeier ab, bei der seine Güte und Rechtschaffenheit gepriesen wurden. Köln zieht in dieser Epoche als wirtschaftliches Zentrum viele Juden an: Dreimal im Jahr kommen jüdische Kaufleute aus allen Gegenden zu den Kölner Märkten. Der Kölner Synagogenvorsteher Mar Jehuda ben Abraham, der wegen seiner Nächstenliebe gerühmt wurde, gilt als ihr weiser Ratgeber.

Wenige Jahrzehnte später ist das friedliche Miteinander von Juden und Christen in den Städten am Rhein allerdings vorüber.

„Wie hat sich Gottes Hand so schwer gelegt auf die Gemeinde zu Köln..."

Leiden unter dem Kreuz – erste Pogrome

Stätten jüdischen Lebens im Hochmittelalter

Das mittelalterliche Judenviertel

An der Rheinseite der römischen Stadtmauer, von den Straßenzügen Unter Goldschmied im Westen, Kleine Budengasse im Norden und Obenmarspforten im Süden umgeben, befand sich das mittelalterliche Judenviertel. Neben der Synagoge lagen die Frauensynagoge, die Mikwe, Bade- und Backstuben, das Hochzeitshaus für gemeinsame Feste und ein Hospiz für Durchreisende. Einzig der jüdische Friedhof befand sich im Süden der Stadt, im heutigen Severinsviertel.

Mittelalterliche jüdische Zeugnisse im Dom und in Maria Lyskirchen

In der Dreikönigenkapelle im Chor des Doms befindet sich das Bibelfenster. Auf dessen rechter Seite sind Darstellungen aus dem Neuen Testament zu sehen, auf der linken entsprechende Bezüge aus dem Alten Testament. Die männlichen Teilnehmer an der dort dargestellten Seder-Tafel, dem Festmahl an den ersten beiden Abenden des Pessachfestes, tragen den spitzen Judenhut.

Der Dreikönigsschrein des Nikolaus von Verdun (vollendet um 1220) befindet sich ebenfalls im Chor. Im linken Giebelfeld ist die Geißelung Christi dargestellt. Die beiden Juden, die dort zu sehen sind, sind ebenfalls mit dem spitzen Judenhut abgebildet.

Eine Chorschrankenmalerei an der Nordseite des Doms (etwa 1330) zeigt Papst Sylvester bei der Taufe der heiligen Helena und Juden mit dem spitzen Judenhut.

In der Chorgestühlwange des Doms ist eine antijudaistische Darstellung von drei Juden mit einem Schwein, der „Judensau", zu sehen. Da den Juden das Schwein als unrein gilt, wurden solche Darstellungen zur Diffamierungen der Juden benutzt.

In Maria Lyskirchen befindet sich eine Malerei (um 1250) im mittleren Kreuzgewölbe des Mittelschiffs, die Moses mit den Gesetzestafeln und zu beiden Seiten Juden mit spitzen Hüten zeigt.

„Torah, wer wird dich nun erheben?"
Die Kreuzzüge beginnen mit Judenpogromen
im Rheinland

Geistliche und weltliche Würdenträger aus vielen Teilen Europas haben sich in den düsteren Novembertagen des Jahres 1095 zu einem Konzil im französischen Clermont in der Auvergne zusammengefunden, dessen „Tagesordnungspunkte", wie wir heute sagen würden, eigentlich nichts Ungewöhnliches verheißen. Am Dienstag, dem 27. November 1095, wird jedoch plötzlich angekündigt, dass der Heilige Vater, Urban II., eine öffentliche Sitzung abhalten und dort eine wichtige Neuigkeit verkünden werde. Man horcht auf und versammelt sich erwartungsvoll auf einem freien Feld vor dem Osttor der Stadt Clermont. So jedenfalls berichtet der Chronist Fulcher von Chartres. Dann wird der päpstliche Thronsessel herbeigetragen. Der Papst beginnt seine Rede zunächst mit einer Beschreibung der aktuellen politischen Situation:

Die Wiege unseres Heilands, das Vaterland unseres Herrn, das Mutterland unserer Religion ist in die Hände eines gottlosen Volkes gefallen. Das Volk der Sarazenen bedrückt mit seiner Tyrannei die heiligen Stätten, auf denen unser Herr gewandelt ist, und hält die Gläubigen in Knechtschaft und Unterwerfung. Das Allerheiligste ist entweiht. Das Volk, das dem wahren Gott dient, ist erniedrigt.

Aber es bleibt nicht bei diesen Worten. Der Papst ruft zu handfesten Taten auf:

Bewaffnet euch, meine Brüder. Gürtet eure Schwerter. Rüstet euch! Besser ist es, im Kampf zu sterben, als unser Volk und die Heiligen leiden zu sehen. Ziehet aus und der Herr wird mit euch sein! Wendet eure Waffen gegen die Feinde des christlichen Namens und Glaubens! Wir erlassen, durch die Barmherzigkeit Gottes, allen gläubigen Christen, die gegen die Heiden die Waffen nehmen und sich der Last dieses Pilgerzugs unterziehen, all die Strafen, die die Kirche für ihre Sünden über sie verhängt hat. Und wenn einer dort in Buße fällt, so darf er fest daran glauben, dass ihm Vergebung seiner Sünden und das ewige Leben zuteil wird.

Die Worte des Papstes fallen, wie der Schriftsteller Peter Bamm einmal schrieb, „wie Feuer in das trockene Reisig

Die Mikwe aus dem zwölften Jahrhundert, auf dem heutigen Rathausvorplatz gelegen, befand sich im Zentrum des jüdischen Viertels.

frommer Bereitschaft". Und aus der erregten Zuhörerschar erhebt sich der vielstimmige Ruf: Dieu li volt – Gott will es!

Dieser Ruf läutet das Abenteuer der Kreuzzüge ein. An diesem Novembertag wird der Kreuzfahrer geboren, der „Krieger Christi", der „christliche Ritter", dessen Handeln christliche und ritterliche Ideale in den Schmutz zieht. In ganz Europa formieren sich Kreuzfahrerheere, die sich auf insgesamt acht Kreuzzügen auf den Weg ins Heilige Land machen, von dem die allermeisten dieser christlichen Schwert-und Lanzenträger nicht einmal wissen, wo es liegt. Auch ihre Vorstellung von der Heiligen Stadt Jerusalem ist archaisch-naiv – ihr religiöser Eifer ist dagegen groß.

Drei Jahre nach dem Konzil erobern die Kreuzfahrer Jerusalem. Rund zwei Jahrhunderte haben die Kreuzzüge gedauert. Ströme von Blut haben sie gekostet. Den Preis gezahlt haben nicht nur Christen, Juden und Muslime, nicht nur Araber und Europäer, sondern auch die universalen Kräfte des Mittelalters, Kaiser und Papst. Sie müssen schließlich ihre Macht zugunsten neu entstehender Nationalstaaten abtreten.

Der Aufbruch der „Jerusalemfahrer" des ersten Kreuzzuges geschieht unter Führung des europäischen Hochadels. Aber bevor noch Gottfried von Bouillon, Herzog von Niederlothringen und Herzog Robert aus der Normandie dazu kommen, die von überall her zusammenströmenden Kreuzritterheere zu ordnen, tauchen plötzlich wilde Pöbelhaufen auf, deren Führer sich Walter Habenichts und Peter der Eremit nennen.

Vor allem Letzterer ist ein durchtriebener Demagoge. Er stammt aus der Picardie, aus der Gegend um Amiens, und gewinnt schnell eine große Menge von Männern, Frauen und Kindern, die sich um ihn scharen und mit ihm aus Nordfrankreich und dem südlichen Belgien zunächst in Richtung Rheinland ziehen, um von dort aus ins Heilige Land aufzubrechen.

Auf dem Weg durch Deutschland schließen sich dieser Formation immer mehr Menschen an. Es ist ein Zug von „pauperes" – armen Leuten, Pilgern, entlaufenen Mönchen, Abenteurern, verarmten Rittern und Taugenichtsen –, also kein eigentliches Ritterheer, das sich da auf den Weg ins Gelobte Land macht. Dieser wilde Haufen beginnt nun einen ganz anderen Kreuzzug bereits im eigenen Land. Ganz so, wie es Pierre de Cluny, der Abt jenes Klosters, dem auch Papst Urban II. entstammt, offenbar beabsichtigt hatte, als er sagte: „Es ist sinnlos, die Feinde des Christenglaubens in der Fremde zu bekämpfen, wenn doch die Christusmörder, nämlich die Juden, ungestraft in unseren Städten leben."

Der Pöbel erhält Verstärkung von Emicho von Leiningen. Er und seine Kolonnen marschieren raubend, mordend und marodierend kreuz und quer durch Süd- und Westdeutschland. Am 3. Mai 1096, einem Schabbat, überfallen sie die jüdische Gemeinde von Speyer, die sich allerdings – von Christen offenbar vorgewarnt – in den bischöflichen Palast der Stadt geflüchtet hat.

Der Grabstein von Sara, der Tochter des R. Menachem (1302), und von Rahel, der Tochter des R. Schneior (1323) 1953 beim Historischen Rathaus gefunden.

Der Überfall auf die Juden von Speyer ist der erste in einer Reihe von Pogromen, von denen nahezu alle rheinischen Städte betroffen sind. Am 20. Mai 1096 wiederholt Emicho sein speyerisches Kesseltreiben in Mainz – mit ungleich größerem „Erfolg". Seine Banden stürmen den bischöflichen Palast dort, der den Juden Schutz gewährt hat, und veranstalten ein Gemetzel, bei dem rund 1000 Juden starben.

Voller Entsetzen notiert ein jüdischer Augenzeuge:

Im Jahr 4856 nach Erschaffung der Welt, also 1096 nach christlicher Zeitrechnung, suchten uns bitterste Leiden heim, wie sie noch nie in diesem Reich geschehen sind. Mörderische Menschen überfielen uns, ein schrecklicher Haufen. Sie wollten eigentlich im Heiligen Land das Grab ihres Heilandes besetzen, aber als sie hier durch unsere Städte kamen und die Juden sahen, da sprachen sie: Was laufen wir hin ins Heilige Land, wenn wir doch schon hier die Juden finden, die unseren Heiland gekreuzigt haben? Zuerst wollen wir uns an ihnen rächen und sie auslöschen, auf dass sie kein Volk mehr seien...

Papst Urban II. 1095 während der Synode in Clermont.

Die Chronisten berichten von Blutbädern, Plünderungen und Brandstiftungen.

Auch die jüdische Gemeinde Köln, einer der blühendsten wirtschaftlichen und geistigen Mittelpunkte jüdischen Lebens im Reich, blieb nicht verschont. Bereits am Ostersonntag, dem 13. April 1096, hatte Peter der Eremit in Köln eine flammende Kreuzzugsrede gehalten. Doch bevor es in dieser Stadt zu Ausschreitungen gegen die Juden kommt, ziehen er und seine Gefolgsleute schnell weiter. Als jedoch Ende Mai die Nachrichten von den Massakern in Mainz und Speyer in Köln eintreffen, kommt es auch hier zu Gewaltausbrüchen. Der Chronist Eliezer ben Nathan berichtet: „Da erschrak den Kölner Juden das Herz zu Tode, und sie flüchteten sich ein jeder in das Haus eines christlichen Bekannten und blieben dort."

Tags darauf zertrümmern die marodierenden Kreuzfahrer, die gerade durch Köln ziehen, die Häuser der Kölner Juden und rauben und plündern sie aus. Sie reißen die Synagoge nieder, holen die Torahrollen und die heiligen Geräte heraus und zerstören sie unter den Augen der spottenden Massen. Zwei Juden, die sich auf die Straßen gewagt haben, werden getötet. Dennoch wird in den Quellen auch eine gewisse Solidarität der Kölner – oder genauer gesagt der reichen Kölner Kaufmannschaft – mit ihren bedrängten Mitbürgern deutlich. Die führenden Schichten der Stadt sind jedenfalls zunächst bemüht, zu beweisen, dass sie in der Lage sind, Ruhe und Frieden in der Stadt aufrechtzuerhalten.

Der Kölner Erzbischof Hermann III. ist sich nicht sicher, ob es ihm gelingen wird, seinen Palast, wenn sich die Juden denn dorthin flüchten, mit Waffengewalt zu verteidigen. Daher verteilt er die Kölner Juden auf kleinere Städte und Ortschaften im Linksrheinischen, wo sie drei Wochen lang in einer beklemmenden Atmosphäre der Ratlosigkeit und Todesangst leben. Doch auch im Kölner Umland spüren die fanatisierten Häscher die geflohenen Juden auf.

Im Laufe der letzten Junitage 1096 werden alle Juden, sofern sie sich nicht durch Annahme der Taufe retten oder sich selbst töten, von der Landbevölkerung, die mit den Kreuzfahrern gemeinsame Sache macht, grausam umgebracht.

Voller Schmerz und Trauer schreibt der Rabbiner Joel Halevy sein Klagelied über das Schicksal der Kölner Gemeinde zur Zeit des Ersten Kreuzzuges:

Wie hat sich Gottes Hand so schwer gelegt auf die hoch geschätzte, herrliche Gemeinde zu Köln. Gebeugt ist mein Haupt; es schaudert meine Seele ob ihres schrecklichen Schicksals. Die Feinde wollten zu fremdem Dienste sie verleiten und sprachen: „Führt sie zum Tode, wer nicht zu unserem Glauben sich bekennen will." Doch Jakob wählte den einzigen Gott. Weinend feuerte ihr Oberhaupt sie zur Gesetzestreue an: „Lasst uns stark und mutig sein, und unsere Seele erwirbt sich das ewige Leben; nur noch eine kleine Zeit, und wir befinden uns bei den geheiligten Wesen im himmlischen Palast."

Angefeuert von solchen Reden, blieben sie standhaft und gaben Leib und Leben hin. Die tückischen Feinde verdammten sie zum Tode, stachen sie nieder mit Schwert und Lanze; dennoch ließ ihre Seele nicht von ihrem Gott ab. Väter küssten ihre weinenden Säuglinge, sie, wie einst auf Morijah, zum Opfer weihend, Mütter verbargen das Angesicht, um nicht den Tod ihrer Kinder zu schauen. Das Mutterherz bebte und Tränen rannen von ihren Wangen. Die

Die Pijutim

Die „Pijutim" sind liturgische Dichtungen, die in talmudischer Zeit entstanden sind und in die Ordnung des jüdischen Gottesdienstes aufgenommen wurden. In den „Pijutim" des Hochmittelalters versuchten die Juden, ihrer Trauer und ihrem Schmerz über Verfolgungen und Pogrome und über den brutalen Wandel in ihren Beziehungen zur christlichen Bevölkerung Ausdruck zu verleihen. Nach dem Überfall der Kreuzritter auf die jüdische Gemeinde in Mainz mit ihrer berühmten „Jeschiwa" (Lehrhaus) schrieb ein Überlebender verzweifelt: „Torah, wer wird dich nun erheben, wo deine Weisen verschwunden sind...?" Die „Pijutim" sind noch heute Bestandteil des Gottesdienstes an Feiertagen. In einigen von ihnen leben die Geschehnisse aus dem Jahr 1096 fort, andere preisen Gott oder erbitten seine Hilfe in höchster Not.

Grausamen, sie schlitzten Schwangeren die Leiber auf und begruben sie lebendig in Felsklüften; andere wurden gräulich gemartet, in siedende Kessel geworfen; lebendig aufs Rad geflochten. All dies ist über uns gekommen, doch fielen wir nicht ab von Dir und murrten nicht gegen Deinen Willen. O schaue, Ewiger, und richte den Feind, der wie ein Bär auflauert dem Haus Israel, dem Volke Gottes, das durch das Schwert gefallen ist. Dieses Klagelied sollte während des gesamten Mittelalters nicht verstummen.

Beim ersten Kreuzzug 1095/96 schlägt somit auch die Geburtsstunde der Judenpogrome, die Europa ein Jahrtausend lang immer wieder heimsuchen. In dieser Zeit beginnt eine antijüdische Hetze, die in ungebrochener Kontinuität bis ins 20. Jahrhundert führt. Leider zu Recht berufen sich Julius Streicher und andere nationalsozialistische Judenhetzer auf die Tradition der antijüdischen Kreuzzugsprediger und ihrer Nachfolger, etwa auf Johann Capistran, den „Judenhammer" des Spätmittelalters, der zuerst die Ausrottung der Juden in Westeuropa propagierte.

Von diesem Zeitpunkt an gibt es keinen Kreuzzug ohne schlimmste antijüdische Ausschreitungen, sie werden zum festen „Ritual".

Und wenn Rabbi Joel Halevy am Ende seines Klagelieds die verzweifelte Frage stellt „Und nun, o Ewiger, wie lange noch...?", so kennt man in den jüdischen Gemeinden im Rheinland, in denen dieses Lied manchmal heute noch gesungen wird, die Antwort: sehr lange noch.

Nur wenige Jahrzehnte vor dem Ende der Kreuzzüge betritt ein Jude die Bühne, von dem man weder weiß, wann er geboren wurde, noch, wann er gestorben ist. Auch wo er gelebt hat, durch welche Landstriche er gezogen ist, bleibt unge-

Das Judenviertel bis 1349.

31

wiss. Nur eines ist gewiss: Er ist der erste jüdische Dichter deutscher Sprache.

Er gehört zu den Minnesängern und Spielleuten, die als Gäste auf Burgen und Schlössern ihre Lieder zu Fiedel, Harfe oder Laute vortragen. Süßkind von Trimberg nennt er sich – der einzige Jude unter den uns bekannten Minnesängern, ein Jude, der durch die Lande zog und vermutlich auch im Rheinland seine Liedkunst präsentierte.

Die Manessische Liederhandschrift, ein prachtvolles Liederbuch des Mittelalters, zeigt ihn mit einem dichten Backenbart und dem typischen spitzen Judenhut. In seinen insgesamt sechs überlieferten Spruchliedern finden sich Anklänge an den Talmud und an die rabbinische Literatur seiner Zeit; sie zeugen von Weisheit, Güte und tiefer Melancholie.

Süßkind wendet sich gegen Standesdünkel und Ungerechtigkeiten, geißelt die politischen und sozialen Stürme seiner Zeit, setzt sich für das ein, was wir heute die „Emanzipation von Minderheiten" nennen und will nur das menschliche Herz als Maßstab gelten lassen. Diffamierung und Diskriminierung muss er als Jude immer wieder über sich ergehen lassen. Und so schreibt er gegen Ende seines Lebens voller Bitterkeit und Resignation:

Da bin ich als ein rechter Tor
Mit meiner Kunst durch's Land gezogen,
Und niemand rettet mich davor,
Dass mir die Herren nicht gewogen.
Ich will mir einen langen Bart
Lassen wachsen mit grauen Haaren.
Ich will nach alter Judenart
Fortan des Lebens Straße fahren.
Der Mantel wallte mir schwer und lang
Tief unter meinem Hute;
Demütig soll sein mein Gang,
Nie wieder sing ich höfischen Gesang.

Danach verstummt er. Süßkind von Trimberg stirbt irgendwann in der zweiten Hälfte des 13. Jahrhunderts.

Süßkind von Trimberg war als jüdischer Dichter eine Ausnahmeerscheinung
unter den mittelhochdeutschen Lyrikern.

Flucht und Vertreibung

Nach dem Ende der Kreuzzüge: eine neue Heimsuchung, die Pest

Stätten jüdischen Lebens im Spätmittelalter

Das jüdische Leben im Spätmittelalter konzentrierte sich auf den Rathausplatz. Bei Ausgrabungen wurde dort in den 1950er-Jahren im Keller des Hauses eines Juden namens Joel von Dortmund eine große Anzahl von Münzen gefunden. Alle stammten aus der Zeit vor 1349. Die Tatsache, dass sie im Keller gefunden wurden, könnte als Zeichen dafür gesehen werden, dass die Juden sich der Gefahr, die ihnen in Pestzeiten drohte, sehr wohl bewusst waren und dass sie so versuchten, ihre Habseligkeiten in Sicherheit zu bringen.

Die Brände in der Nacht von Sankt Bartholomäus am 24. August 1349 haben das Aussehen des jüdischen Viertels – insbesondere den Bereich um die Kleine Budengasse und Unter Goldschmied – stark verändert, die ganze Gegend ging damals in Flammen auf.

Nach ihrer Vertreibung im 15. Jahrhundert siedelten sich zahlreiche Kölner Juden in Deutz an. Eine Synagoge der Gemeinde Deutz ist ab dem 16. Jahrhundert bezeugt.

„Angst, Verteufelung und Habgier ist das Gift, das die Juden tötet..."

Als am Abend des 18. Mai 1291 im Heiligen Land die Stadt Akkon in die Hände der Sarazenen fällt, hält nur noch die Festung der Tempelritter am Meer stand. Doch nur einige Tage später beginnt die ganze landeinwärts gekehrte Seite des Gebäudes einzustürzen: Die Feinde haben das Gemäuer mit tiefen Gräben unterhöhlt. Die Sarazenen dringen schließlich in den Bau ein, woraufhin er donnernd zusammenbricht und unter seinen Trümmern Christen und Muslime, Sieger und Besiegte gleichermaßen begräbt. Damit ist das Ende des lateinischen Königreiches Jerusalem besiegelt und das Ende der Kreuzzüge gekommen.

In der Erfahrungs- und Erlebniswelt der mittelalterlichen Menschen leben sie jedoch weiter. Sie geistern durch ihre Träume, prägen ihre Vorstellungswelt, nähren ihre Ängste. In der Zeit, als die Kreuzzüge begannen, hatten die Normannen gerade Sizilien von den Arabern zurückerobert. In Deutschland war Heinrich IV. gestorben, der 1077 durch den Gang nach Canossa berühmt geworden war. In England war der Tower als normannische Zwingburg errichtet worden, in Frankreich hatte Abaelard den ersten Versuch unternommen, die Übereinstimmung von Vernunft und Glauben nachzuweisen. In Spanien hatte Rodrigo Diaz de Vivar, der Cid, der Held der Maurenkriege, die Stadt Valencia zurückerobert, war Juda Halevy, der in Toledo geborene Dichter, Arzt und Theologe, einer der bedeutendsten jüdischen Gelehrten seiner Zeit, am Ende seines Lebens nach Palästina ausgewandert. Er war der erste Zionist, auch wenn er nie in Palästina ankam.

Nach dem Ende der Kreuzzüge hat sich die Welt gewandelt: Ein Dichter namens Dante schreibt in Italien *Die Göttliche Komödie*, der Maler Giotto malt fromme und zarte Träume auf Goldgrund, Thomas von Aquin schreibt seine *Summa Theologica*. Die Norweger nehmen das Christentum an. Eduard II. von England vertreibt die Juden aus seinem Land und beruft die ersten Bürger ins britische Parlament. Der heilige Franziskus preist die Armut, die Kathedralen von Reims und Burgos recken ihre Türme in den Himmel. Moskau wird gegründet, und die Universität zu Paris öffnet ihre Tore. Rudolf von Habsburg regiert in Deutschland, die Mongolen führen ihre Eroberungskriege. Ins Lateinische übersetzt werden Euklid, Aristoteles und der Koran. Und – in Köln wird der Grundstein für den Dom gelegt.

Nach den Erfahrungen der Pogrome während des ersten Kreuzzugs, nach Mord, Plünderung und Brandschatzung, machen sich die Überlebenden in den jüdischen Gemeinden im Rheinland an den Wiederaufbau, was durchaus zu gelingen scheint: Gegen Mitte des zwölften Jahrhunderts bereits verzeichnen etwa die Kölner Schreinsurkunden einen beträchtlichen Erwerb von Haus- und Grundbesitz durch jüdische Zuwanderer.

In diese Zeit fällt allerdings auch eine Verschärfung der Beziehungen zwischen Juden und Nichtjuden. Und immer öfter treten dabei wirtschaftliche Motive an die Seite der religiösen Argumentationen, derer sich fanatische Judenhetzer bedienen. Mit zunehmender Brutalität werden die Juden aus zahlreichen Erwerbszweigen verdrängt. Folglich sind sie mehr und mehr auf Geldgeschäfte angewiesen, die wegen des kirchlichen Zinsverbotes für Christen seit dem zwölften Jahrhundert ohnehin mehr und mehr in jüdische Hände übergehen.

Ein jüdischer Geldwechsler spricht mit Kunden. (Holzschnitt 15. Jahrhundert)

Die christliche Kirche macht eine Reihe von ernsten Krisen durch. Sie hat etwa gegen häretische Sekten, besonders gegen die Albigenser im Südwesten Frankreichs, zu kämpfen. Und sie ist der Meinung, die Juden seien für die Bildung dieser Sekten mitverantwortlich, da sich einige der Sektierer beim Studium des Alten Testaments mit der Bitte um Belehrung an die Juden wenden. Die steigende Unduldsamkeit der Kirche gegenüber Nichtchristen und Ketzern führt dazu, dass die Juden – die einzige im Land geduldete andersgläubige Minderheit – bald immer stärker ausgegrenzt werden.

Dazu gehört auch die seit dem vierten Laterankonzil 1215 vonseiten der Kirche geforderte Kennzeichnung der Juden durch besondere Kleidung. Die Juden in Deutschland müssen nun den charakteristisch geformten Judenhut tragen, der bereits Bestandteil älterer jüdischer Tracht ist. Die Ausgrenzung wird ebenfalls in den jüdischen Wohnbezirken deutlich. Bis etwa um 1300 ist das jüdische Wohnviertel nach allen Seiten offen. Erst mit dem Beginn des 14. Jahrhunderts ist in Köln – wie auch in anderen rheinischen Städten – eine Einschließung des Judenviertels durch Mauern und Pforten belegt. Einzelne jüdische Häuser, die an christliche Häuser grenzen, werden vergittert. Die offizielle Argumentation lautet zunächst, dass diese Maßnahme zum „Schutz vor feindlichen Angriffen" getroffen worden sei.

Nach dem Ende der Kreuzzüge wird auch das Gotteshaus der Juden auf der Westseite der Judengasse, gegenüber dem Rathaus, wieder aufgebaut. Jüdische Kaufleute und Gelehrte spielen in dieser mittelalterlichen jüdischen Kölner Gemeinde eine bedeutende Rolle. Köln wird zum Zentrum jüdischer Gelehrsamkeit und rabbinischer Autoritäten. Bis eine neue Heimsuchung die Kölner jüdische Gemeinde ereilt: die Pest.

Die Ausbreitung der Seuche, die 1349 in Köln wütet, wird den Juden zur Last gelegt. Es kommt zu brutalen Überfällen des Pöbels auf das Judenviertel. Wer sich nicht selbst tötet, wird ermordet. In Köln trifft dieses Schicksal die gesamte Judenschaft, keiner der Bewohner des jüdischen Viertels entkommt. Es ist das vorläufige Ende der Kölner Gemeinde. Rund 20 Jahre dauert es, bis sich wieder Juden in Köln niederlassen. Sie vertrauen auf Erzbischof Friedrich von Saarwerden, er ist der Erste, der einem Juden – Simon von Siegburg – wieder Schutz und Geleit gewährt. 1372 werden die Juden erneut mit einer Anzahl städtischer Privilegien und Sicherheitsgarantien ausgestattet. Die Rechtsstellung der Juden im Mittelalter war immer durch Sondergesetze, so genannte „Privilegien", bestimmt, die der jeweilige Landes- oder Stadtherr erlassen kann. In Köln war für deren Erteilung der Erzbischof zuständig. Privilegien wurden in der Regel nur gegen Zahlung festgesetzter Abgaben erteilt, das „Judenregal".

Doch dieser Zustand ist nicht von langer Dauer. Die Aufenthaltsgenehmigung jüdischer Bürger innerhalb der Kölner Stadtmauern wird bald auf zehn Jahre befristet und muss immer wieder verlängert werden. 1404 erlässt der Stadtrat eine sehr strenge Kleiderordnung für die jüdischen Bewohner der Stadt. Als Spielball von Machtinteressen geraten sie schließlich in die Streitigkeiten zwischen Stadt und Erzbischof: Am 6. August 1423 beschließen Bürgermeister, Rat und die 24 Vertreter der Stadt, den Juden die im Oktober 1424 auslaufende Aufenthaltsgenehmigung in Köln nicht mehr zu verlängern. Behauptungen über angebliche Brunnenvergiftung und Wucher sollen diese Entscheidung begründen. Überdies heißt es, Köln habe schließlich – bedingt durch den Besitz der Gebeine der Heiligen Drei Könige – seine besondere Bedeutung als eine der heiligsten Stätten der Christenheit. Und die dürfe nicht länger von unchristlichen, jüdischen Füßen betreten werden.

Unter den vielen deutschen Städten, aus denen im 15. Jahrhundert die Juden vertrieben werden, ist Köln eine der ersten. Als Folge der Vertreibung siedeln sich die Juden im Erzbistum und Kurfürstentum Köln an – im rechtsrheinischen Deutz, wo sich unter dem Schutz des Erzbischofs Dietrich von Moers eine jüdische Gemeinde bildet, die zur größten im Erzstift heranwächst.

Das „hillige Köln" wird fast 400 Jahre lang eine Stadt ohne Juden bleiben. Sie kehren erst zurück, als über Dom und Strom die Trikolore weht.

Das Ende der Welt – Pestzeiten

Es ist eine klebrig-schwärzliche Flüssigkeit. Sie rinnt aus Mund und Nase des Mannes, der stöhnend an Deck des Schiffes liegt, nachdem er das Steuerruder nicht mehr führen kann. Und dieselbe Flüssigkeit fließt auch aus den beulenförmigen Schwellungen in seinen Achselhöhlen und in der Leistenbeuge. Die Stirn des Kranken ist fieberheiß. Immer wieder sinkt er in tiefe Bewusstlosigkeit. Nur manchmal bittet er röchelnd um etwas Wasser.

Stunden später, als das Schiff, das unter genuesischer Flagge segelt, sich dem Hafen von Messina nähert, ist der Kranke tot – gestorben innerhalb kürzester Zeit. Ruderknechte stoßen ihn ins Meer und fallen wieder auf ihre Bänke zurück. Und es dauert nur noch ein paar weitere Stunden, bis andere Mitglieder der Schiffsbesatzung an denselben Symptomen erkranken und sterben. Kurz darauf liegen in dem schmalen Gang zwischen den Ruderbänken noch angekettet die Leichen, die über Bord zu werfen bald niemand mehr die Kraft besitzt.

Die Chronisten berichten, das Schiff sei aus dem Schwarzmeerhafen Caffa auf der Krim gekommen, wo die Genuesen einen Handelsstützpunkt besitzen. Mit den einheimischen Muslimen sei es dort immer wieder zu Streitigkeiten und schließlich zu einem Krieg gekommen, in dessen Verlauf Tataren die von mächtigen Mauern gesicherten Quartiere der Italiener belagert hätten. Als die Tartaren gerade im Begriff gewesen seien, Caffa zu erobern, hätte eine unheimliche Krankheit ihre Reihen gelichtet.

Die Kranken klagen über heftige Kopfschmerzen, bekommen hohes Fieber und am ganzen Körper schwärzliche Beulen. Sie sterben – oft nur nach Stunden – unter grauenvollen Qualen. Vor ihrem Abzug kommen die Tataren, die gezwungen sind, aufzugeben, auf eine infernalische Idee: Statt mit Steinen beladen sie ihre Belagerungsmaschinen mit Leichen! Sie hatten begriffen, dass diese Krankheit etwas mit dem Kontakt zu den Erkrankten, also mit Ansteckung zu tun hat.

Die an der geheimnisvollen Krankheit verstorbenen Krieger werden zu Hunderten über die Wälle katapultiert und – wirken schrecklicher, als es Geschosse je vermocht hätten. Innerhalb weniger Tage sterben durch diese erstmals historisch bezeugte „bakteriologische

Waffe" so viele Menschen, dass bei den Italienern der Befehl ergeht, jeder möge sich retten, so schnell er könne.

Die Ereignisse in diesen Oktobertagen des Jahres 1348 bilden den Auftakt für das „Große Sterben", für Jahrzehnte, Jahrhunderte des Schreckens, die namenloses Elend über die Menschen in Europa bringen.

Die geheimnisvolle Krankheit, die auf diesem Schiff im Hafen von Messina auftritt, wütet von 1348 bis 1351 in ganz Europa und rafft ein Drittel der Bevölkerung dahin: vom Mittelmeer bis an die Nordküste Schottlands, vom Atlantik bis an den Ural. Nie wieder wird es in Europa eine schlimmere Epidemie geben als diese.

Von den italienischen Häfen aus verbreitet sich die Krankheit wie ein Sturmwind – zuerst über die Schifffahrtswege, dann über die Handelsstraßen. Von Oberitalien über Kärnten, die Steiermark und Wien nach Regensburg und westwärts über das Rhônetal in die Schweiz, nach Konstanz, den Rhein abwärts gelangt sie auch nach Deutschland. Ostern 1349 erreicht sie Frankfurt, wo sie innerhalb von wenigen Tagen mehr als 2000 Einwohner tötet.

Die Krankheit, die Pest, tritt in zwei Varianten auf: die eine infiziert die Blutbahn, bringt Beulen und Lymphdrüsenschwellungen hervor und wird durch einfachen Körperkontakt übertragen. Die andere infiziert die Lungen und verbreitet sich über Atemansteckung oder Speichel. Der Tod tritt fast immer nach nur wenigen Tagen, manchmal nur Stunden nach der Ansteckung ein. Die Bösartigkeit der Seuche erscheint umso schrecklicher, als die Opfer keinerlei Vorbeugung und keinerlei Heilmittel gegen sie kennen.

Man weiß nichts über den Zusammenhang zwischen Krankheit und Hygiene, nichts von Bakterien, nichts von den Rattenflöhen als Überträger des Pestbazillus. Und so sind die Vorsichtsichtsmaßnahmen gegen die Krankheit äußerst dürftig, das Einzige, was dagegen wirksam zu sein scheint, ist die Flucht.

In den Städten und Dörfern Deutschlands wiederholt sich zu diesem Zeitpunkt das, was sich zuvor in Italien und Frankreich abgespielt hat: Die Pest bedroht nicht nur die körperliche, sondern auch die seelische Belastbarkeit des Einzelnen; sie provoziert Hungersnöte und entscheidet Kriege, stürzt Herrscherhäuser, ruft soziale Spannungen hervor und beeinflusst das religiöse Verhalten.

Die Juden wurden grausam gefoltert. (Holzschnitt 15. Jahrhundert)

Und rüttelt damit an den Grundfesten christlich-abendländischer Zivilisation. Die menschlichen Bande des Anstands und der Hilfsbereitschaft beginnen sich zu lösen, Freundschaft, Verwandtschaft, Zuneigung gelten nichts mehr: Kranke werden nicht nur im Stich gelassen, sie werden beraubt, ihre Häuser geplündert; Ärzte weigern sich, Pestkranke zu behandeln, Priester, ihnen die letzte Ölung zu geben, Notare lassen sich den letzten Willen der Sterbenden durch die spaltbreit geöffnete Tür diktieren. Die Erbschleicher haben Hochkonjunktur, wenn auch ihr Bemühen, den erkrankten Erblasser zu ihren Gunsten zu überreden, nicht ohne Risiko ist. Reichen Verwandten, die noch gesund sind, schickt man die Leichenträger ins Haus, damit er sie ansteckt.

Verleumdungen und Verdächtigungen blühen und – werden sogar noch staatlich legitimiert. Als die europäische Gesellschaft begreift, was da eigentlich passiert, dass in einigen großen Städten und Metropolen plötzlich ein Drittel der Bevölkerung umkommt, breiten sich Angst und Panik aus. Glaube und Gottvertrauen bröckeln. Und mit ihnen auch die seit Jahrhunderten festgefügten und institutionalisierten Trauerrituale. Sie können nicht mehr eingehalten werden angesichts der Vielzahl der täglich sterbenden Menschen. So sieht sich Papst Clemens VI. gezwungen, für alle Seuchenopfer eine Generalabsolution zu erteilen, weil die meisten von ihnen ohne kirchlichen Beistand ins Grab sinken. Ein Chronist aus Siena schreibt: „Und keine Totenglocke ertönte; niemand wurde beweint, weil alle den Tod erwarteten... Die Menschen sagten und glaubten: ‚Das ist das Ende der Welt.'"

Für viele jüdische Gemeinden in Europa trifft dieser Klageruf im Besonderen zu. Die Beschuldigung, Verfolgung und Ermordung der Juden ist das grausamste Begleitphänomen des Pestalltags im Spätmittelalter.

Auch in Köln beginnen die Totenglocken zu läuten. Wie fernes Donnergrollen hatte sich dort schon eine ganze Zeit vor Ausbruch der Seuche Unheil angekündigt, wie etwa die Beschränkung jüdischen Grundbesitzes und die Abschließung des Judenviertels zeigen. Schon einige Jahrzehnte zuvor war das Chorgestühl des Kölner Doms mit hämischen und die Juden beleidigenden Schnitzereien – unter anderem der „Judensau" – geschmückt worden. Im Sommer 1348 kommen Reisende aus Straßburg an den Rhein und berichten auch in Köln von angeblichen „Schandtaten" der Juden. Eine davon, die immer wieder in

Hunderttausende Juden starben im Mittelalter überall auf dem Scheiterhaufen.

verschiedensten Ausschmückungen kolportiert wird, besagt, die Juden hätten die Brunnen vergiftet und so die Seuche heraufbeschworen. Das eigentliche Motiv für solche Behauptungen, mit denen man gezielt den „Volkszorn" aufstacheln wollte, mag in Neid und Habgier zu suchen sein.

Gegen diese sich plötzlich ausbreitende Judenhetze und die daraus resultierende, von herumziehenden Geißelbrüdern zusätzlich aufgepeitschte Massenhysterie halfen weder die Ermahnungen Kaiser Karls IV. noch die des Papstes Clemens VI. Die Appelle verhallten ungehört – auch in Köln, wo der Stadtrat zunächst seine Bereitschaft erklärte, die jüdische Bevölkerung zu schützen, wofür die Juden auch Schutzgelder zu entrichten hatten.

Der Stadtrat war besorgt. Er fürchtete, durch die Duldung antijüdischer Pogrome könnten weitere Unruhen entstehen und das gemeine Volk könnte sich daran gewöhnen, sich zusammenzurotten und seine Lage durch Aufstände verbessern wollen. Das mag, wenn nicht nach Nächstenliebe, so doch nach Vernunft klingen. Doch die hält nicht lange vor.

Flagellanten zogen zu Tausenden durch die deutschen Lande. (Miniatur von 1349)

In der Nacht vom 23. auf den 24. August, also in der Bartholomäusnacht des Jahres 1349, stürmt der Pöbel in Köln, offenbar auch noch von Teilen der Geistlichkeit aufgehetzt, das Judenviertel. Er glaubt, das gefahrlos tun zu können, da der Rat der Stadt Köln keinen Widerstand mehr gegen die Volksmassen wagt. Es kommt zu grauenhaften Metzeleien. In diesem Inferno von Blut, Mord und Brand ziehen Flagellanten durch die Gassen der Stadt, peitschen sich blutig und wiegeln, unter dem Anschein von Frömmigkeit und Bußgesinnung, das Volk auf; andere Gläubige singen Choräle oder läuten Tag und Nacht die Glocken, um den Herrn auf die Gebete aufmerksam zu machen, die ohne

Unterlass gen Himmel gehen; wieder andere entzünden Kerzen vor den Bildern der Heiligen, die den Schwarzen Tod bannen können: Rochus, Sebastian, Antonius. Sie hoffen, so Gottes Zorn besänftigen zu können.

Und während sie das tun, fließt das Blut der Geschwister Jesu die Kölner Gassen entlang, hallen die Schreie der Gefolterten und Verbrennenden durch die Luft. Ein Teil der Mitglieder der jüdischen Gemeinde verbrennt sich selbst – auf dem Besitztum der Gemeinde. Andere werden ermordet. Die Ereignisse werden in den Kölner Urkunden der zweiten Hälfte des 14. Jahrhunderts als „Slachte der Joden" bezeichnet. Anschließend werden die Häuser der Juden geplündert und die Schuldbriefe der Geldverleiher konfisziert und vernichtet. An diesen Plünderungen, die auch in Köln stattfanden, war offenbar nicht nur der Pöbel beteiligt.

Die Leiden dieser Zeit bleiben lange im Gedächtnis der Juden haften. Und erst im 20. Jahrhundert vermag es Hitlers Genozid, den Alptraum der jüdischen Gemeinden des späten Mittelalters zu übertreffen.

Als die Pest 1351 abebbt, sind rund 200 jüdische Gemeinden in Deutschland vernichtet, die Menschen erschlagen, ihre Synagogen verwüstet, die Torahrollen und heiligen Geräte geschändet, verbrannt, die Grabsteine umgestürzt.

Und all dies geschieht keineswegs in einer Epoche tiefster und finsterster Kulturlosigkeit. Es geschieht zu einer Zeit, als in Prag die erste Universität ihre Tore öffnet, als das Hansische Handelskontor im norwegischen Bergen gegründet wird, als sich die Breslauer Gürtlergesellen zusammenschließen, um ihre Lohnforderungen durchzusetzen und so den ersten organisierten Streik in der deutschen Geschichte veranstalten, und – es geschieht in einer Zeit, als die Kölner den ersten Karnevalsumzug organisieren.

Die letzte große Pest, die aber dennoch nicht annähernd so tödlich war wie die des Jahres 1349, bricht 1720 in Marseille aus. Danach dauert es noch fast zwei Jahrhunderte, bis Alexandre Yersin während einer Epidemie in Hongkong den Erreger der Pest, „Pasteurella" oder „Yersinia Pestis", entdeckt. Da schreibt man das Jahr 1894.

Ein Jude aus dem Rheinland vor seinen leeren Truhen.

Abendlicht und Morgenröte

Der Kölner Gelehrtenstreit um das jüdische Schrifttum

Das Dominikanerkloster am Dom

Die Straße An den Dominikanern beginnt an der Marzellenstraße und endet an Unter Sachsenhausen. Sie bezieht sich auf ein im 13. Jahrhundert in der Nähe der katholischen Pfarrkirche St. Andreas errichtetes und inzwischen zerstörtes Dominikanerkloster, in dem auch Albertus Magnus als Lehrer und Forscher wirkte. Im frühen 16. Jahrhundert war es Schauplatz eines denkwürdigen Streits mit nachhaltigen Auswirkungen über die Berechtigung des jüdischen Schrifttums – insbesondere des Talmud.

Als 1794 französische Revolutionstruppen in Köln einmarschierten, diente das Kloster als Lazarett. 1798/99 wurden die Dominikaner endgültig vertrieben, und das Gebäude wurde in eine Kaserne umgewandelt. 1828 wurde das gotische Eingangstor zum Kloster als letztes architektonisches Überbleibsel aus dem Mittelalter beseitigt.

Heute befindet sich an der Stelle, wo ursprünglich das Kloster stand und früher das Kölner Hauptpostamt war, ein großer Gebäudekomplex mit Altenwohnungen. Ein Dominikanerkonvent, 1954 erbaut, steht inzwischen an der Südseite von St. Andreas mit Front zur Komödienstraße.

Von Judenbeichten, Augenspiegeln und Dunkelmännern: Köln als Schauplatz eines Gelehrtenstreites

Der Humanist Johannes Reuchlin im Kölner Gelehrtenstreit.

Sie war ein beschwerliches und abenteuerliches Unterfangen, diese italienische Reise. Und doch – sie hatte sich gelohnt. Jeder Tag brachte ihm, dem deutschen Gelehrten Johannes Reuchlin, neue Einsichten, neue Erkenntnisse, neue interessante Diskussionen.

In Florenz war er nicht nur willkommener Gast des hochgelehrten Giovanni Pico della Mirandola, sondern wurde auch freundschaftlich von dessen Mitstreiter, dem griechischen Juden Elia Delmedigo, aufgenommen. Delmedigo lehrte Philosophie in Padua und Florenz und weckte Reuchlins Interesse für die hebräische Sprache und für den Talmud.

Neugier und Wissensdurst trieben Reuchlin weiter. Von Florenz reiste er nach Rom, um seine Kenntnisse mit Hilfe des Talmudisten und Bibelkommentators Obadja aus Sforno zu vertiefen. Das Ergebnis sind mehrere Abhandlungen über hebräische Grammatik und über die Kabbala, die Reuchlins besonderes Interesse weckte.

Von Reuchlins Rom-Aufenthalt wird erzählt, dass der Gelehrte eines Tages in der Heiligen Stadt den Lehrsaal eines griechischen „Kollegen" betrat, der ihn nicht kannte. Der Grieche fragte: „Verstehst du auch Griechisch?" Statt eine Antwort zu geben, ergriff Reuchlin ein Buch von Thukydides, las daraus eine Stelle vor und interpretierte sie. Begeistert rief der griechische Gelehrte aus: „Wahrhaftig, Griechenland hat eine Heimstätte jenseits der Alpen gefunden...!"

Dieses Wissen machte Johannes Reuchlin, den Begründer der modernen Hebraistik, wohl nur wenige Jahre nach seiner italienischen Reise zu einer der Hauptfiguren in einem Gelehrtenstreit um das jüdische Schrifttum, bei dem selbst Kaiser und Papst sich einmischten. Er spitzte sich zu einem grundsätzlichen Konflikt zu: zwischen den Vertretern der mittelalterlichen Scholastik und der Inquisition einerseits und den Anhängern des neuen humanistischen Weltbildes und deren Auffassung von Wissenschaft andererseits. Dieser Streit fand auf Kölner Boden, im Kloster der Dominikaner statt.

In der Auseinandersetzung standen sich der Philosoph, Theologe, Jurist und profunde Kenner des Hebräischen Johannes Reuchlin (1455 –1522) – ein Großonkel des Luther-Weggefährten Philipp Melanchthon – und der zum Christentum konvertierte Jude Johannes Pfefferkorn (1469–1524) als erbitterte Gegner gegenüber. Pfefferkorn legte in dem Konflikt einen den Konvertiten häufig nachgesagten Fanatismus an den Tag und verfolgte seine ehemaligen jüdischen Glaubensgenossen mit unstillbarem Hass. Offenbar glaubte er, seine neue Glaubensüberzeugung dadurch am besten dokumentieren zu können, dass er seinen früheren Glauben – vor allem aber den Talmud – erbittert bekämpfte.

Johannes Pfefferkorn polemisierte gegen die Juden und ihre Schriften.

All das geschah am Vorabend der Reformation, in den Jahren 1507 bis 1515. Am Vorabend einer Zeit, in der die deutsche Christenheit zum ersten Mal eine Erfahrung machte, die den Juden seit vielen Jahrhunderten vertraut war: die Erfahrung, dass man seines Glaubens wegen verfolgt, vertrieben und ermordet werden kann.

Das frühe 16. Jahrhundert ist eine unruhige, eine janusköpfige Zeit, eine Zeit voller Gegensätze und Widersprüche. Sie ist grausam und gütig, erbarmungslos und mildtätig, anmaßend und demütig, sündenbeladen und fromm; sie schwankt zwischen Lebensgier und Todesfurcht. Etwas neigt sich dem Ende zu. Und eine neue Epoche dämmert herauf: die Renaissance.

Das deutsche Kaiserreich ist zerfallen, und die Idee eines einheitlichen abendländischen Imperiums Romanum verblasst. Überall in Europa entwickeln sich Nationalstaaten. Das Weltbild des Mittelalters zerbricht; an seine Stelle tritt eine andere, neue Weltanschauung: Wissenschaftler verändern die Vorstellungen von Himmelsräumen und Gestirnen, Seefahrer entdecken neue Länder und Meere, Gelehrte beleben die Welt der griechischen und römischen Antike und öffnen den Geist für Neues. An dieser Zeitenwende blühen Wissenschaften und Künste auf, die christliche Kirche dagegen verkommt zu einem Spielball der Macht. Der Mensch, irre geworden an seinem Glauben und an denen, die ihn verkünden, ist den Stürmen dieser Zeit, in der das Alte wankt und das Neue seine Form noch nicht gefunden hat, hilflos ausgeliefert.

Vor der Kulisse des „heiligen Köln", einen Steinwurf vom Dom entfernt, spielte sich der berühmte Gelehrtenstreit ab, in dem es um die Berechtigung des Schrifttums der Juden und besonders des Talmud ging. Neben Reuchlin und Pfefferkorn gehören auch die Kölner Dominikaner unter Jakob van Hoogstraeten zu den Akteuren. Im Hintergrund zogen Kaiser und Papst die Fäden. Die staunenden Kölner Bürger schauten zu.

Seit Jahrhunderten bereits galt der Talmud als geheimnisumwittertes, vor allem aber christenfeindliches Buch. Angeblich sollte es darin Stellen geben, in denen sich jüdische Gelehrte gegen das Christentum aussprechen. Aufgrund dieser Behauptung war es in Europa immer wieder zu Talmudverbrennungen gekommen. Bereits 1268 dichtete der Minnesänger Konrad von Würzburg:

Weh den hinterlistigen, halsstarrigen, bösartigen Judensöhnen, die sich nicht daran kehren, was sie vor der bösen Höllenpein bewahren könnte. Der Talmud hat sie halsstarrig gemacht und ihrer Ehre beraubt.

Auch Johannes Pfefferkorn war der Auffassung, der Talmud bilde den Grundstock jüdischer Verstocktheit.

In Köln gab man eigentlich für den Leumund dieses Mannes keinen Pfifferling: Dort war bekannt, dass Pfefferkorn in seiner mährischen Heimat eine Kerkerstrafe wegen Einbruchs und Diebstahls verbüßt hatte. Doch der gelernte Metzger – erst kurz zuvor in seiner neuen Heimat Köln getauft – gab sich selbstbewusst-kämpferisch. Im Jahre 1505 fordert er in einer Reihe von Schmähschriften reichsweit zur Vernichtung des Talmud auf. Als gefährliches und schändliches Werk bezeichnete er diese Schrift und empfahl die sofortige Verbrennung. Ebenso propagierte er die Zwangsbekehrung der Juden sowie die Ausweisung derer, die sich der Taufe widersetzten.

Der Talmud

Der Talmud (hebr. „Studium", „Lehre") ist neben den fünf Büchern Mose das Hauptwerk des rabbinischen Judentums und stellt bis heute die maßgebliche Quelle der jüdischen Religionslehre und des jüdischen Religionsgesetzes dar. Der Talmud gliedert sich in zwei Teile: in die „Mischnah" und die „Gemara".

Die „Mischnah" (hebr. „Wiederholung", „Lehre") ist eine Sammlung religionsgesetzlicher Vorschriften und zivilrechtlicher Regeln, die teilweise auf die Traditionen der Pharisäer zurückgehen, aber auch von den Rabbinen der ersten zwei Jahrhunderte n.Chr. stammen.

Die „Gemara" (hebr. „Vollendung") enthält die Diskussionen, die in späteren Jahrhunderten in den rabbinischen Akademien Palästinas und Babyloniens über die „Mischnah" geführt wurden. Es gibt folglich einen palästinischen (Abschluss Anfang des fünften Jahrhunderts) wie auch einen babylonischen Talmud (Abschluss Ende des sechsten, Anfang des siebten Jahrhunderts).

In den christlich-jüdischen Beziehungen hat der Talmud immer eine große Rolle gespielt. Nicht nur im Mittelalter wurden die „antichristlichen" Stellen im Talmud benutzt um die Juden anzugreifen, zu diffamieren und zu verfolgen. Auch der Antisemitismus der Neuzeit verwandte gern aus dem Zusammenhang gerissene Talmud-Zitate, um die angebliche „Menschenfeindlichkeit" des Judentums zu „beweisen". Für zahlreiche christliche Wissenschaftler ist der Talmud vor allem deshalb von Interesse, weil er unter anderem die politischen, sozialen und geistigen Verhältnisse beleuchtet, in denen Jesus lebte und lehrte, und unter denen das Frühchristentum entstand.

Tatkräftig unterstützt wurde Pfefferkorn in seinem Treiben von den Kölner Dominikanern, zu deren Aufgabe seit altersher die Judenmission gehörte. Sie erkannten die überaus günstige Gelegenheit, einen zum Christentum übergetretenen Juden für ihre Ziele zu instrumentalisieren, und waren ihm beim Abfassen seiner Schriften behilflich.

1507 veröffentlichte Pfefferkorn den *Judenspiegel*. Darin hieß es unter anderem, dass all die Gewalt und Verachtung, die die Juden erleiden müssten, ihrer Besserung dienten. Auch darin appellierte er wieder an seine „allerliebsten Christen", sie sollten den Juden ihre Bücher nehmen, in denen Gott und Maria, die Mutter Gottes, gelästert würden.

Danach ist Pfefferkorns Eifer kaum noch aufzuhalten: 1508 veröffentlicht er die *Judenbeichte*, 1509 den *Judenfeind* – alle zunächst in lateinischer Sprache, obwohl er des Lateinischen nicht mächtig ist. Die

Handschrift der ihn unterstützenden Dominikaner-Patres ist unverkennbar.

Im Sommer 1509 gelang es Pfefferkorn, Kaiser Maximilian für seine Sache zu gewinnen und von ihm eine Verordnung für die Verbrennung hebräischer Bücher und Schriften zu erwirken. In dem Schreiben des Kaisers an „alle Juden, die in des Reiches Städten, Märkten und Flecken wohnen", heißt es, Seine Majestät sei glaubwürdig unterrichtet worden, dass seine jüdischen Untertanen in ihren Synagogen und Bibliotheken etliche unbegründete und unnütze Bücher hätten, die den heiligen christlichen Glauben schmähten und verspotteten. Als Römischem Kaiser und Schwert der Christenheit gebühre es ihm, ein Auge darauf zu haben. Daher habe er seinen Getreuen Johannes Pfefferkorn aus Köln, der „wohlbeschlagen" im jüdischen Glauben sei, damit beauftragt, all diese Bücher zu überprüfen.

Der Kaiser hatte den Bock zum Gärtner gemacht. Pfefferkorn war – und viele gebildete Kölner wussten das, schwiegen aber trotzdem – alles andere als „wohlbeschlagen". Es regte sich bald, vor allem bei den Frankfurter Juden und beim Erzbischof von Mainz, Widerspruch gegen die kaiserliche Verordnung. Und Kaiser Maximilian, wohl erschreckt von den heftigen Reaktionen, machte einen diplomatischen Rückzieher, indem er beschloss, zunächst einmal eine „Sachverständigenkommission" einzuberufen, um die ganze leidige Angelegenheit untersuchen zu lassen.

Das war die Stunde des Johannes Reuchlin: Er, der das jüdische Schrifttum gründlich in Italien studiert hatte und Juden nicht schlecht behandelt wissen wollte, verfasste ein „Gegengutachten". Als dieses Gutachten von seinen Gegnern heftigst kritisiert und er selbst persönlich diffamiert wurde, brachte er 1511 seine berühmte Schrift *Augenspiegel* heraus. In diesem Buch wies er die Vorwürfe Pfefferkorns und der Dominikaner entschieden zurück.

Das Verlesen der – wie wir heute sagen würden – „Thesenpapiere", die hitzigen Diskussionen darüber, fanden zumeist im Kloster der Dominikaner in der Nähe der Komödienstraße statt.

Vehement trat Reuchlin – schriftlich und mündlich – für das Recht der Juden auf ihre Bücher ein. Ebenso vehement wandte er sich gegen die Vertreibung der Juden. Dennoch tragen die Juden nach seiner Ansicht, und hier ist auch Reuchlin ganz Kind seiner Zeit, Schuld an der Kreuzigung Christi. Die Bücher der Juden, so argumentierte er, enthielten die Glaubenslehre des jüdischen Volkes. Damit beleidigten sie keinen anderen Menschen. In ihrem Glauben seien sie, genauso wie die Christen, allein Gott verantwortlich. Niemals, so Reuchlin weiter, habe Gott den Christen verboten, mit den Juden zu verkehren, zu handeln, zusammen zu sein. Und Christen sollten die Kinder der Juden deshalb nicht ohne die Zustimmung der Eltern taufen und deren Bücher nicht gegen deren Willen an sich nehmen, denn ihre Bücher seien ihnen so lieb wie die Kinder.

Nach dieser unerschrockenen Replik schäumte Pfefferkorn vor Wut. Die Kölner Dominikaner ebenfalls. Um den *Augenspiegel* entbrannte ein heftiger Streit. Die theologische Fakultät der Kölner Universität, in der der Dominikaner Jakob van Hoogstraeten eine führende Rolle spielte, versuchte, gegen Reuchlin zu mobilisieren, indem sie bei der juristischen Fakultät um Unterstützung nachsuchte. Diese war indes nicht einhellig der Ansicht, dass der ganze Streit eine Angelegenheit der Hochschule sei. 1512 ließ Kaiser Maximilian eine Weisung an den Kölner Erzbischof Philipp von Daun ergehen, Reuchlins Schrift zu konfiszieren. Am 10. Februar 1514 wird der *Augenspiegel* in Köln öffentlich verbrannt. Der Erzbischof bleibt diesem Schauspiel demonstrativ fern.

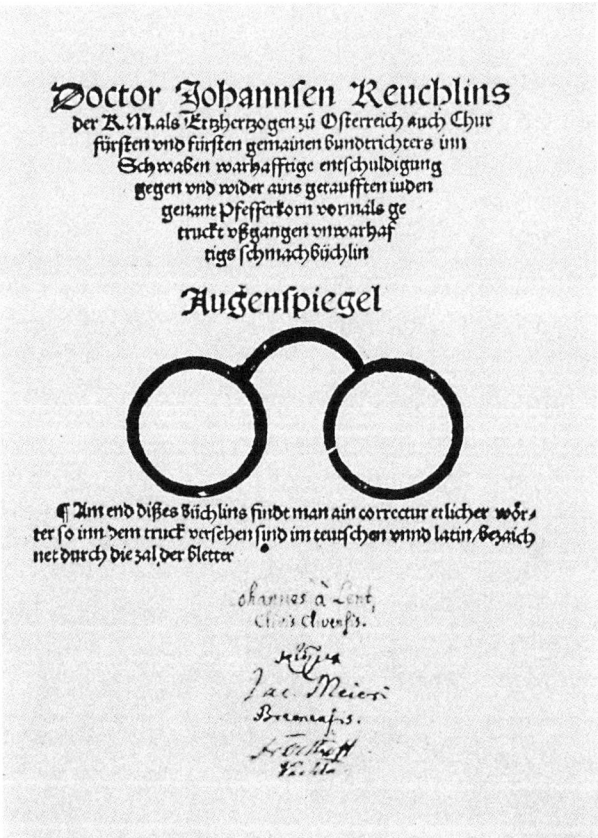

Das Titelblatt des *Augenspiegel*.

Der Antijudaismus

Der Begriff „Antijudaismus" steht für die kirchliche und christliche Judenfeindschaft. Sie äußerte sich ab dem zweiten Jahrhundert n.Chr. in immer
wiederkehrenden Vorwürfen gegen die Juden. Die Hauptbeschuldigung lautete, die Juden seien Christus- und somit Gottesmörder und weigerten sich, sich
Christus und seiner Botschaft zu beugen. Man müsse sie daher zur Strafe in
eine sie demütigende Lebensweise zwingen.
Einen Höhepunkt erreichte der Antijudaismus durch den Reformator Martin
Luther und dessen judenfeindliche Schriften – etwa *Von den Juden und ihren Lügen*. Luther wollte die Juden nur „dulden", wenn sie sich taufen ließen.
Die Folgen von Luthers theologischem Antijudaismus reichen bis in unsere
Gegenwart: Etliche christliche Gruppierungen nutzten diesen überlieferten
Antijudaismus, um sich den Nationalsozialisten anzudienen. Der wohl abso-
lute Tiefpunkt der Luther-Rezeption wurde mit einer Schrift vom November
1938 erreicht, in der es heißt:
*Am 10. November 1938, an Luthers Geburtstag, brennen in Deutschland
die Synagogen. Vom deutschen Volk wird die Macht der Juden auf wirt-
schaftlichem Gebiete im neuen Deutschland endgültig gebrochen und damit der gottgesegnete Kampf des Führers zur völligen Befreiung unseres
Volkes gekrönt...*
Der Verfasser dieses Pamphlets, Martin Sasse, war Landesbischof von Thü-
ringen.

Während der Nürnberger Prozesse berief sich auch der fanatische Judenhetzer und *Stürmer*-Herausgeber Julius Streicher auf Luther, indem er den Rich-
tern erklärte, nicht er, sondern Martin Luther müsse wegen Judenhasses an-
geklagt werden. Er selbst habe nichts weiter getan, als sich immer wieder auf
den Reformator zu beziehen.
In den letzten Jahren und Jahrzehnten hat es in den beiden großen Kirchen
ein beträchtliches und ehrliches Bemühen gegeben, antijudaistische Überbleibsel in christlicher Tradition und Lehre zu beseitigen.

Reuchlin, den sie inzwischen überall in Köln den „Talmudisten" nennen, ließ sich davon jedoch nicht einschüchtern. Stattdessen holte er zu einem erneuten Gegenschlag aus: In den *Epistulae obscurorum virorum*, den so genannten *Dunkelmännerbriefen* von 1514/15, gaben er und seine Freunde – darunter der Reichsritter Ulrich von Hutten – die Ignoranz und Heuchelei der Kölner Dominikaner und ihrer Mitstreiter dem allgemeinen Spott und Gelächter preis. Die fingierten Briefe – absichtlich in mangelhaftem Latein abgefasst und an die Adresse des an der Kölner Universität verhassten Theologen Ortwinus Gratius gerichtet – sind von geistreicher Satire und sprühendem Spott und machten bald überall im Reich die Runde.

Die Stadt Köln schien des endlosen Gezänks irgendwann überdrüssig geworden zu sein. Nachdem Pfefferkorn mit einer weiteren

Schmähschrift gegen Reuchlin den Bogen offenbar überspannt hatte, zog sie sich geschickt auf eine Formalie zurück: Sie setzte den Buchdrucker, der ohne die erforderliche Genehmigung des Stadtrates die Schmähbriefe Pfefferkorns gegen Reuchlin gedruckt hatte, kurzerhand gefangen. Der Streiterei war somit bald ein Ende gesetzt.

Als Johannes Reuchlin am 30. Juni 1522 starb, war das für die jüdische Gemeinschaft in Deutschland ein großer Verlust. Sie setzte ihre Hoffnungen bald in den Wittenberger Reformator Doctor Martinus Luther. Die Enttäuschung angesichts dessen später herausgegebenen judenfeindlichen Schriften war umso größer.

Das Dominikanerkloster in Köln,
der Ort des Gelehrtenstreits um jüdisches Schrifttum im 16. Jahrhundert.

Freiheitsbaum und Bürgerstolz

Die Rückkehr der Juden nach Köln
– Emanzipation und Wirtschaftsblüte:
das Bankhaus Oppenheim

Stätten jüdischen Lebens während der Franzosenzeit

Synagoge Glockengasse

Das Gebäude der Synagoge in der Glockengasse steht nicht mehr. Auf dem Platz, der heute Offenbachplatz heißt, befindet sich das von Wilhelm Riphahn 1957 vollendete Opernhaus. An dessen Nordseite erinnert eine Gedenktafel an die erste große Synagoge Kölns nach der Rückkehr der Juden zur Franzosenzeit. Das repräsentative Gebäude im maurischen Stil, gestiftet von dem Bankier Abraham Oppenheim und entworfen vom Dombaumeister Ernst Friedrich Zwirner, gehörte zu den schönsten Synagogen des Rheinlandes. *(Siehe auch S. 173, Stätten jüdischen Lebens während des Nationalsozialismus)*

Bankhaus Sal. Oppenheim Jr. & Cie., Unter Sachsenhausen

Die Straße Unter Sachsenhausen hieß im frühen 14. Jahrhundert Unter Sechzehnhäusern und wurde vom 19. Jahrhundert an als bevorzugte Adresse für Bankhäuser zu einer Art Kölner „Wallstreet". Die Gründer und Inhaber der neuen Banken im 19. Jahrhundert waren überwiegend Juden und Protestanten, also Angehörige von Minderheiten, die zunächst in Köln keine Bürgerrechte erwerben konnten und folglich auch kein eigenes Geschäft führen durften. So mussten sie die Chancen nutzen, die ihnen Großhandel und Bankgeschäfte boten. Viele dieser Bankiers und Großhändler waren aber so erfolgreich und wurden in kurzer Zeit so wohlhabend, dass die damals in der Domstadt geläufige Frage: „Sind Sie vermögend oder katholisch?" durchaus legitim war. Die meisten Bankgebäude, die im 19. und frühen 20. Jahrhundert in der Straße Unter Sachsenhausen entstanden, wurden während der Luftangriffe im Zweiten Weltkrieg zerstört.

Das erste Kölner Domizil des Bankhauses Oppenheim befand sich in der Straße Am Hof 2122 (heute Nr.16); später zog man in die Große Budengasse 8–10. Beide Gebäude existieren nicht mehr. Nach Kriegsende erhielt das Bankhaus Oppenheim das Grundstück Unter Sachsenhausen 4, vormals Sitz des Schaaffhausen'schen Bankvereins. Das neue Haus, der Sitz der Firma Oppenheim seit 1953, ist ein sechsgeschossiger, natursteinverkleideter Bau.

Familiengruft der Oppenheims, Jüdischer Friedhof Köln-Deutz

An der Familiengruft der Oppenheims zeigt sich ein für jüdische Friedhöfe typisches Phänomen: Die frühen Grabsteine der Familiengruft sind in Form der Gesetzestafeln gehalten und haben hebräische Lettern. Je weiter Emanzipation und Assimilation fortschreiten, desto mehr ähneln diese Grabdenkmäler jenen auf christlichen Friedhöfen.

1794 wird ein Freiheitsbaum auf dem Neumarkt errichtet.

Die Ketten zerbrechen

Nachdem die Juden 1424 „auf ewige Zeiten" aus dem katholischen Köln ausgeschlossen worden waren, durften sie sich nur mit bestimmten Erlaubnisscheinen manchmal tagsüber in der Stadt aufhalten. Ausnahmen wurden bei zwei Gruppen gemacht: Juden, die sich taufen lassen wollten, konnten problemlos die Stadt betreten; das Gleiche galt – wenn auch hier und da mit Einschränkungen für die so genannten „Judendoktoren", also für jüdische Ärzte oder Heiler, die von Mülheim oder Deutz nach Köln kommen mussten, um dort ihre christlichen Patienten zu betreuen. Dies wurde allerdings von den gelehrten Doctores der Kölner Universität nicht sonderlich gern gesehen, da sie die Konkurrenz der jüdischen Kollegen fürchteten.

Die Kirchenkonzilien hatten schon im 13. Jahrhundert beschlossen, Juden nicht zur Behandlung christlicher Patienten zuzulassen. Erst im 18. Jahrhundert wurde diese Regelung dahingehend gelockert, dass ein jüdischer Arzt dann zu Rate gezogen werden durfte, wenn ein christlicher gerade nicht zur Verfügung stand. Die Ratsprotokolle der Stadt Köln vermerkten für die Jahre von 1650 bis 1675 rund 340

Fälle, in denen die „Judendoktoren" aus Deutz und Mülheim die Kölner Stadttore passieren durften, um in der Stadt Kranke zu behandeln. Aus dieser Zeit ist der Name des „Judendoktors" Levi Nathan überliefert, der zunächst in Riehl, dann in Rodenkirchen sowie in Deutz wohnte und sich bei seinen Patienten offenbar großer Beliebtheit erfreute. Allerdings musste auch er 1667 seine ärztliche Tätigkeit in Köln aufgeben.

Noch um die Mitte des 18. Jahrhunderts waren die Juden einer Fülle bedrückender Verordnungen und Sonderregelungen unterworfen: Ihre Bewegungsfreiheit war eingeschränkt, ihren Lebensunterhalt konnten sie nur in bestimmten Berufen und Wirtschaftszweigen verdienen; selbst ihre persönlichen Beziehungen zur christlichen Umwelt waren strikt reglementiert, und für den Schutz von Leib und Leben, den die Landesherren ihnen gewährten, wurden sie mit hohen Steuern und Abgaben belastet. Die christlichen Mitbürger empfanden diese entwürdigende Lage zumeist als gerecht, waren sie doch überwiegend noch immer der Meinung, Juden seien das Volk der Gottesmörder, halsstarrige Anhänger einer „abgestorbenen" Religion, auf der der „Fluch Gottes" laste.

Immer wieder baten die Juden in den rund 400 Jahren, in denen ihnen das „heilige" Köln verschlossen war, darum, Köln passieren zu dürfen, anstatt den umständlichen Gang um die Stadt herum wählen zu müssen. Zur Begründung hieß es in einem dieser Gesuche von 1784: „...da wir doch mit allen Christen und allen Menschen Adam, den ersten erschaffenen Menschen zum gemeinsamen Stammvater hatten, folglich alle von einem Fleisch und Blut sind..." Die christlichen Mitglieder des Kölner Stadtrates stellten sich allerdings taub: Das Gesuch wurde wie immer abgelehnt. Doch der Rat der Stadt Köln verkannte die Zeichen der Zeit: Fünf Jahre später, am 14. Juli 1789, wurde in Paris die Bastille gestürmt. Eine Zeit mit weit reichenden Umbrüchen, auch für die Juden im Rheinland, begann.

1791 machte eine sensationelle Nachricht die Runde: Die französische Nationalversammlung hatte am 28. September den Juden in Frankreich die uneingeschränkten Staatsbürgerrechte zuerkannt. Die französischen Revolutionsheere setzten diese Grundsätze überall dort durch, wo sie einmarschiert waren. Für die deutschen Juden muss dies ein zwiespältiges Gefühl gewesen sein: Diejenigen, die ihnen die lang ersehnte Freiheit brachten, die mit der Maxime „Liberté, Fraternité, Egalité" auch die Ghettotore aufstießen, waren Landesfeinde, die in die Heimat eindrangen, plünderten und brandschatzten.

Drei Jahre später erklang die Marseillaise, die französische Nationalhymne, auch in Köln. Am 6. Oktober 1794 marschierten französische Truppen in die Domstadt ein. Damit brach für die Stadt die „französische Zeit" an, die das Leben in allen Bereichen nachhaltig veränderte. Auf dem Neumarkt, der damals „La Place d'Arme" hieß, errichteten die Besatzer 1795 einen Freiheitsbaum. Über ihm wehte die Trikolore. Im November 1797 vereinigte die Regierung in Paris das ganze linke Rheinufer mit Frankreich, und die französische Verwaltung errichtete ein straff organisiertes, politisch vereinheitlichtes System. Für die Juden im Kölner Umland bedeutete das: Die alten Ketten, die sie jahrhundertelang eingeengt hatten, wurden zunehmend brüchig und zerbrachen schließlich. Neue Kräfte wurden freigesetzt.

Die Synagoge in der Glockengasse.

Der französische Regierungskommissar Rudler, der im Rheinland Regierungsgewalt besaß, dekretierte kurz und bündig, alles, was „nach Sklaverei schmecke", sei abgeschafft. Und er fügte hinzu, dass Christen wie Juden für ihren religiösen Glauben nur vor Gott Rechenschaft abzulegen hätten: „Eure bürgerlichen Rechte werden nicht mehr von eurer Abstammung abhängen. Was die auch immer sein mag, sie wird ohne Unterschied toleriert werden und sich gleichen Schutzes erfreuen..."

Die rheinischen Juden hörten das mit ungläubigem Staunen. Die Französische Revolution hatte ihnen zu dem Recht verholfen, Bürger unter Bürgern zu sein. Dennoch war die Emanzipation aus der Hand der Besatzer ein recht prekäres Geschenk, von dem niemand wusste, wie lange man etwas davon hatte. Die Juden im Rheinland reagierten also schnell. Bereits im März 1795 erhielt ein gewisser Joseph Isaak aus Mülheim am Rhein die Erlaubnis, in Köln ansässig zu werden. Un-

Grabstein Rindskopf auf dem jüdischen Friedhof in Deutz.

ter den durch die Folgen der Französischen Revolution veränderten politischen Verhältnissen zogen dann 1798 Joseph Isaak Stern aus Mülheim und ein Jahr später ein gewisser Salomon Oppenheim aus Bonn in die Stadt. 1799 wurden zwei jüdische Kinder in Köln geboren, und am 12. Oktober 1801 vereinigten sich in Bonn unter der Präsidentschaft des Bonner Oberrabbiners siebzehn Familienväter zu einer kleinen jüdischen Gemeinde. Ihr erster Kantor wurde Seligmann Ochs aus Lechenich. Dessen Nachfolger hieß Isaak Eberst und war ein wandernder Synagogensänger und Gelegenheitsmusiker aus Offenbach. Er heiratete Marianne Rindskopf aus alter jüdischer Familie in Deutz und ließ nach der Übersiedlung nach Köln den Namen „Offenbach" als Familiennamen eintragen. Das siebte Kind der Familie erhielt den Namen Jakob, nannte sich später in seiner Wahlheimat Paris „Jacques" und – wurde ein Komponist von Weltrang.

Um die Wende zum 19. Jahrhundert zog es immer mehr Juden nach Köln. 1806 umfasste das „Arrondissement Köln" bereits 2012 jüdische Seelen. 1808 erging allerdings erneut ein einschränkendes Dekret an die Juden im Rheinland: Ein straff organisiertes und hierarchisches System für die jüdischen Gemeinden wurde vorgeschrieben. Damit wurde die Selbstverwaltung der jüdischen Gemeinden beschnitten und die erst kürzlich erreichte Rechtsgleichheit der Juden und Christen von neuem eingeschränkt – in Köln erwachte dennoch neues jüdisches Leben.

Jacques Offenbach mit seiner Familie.

Von jüdischer Frömmigkeit,
preußischen Tugenden, Weitblick und Flexibilität:
das Bankhaus Oppenheim

Die Zusammenkunft ist turbulent, und die Gemüter sind dement-
sprechend erhitzt. Wie es denn nun weitergehen solle, wird erregt gefragt, und was man tun werde, da die Kölner Baubehörde einigen der
anwesenden Herren ja bereits vor mehreren Jahren dringend nahe gelegt habe, das rund 50 Jahre alte Gebäude, über das man hier disku-
tiere, wegen Baufälligkeit zu schließen.

Und was bitte – so ereifern sich die anderen – die Alternative sei?
Wo man dann Gottesdienste abhalten solle? Ob man etwa irgendeinen
Betsaal mieten solle, der nach ein paar Jahren schon wieder zu klein
sei? Außerdem sei ein solcher Saal wohl kaum mehr angemessen.
Immerhin zähle die Gemeinde inzwischen rund 250 Seelen, und jährlich würden es mehr. Und nun müsse etwas geschehen. Und zwar
bald.

Der Ton wird unduldsamer. Gegenseitige Vorwürfe und Schuldzu-
weisungen wechseln sich ab. Doch dann, wie aus heiterem Himmel,
glätten sich die Wogen. Eine Ankündigung löst plötzlich alle Probleme und Schwierigkeiten in Luft auf. Das Protokoll der Gemeindevor-
standssitzung vom 10. Juni 1856 vermerkt: Der Herr Kommerzienrat
Abraham Oppenheim habe „den Entschluss gefasst, auf dem ganzen
Terrain in der Glockengasse eine der Stadt Köln würdige Synagoge auf
alleinige Kosten bauen zu lassen, um sie der Gemeinde als Geschenk
zu übergeben".

Nur fünf Jahre nach dieser Vorstandssitzung der kleinen Kölner jüdischen Gemeinde, am 23. Elul des jüdischen Jahres 5621, also am 26.
August 1861, wurde eine der prachtvollsten Synagogen im Rheinland,
die Synagoge in der Kölner Glockengasse, eingeweiht. Auf unzähligen
Darstellungen ist sie verewigt: Eine gewaltige Kuppel im maurischen
Stil wölbt sich unter dem goldschimmernden Davidstern; flankiert
wird der Bau von vier schlanken minarettartigen Türmen, die mit ver-
goldeten Kuppeln verziert sind. In der Mitte an der Südseite des Ge-

bäudes leuchtet ein Rosettenfenster. Betritt man über vier Stufen den Innenraum, so steht an der Ostseite der Torahschrein aus weißem Carraramarmor. In den Bögen unter den Giebeln ist zu lesen:

Denn siehe, Finsternis bedecket die Erde und Wolken düster die Völker, doch dich wird der Ewige bestrahlen, und seine Herrlichkeit wird über dir erscheinen. Und es wandeln Nationen bei deinem Lichte, und Könige bei deinem Strahlenglanze. (Jesaja 60, 2–3)

Darunter befindet sich die in vielen Synagogen zu findende Mahnung: *Wisse, vor wem du stehst.*

Das Tonnengewölbe über der Nische mit dem Torahschrein ist oben von einem Rundfenster durchbrochen, dessen Sprossen einen Davidstern formen.

Die Pläne zu diesem Bau stammten von keinem Geringeren als dem Kölner Dombaumeister Ernst Friedrich Zwirner. Der Stifter dieses Bauwerks, Kommerzienrat Abraham Oppenheim, war bis zu diesem Zeitpunkt in den Angelegenheiten der jüdischen Gemeinde noch nicht sonderlich hervorgetreten. Er scheint kein Mensch gewesen zu sein, der sich ins Rampenlicht drängte. Doch das Allgemeinwohl der Juden in Köln lag ihm am Herzen.

Abraham Oppenheim, ein Mann mit Verstand, Scharfblick und Weitsicht, gehörte zur zweiten Generation der zu Ruhm gelangten Bankiersfamilie Oppenheim. Sein Vater Salomon, 1772 in Bonn geboren, hatte dort zusammen mit einem anderen Hofagenten ein Bank- und Handelsgeschäft betrieben. Als 1794 der Bonner Kurfürst vor den französischen Revolutionstruppen floh und die geschäftlichen Möglichkeiten für Oppenheim nicht mehr gegeben waren, siedelte er 1798 nach Köln über und verlegte 1801 auch seine Firma Sal. Oppenheim Jr. & Cie. dorthin.

Mit Fleiß und Geschick gelangte Salomon Oppenheim zu Wohlstand und Ansehen in der kleinen neu etablierten jüdischen Kölner Gemeinde, deren Vorsteher er bald wurde. Ansehen genoss er aber auch bei den städtischen Behörden Kölns. 1808 bezeichnet der Kölner Oberbürgermeister von Wittgenstein ihn etwa gegenüber dem französischen Präfekten als „citoyen très recommandable..." – einen „sehr empfehlenswerten Bürger".

Abraham Oppenheim ist der Stifter der größten Synagoge Kölns.

Oppenheim bezog mit seiner Familie bald ein prachtvolles Haus in der Großen Budengasse. Sein Geld verdiente er zunächst mit Getreidehandel, und 1810 kamen ein Weinhandel und Speditionsgeschäfte hinzu. 1822 wurde er zum Mitglied der Kölner Handelskammer gewählt und beteiligte sich an der Planung und Gründung unterschiedlicher Firmen: der Rheinschifffahrts-Assekuranz-Gesellschaft, der Niederländischen Dampfschifffahrts-Gesellschaft in Rotterdam und der Preußisch-Rheinischen Dampfschifffahrtsgesellschaft. Verbürgt ist von ihm der Satz: „Die ersten hunderttausend Reichsthaler haben mich manchen Schweißtropfen und manch schlaflose Nacht gekostet, hat man die aber vor sich und ist bei redlichem Fleiße nicht auf den Kopf gefallen, macht es sich von selbst..."

Salomon Oppenheims Lebensleistung beruhte auf einem hohen Maß an Weitblick und Flexibilität. Obwohl noch fest verwurzelt in der ihm vertrauten Welt der Hoffaktoren – Finanziers und Organisatoren –, schaffte er dennoch die Anpassung an eine ganz andere Welt: an jene des sich rasant entwickelnden Handels- und Industriekapitalismus.

Im Januar 1814 zogen sich die geschlagenen französischen Truppen aus Köln zurück. Im April 1815 ergriff Friedrich Wilhelm III. von Preußen Besitz von dem Gebiet und machte daraus zwei Provinzen. Für die rheinischen Juden begann eine neue Ära: Das preußische Edikt von 1812 hatte den Juden in Preußen fast völlige Gleichberechtigung ermöglicht – auch wenn der Stadtrat von Köln immer wieder versuchte, diese Entwicklung zu unterlaufen. Die Thronbesteigung

Friedrich Wilhelm IV. 1840 weckte weitere Hoffnungen auf uneingeschränkte Bürgerrechte. Salomon Oppenheim starb bereits 1828. Seine Witwe Therese übernahm das Bankhaus und machte zwei Söhne, Simon, geboren 1803, und Abraham, geboren 1804, zu Teilhabern.

Abraham gründete die Colonia, die erste Versicherungsgesellschaft in Köln, war Mitbegründer der Rheinischen Eisenbahngesellschaft und Stifter der Synagoge in der Glockengasse. Er und sein Bruder Simon gehörten auch dem Kölner Dombauverein an. Eine kluge Heiratspolitik mehrte das Familienvermögen: Abraham heiratete Charlotte Beyfus, die Enkelin Mayer Amschel Rothschilds, des Gründers der berühmten Rothschild-Dynastie aus Frankfurt; Simon ehelichte Henriette Obermayer, Tochter einer alten Augsburger Bankiers- und Hoffaktorenfamilie.

Der dritte Bruder, David, ging einen anderen Weg: Er hatte zunächst in Bonn Jura studiert, konvertierte dann zum Christentum, weil ihm sonst die Zulassung zum Assessor-Examen verwehrt worden wäre, und nahm den Namen Dagobert an. Dagobert Oppenheim – offenbar der Prototyp eines rheinischen Liberalen – gründete nach dem Regierungsantritt Friedrich Wilhelm IV. von Preußen im Jahr 1840 die *Rheinische Zeitung*. Dort beschäftigte er unter anderem einen jungen Hitzkopf als Redakteur, einen Dr. Karl Marx, mit dem er sich wegen der herrschenden Zensur immer wieder eine Menge Ärger einhandelte.

Simon und Abraham schafften es nicht nur, auch ausländisches Kapital in die Stadt zu holen, sondern ebenfalls, sich im gerade groß in Mode gekommenen Versicherungsgeschäft zu engagieren. 1838 gründeten die Oppenheims die Kölnische Feuerversicherungsgesellschaft Colonia, die zum Herzstück des Kölner Versicherungswesens wurde. Einige Jahre später folgte die Gründung der Kölnischen Rückversicherungsgesellschaft, in die auch ein Teil des Kapitals der Rothschild-Verwandtschaft einfloss. Staunen müsse man, so schrieb ein Chronist über die Oppenheims, „unter welchen Verhältnissen die meisten ihre Geschäfte begründeten und in welch kurzer Zeit sie prosperiert haben. Sie wissen den Wert des Pfennings zu schätzen und zu ehren…"

Pokal für Abraham Oppenheim als Ehrengabe von den Israeliten der Rheinprovinz (Werner Hermeling, Köln 1847).

Die beiden Brüder wussten nicht nur ihr Vermögen zu mehren, sie gehörten auch zu den größten Wohltätern der Stadt. Sie halfen, wo immer ihnen menschliche Not begegnete – auch außerhalb der Stadtgrenzen. So schenkte Simon Oppenheim 1863 dem französischen Innenminister 10 000 Francs zur Unterstützung notleidender Baumwollarbeiter in Frankreich. Abraham und Simon gelang auch ein geradezu kometenhafter Aufstieg ins patrizische Großbürgertum Kölns. Großzügigkeit, Freunde und Verbindungen in höchsten Kreisen, Weltoffenheit gepaart mit Patriotismus – all das bildete ein nach außen hin tragfähiges Netz, in dem die Familie sich sicher und akzeptiert fühlen konnte. Die alten Schatten, die jüdisches Leben immer wieder bedroht hatten und die so fest im kollektiven Gedächtnis verankert waren, sie schienen überwunden oder doch überwindbar zu sein.

Das Revolutionsjahr 1848 brachte auch für den Wirtschaftsstandort Köln Turbulenzen. Eines der großen Kölner Bankhäuser geriet in Schwierigkeiten und zog andere Unternehmen, darunter auch das Haus Oppenheim, in den Strudel der Existenzkrisen hinein. Abraham und Simon Oppenheim mussten sich mit staatlichen Krediten über diese bedrohlichen Situationen retten. Aber schon kurz danach folgte für sie ein weiterer Aufschwung mit neuen Bank- und Firmengründungen. Die Beziehungen der Oppenheims zu König und Staat waren so eng geworden, dass Simon 1867 durch Kaiser Franz-Joseph von Österreich geadelt wurde. 1868 wurde Abraham in Preußen in den erblichen Freiherrenstand erhoben. Damit war er in Preußen der erste geadelte Jude.

Simon Oppenheim, der Bruder von Abraham, veränderte mehrfach sein Testament.

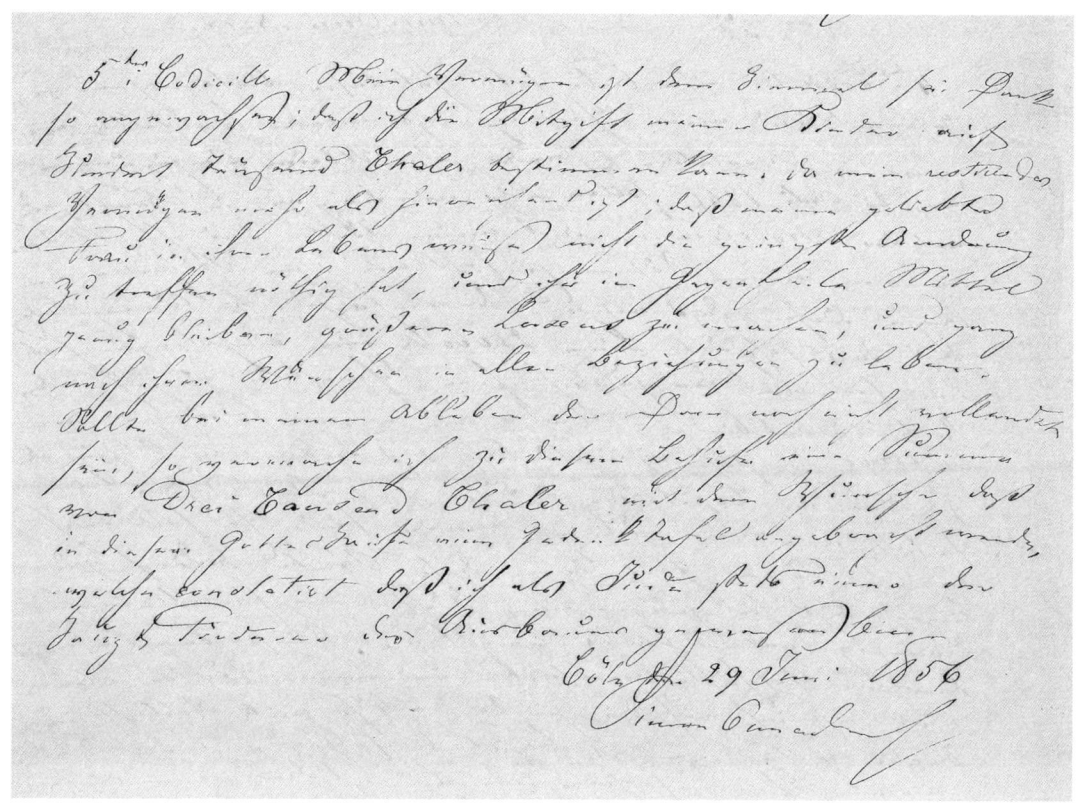

Testament von Simon Oppenheim vom 29. Juni 1856:
... sollte bei meinem Ableben der Dom noch nicht vollendet sein, so vermache ich zu diesem Behufe eine Summe von 3000 Talern mit dem Wunsche, dass in diesem Gotteshaus eine Gedenktafel angebracht werde, welche konstatiert, dass ich als Jude stets einer der Hauptförderer des Ausbaues gewesen bin. Die Fassung wurde später wieder verworfen.

1878 starb Abraham – kinderlos; zwei Jahre später sein Bruder Simon. Die nächste Generation der Oppenheims übernahm die Geschäfte. Dazu gehörten Simons Söhne Eduard und Albert, die bereits zum evangelischen Glauben konvertiert waren – andere Familienmitglieder wurden später katholisch –, und deren Nachkommen Emil und Alfred. Sie alle wurden Inhaber oder Teilhaber des Bankhauses Oppenheim.

Der Ausbruch des Ersten Weltkrieges im Sommer 1914 brachte den Oppenheims einen empfindlichen Rückgang ihrer Geschäfte. Die Börse war bei Kriegsbeginn geschlossen worden und wurde erst 1917 wieder in stark verringertem Umfang geöffnet. Die ersten Nachkriegsjahre

Die Oppenheims mit ihrem Pferdegespann auf der Kölner Rennbahn (um 1900).

allerdings belebten die Geschäfte neu. 1925 gehörte das Bankhaus Oppenheim zu den größten Privatbanken der Weimarer Republik.

Die bald eintretende Weltwirtschaftskrise und die Bankenzusammenbrüche ließen Simon Alfred von Oppenheim sorgenvoll in die Zukunft blicken. Seine Söhne Eberhard, Waldemar und Friedrich Carl waren jung und unerfahren. Er selbst war bereits 66 Jahre alt und kränklich. Es fehlte die mittlere Generation, die mit Erfahrung, Weitblick und Augenmaß die Geschicke der Firma hätte lenken können. In dieser Situation beschloss Simon Alfred von Oppenheim, einen familienfremden Teilhaber in sein Bankhaus aufzunehmen, einen Mann von Erfahrung und Kenntnisreichtum, einen Mann seines Vertrauens und einen Mann, an dessen hoher Qualifikation nicht der Schatten eines Zweifels bestand: den bankpolitischen Berater des Reichskanzlers Brüning, Dr. Robert Pferdmenges.

Dieser Entschluss war ein genialer Schachzug, von dem Alfred von Oppenheim nicht ahnen konnte, dass er damit das Überleben seines Hauses sichern würde. Das war im Januar 1932.

70

Ein Jahr später wehten über Köln die Hakenkreuzfahnen. Das nationalsozialistische Regime bedrohte nicht nur das Bankhaus Sal. Oppenheim Jr. & Cie., sondern auch das Leben der Familienmitglieder. Die Nachfahren Simon von Oppenheims galten nach der „Rassenarithmetik" der Nationalsozialisten als „Vierteljuden". Konkret bedeutete das: Sie durften die Bank zunächst weiterführen, sahen sich aber schweren Repressalien und Boykottmaßnahmen ausgesetzt. Die Bank machte Verluste; immer mehr Kunden wechselten zu „arischen" Geldinstituten. Die Brüder Oppenheim verloren Aufsichtsratssitze.

Gekennzeichnet waren diese düsteren Jahre von „Gleichschaltung", von Bücherverbrennung und Massenaufmärschen, von Willkür und Verhaftungen, Flucht und Exil. Angst war wohl das vorherrschende Lebensgefühl der Oppenheims in diesen Zeiten.

Bis zum Jahr 1938 wurde der Druck so groß, dass das Bankhaus Sal. Oppenheim Jr. & Cie. unter diesem Namen nicht mehr weitergeführt werden konnte. Um die über 140 Jahre alte Bank zu retten, gab Robert Pferdmenges, rheinischer Protestant und Anhänger der „Bekennenden Kirche", ihr seinen Namen. Fortan hieß die Bank also „Pferdmenges & Co.". Waldemar und Friedrich Carl von Oppenheim blieben Teilhaber.

In der Nacht vom 9. auf den 10. November desselben Jahres wurde die Synagoge in der Glockengasse vom braunen Pöbel in Brand gesteckt. Nur zwei Jahre zuvor, im August 1936, hatte die 75-Jahr-Gedenkfeier in dem mittlerweile altehrwürdigen Gebäude stattgefunden. In seiner Gedenkrede damals hatte Albert Bendix, Vorstandsvorsitzender der jüdischen Gemeinde, dem Wunsch Ausdruck verliehen, „dass das bis heute unverändert erhaltene Gotteshaus für alle Zukunft Ort der Andacht, der Erbauung, des Trostes und der Aufrichtung sein und bleiben möge..."

1938 ist der von Abraham Oppenheim gestiftete Prachtbau nur noch ein Berg rauchender Trümmer. Übrig geblieben in all der Verwüstung nach der Pogromnacht ist nur das Schriftfeld über dem Torahschrein mit den Worten des Propheten Jesaja: „Denn siehe, Finsternis bedecket die Erde und Wolken düster die Völker..."

Gegen Kriegsende verschärfte sich die Situation für die Oppenheims weiter, da die braunen Machthaber in genealogischer Kleinst-

und Wühlarbeit meinten, nachweisen zu können, Waldemar und Friedrich Carl seien „Mischlinge zweiten Grades", – eine Klassifizierung, die für die Betroffenen Lebensgefahr bedeutete. Ende 1944 wurde Waldemar von Oppenheim verhaftet, weil man ihm Verbindungen zu den Attentätern des 20. Juli nachsagte, und dann wohl aus Versehen vorübergehend wieder freigelassen. Sofort tauchte er mit seiner Familie unter, bis im März 1945 die Amerikaner in Köln einmarschierten. Auch Friedrich Carl von Oppenheim und Robert Pferdmenges wurden inhaftiert.

Die amerikanischen Besatzer hatten bereits im März 1945 den Kölner Banken die Wiederaufnahme ihrer Arbeit erlaubt. Auch das Bankhaus Pferdmenges & Co. ging daran, den Neuanfang zu wagen.

Robert Pferdmenges' wichtigstes Anliegen, dem alten Bankhaus seinen ursprünglichen Namen wieder zurückzugeben, wurde am 30. Juni 1947 Realität. An diesem Tag wurde das Haus erneut als Sal. Oppenheim Jr. & Cie. in das Handelsregister des Kölner Amtsgerichtes eingetragen. Robert Pferdmenges war es damit gelungen, die Bank über Nazidiktatur und Krieg hinweg in die neue Zeit zu retten. Zunächst in provisorischen Räumen, dann in einem neuen modernen Haus in der Straße Unter Sachsenhausen begann erneut ein Aufstieg zu Macht und Größe. Robert Pferdmenges, der dem Bankhaus Oppenheim auch in der jungen Bundesrepublik verbunden blieb, wurde Bundestagsabgeordneter der CDU und Intimus des Kanzlers Konrad Adenauer. Von einer Kabinettssitzung, an der Pferdmenges – neben Adenauer sitzend – teilnahm, wurde von Ohrenzeugen berichtet, der Kanzler habe mit dem Finger auf seinen Bundeswirtschaftsminister Ludwig Erhard, der gerade eine weitschweifige Rede hielt, gedeutet und Pferdmenges flüsternd gefragt, ob er „dem da" wohl sein Geld anvertrauen würde. Worauf der Bankier ohne Zögern geantwortet habe: „Nein, aber Ihnen auch nicht, Herr Adenauer..."

Heute wird die Privatbank Oppenheim von 44 Aktionären getragen und beschäftigt rund 1300 Mitarbeiter. Das verwaltete Vermögen liegt bei 54 Milliarden Euro.

Die Geschichte der Oppenheims spiegelt fast zweieinhalb Jahrhunderte deutscher und europäischer Geschichte wider. In den Reihen der Familie gab es große Persönlichkeiten und kühne Pioniere, kunstsinnige Mäzene und Menschen von hohem sozialem Engagement; es gab „Aussteiger" aus dem Bankgeschäft, Wissenschaftler, Unternehmer und Sportler. Es gab Oppenheims, denen die Kunst oder die Archäologie wichtiger waren als die familieneigenen Bilanzen. Es gab Juden und Christen, Katholiken und Protestanten, Konservative und Liberale. Und – es gab einen Attentäter: Anton Graf Arco-Valley, der den jüdischen Sozialisten und Arbeiterführer Kurt Eisner ermordete. Der damals gerade 22-jährige bayerische Adlige war Sohn einer Tochter Eduard von Oppenheims.

Diese ursprünglich jüdische Unternehmerfamilie, seit rund 200 Jahren in Köln ansässig, besaß ein starkes Zugehörigkeitsgefühl zu dieser Stadt und ihren Menschen, das von nationalen und internationa-

Aufsichtsrat der Feuerversicherung Colonia, 1880

Von links nach rechts sitzend: Eduard Herstatt, Robert Heuser (Schwager Eduard v. Oppenheims), Eduard Schnitzler, von Wittgenstein, Eduard v. Oppenheim, Direktor Helbinghaus; *von links nach rechts stehend:* stellv. Direktor Lintz, Eduard Jost, Eugen Langen, Theodor Deichmann, Franz Leiden.

len Verbindungen und Geschäften großen Umfangs nicht beeinträchtigt wurde. Die Oppenheims waren gleichermaßen heimatverbunden und weltoffen – Patrioten und Kosmopoliten. Bestimmt wurde ihre Familiengeschichte selbstverständlich durch die Persönlichkeiten ihrer Mitglieder und die ihrer Partner, Berater und Freunde. Bestimmt wurde sie aber auch durch Tradition, durch den Geist des Hauses. Er war geprägt von den alten französischen Verbindungen und Familienbanden, von Unternehmerinteressen und Kapitalverflechtungen, deren erste Fäden Abraham Oppenheim so geschickt geknüpft hatte. Ihn, der immer Jude geblieben war, hatten der Katholizismus des Patriziats der alten Domstadt am Rhein, aber auch – und das ist kein Widerspruch – preußische Tugenden geprägt. Es ist der Geist, der bis heute in dem alten Bankhaus herrscht.

Oppenheims 1930 im Wintergarten auf Gut Schlenderhan, in der Nähe von Köln.
Von links nach rechts: Gabriele von Oppenheim, Florence von Oppenheim, Georges Comte de Plancy, Maria Comtesse de Plancy geb. von Oppenheim, Ada Gräfin von Bredow geb. von Oppenheim, Emmy Graf von Arco-Valley geb. von Oppenheim.

Aufstrebendes Bürgertum und der Rückfall in die Barbarei

Das 19. Jahrhundert und seine gegensätzlichen Strömungen

Stätten jüdischen Lebens im 19. Jahrhundert

Jüdischer Friedhof, Deutz:

In der Nähe der Deutzer Getreidemühlen befindet sich der jüdische Friedhof, der im Jahr 1695 unter dem Kurfürsten und Erzbischof Clemens Joseph von Bayern angelegt wurde. Dieser Friedhof diente den Gemeinden Deutz und Mülheim und im 19. Jahrhundert nach der Wiederzulassung der Juden in Köln auch der Kölner Gemeinde als Begräbnisstätte.

Mit der Rückkehr der Juden nach Köln waren auch auf der linken Rheinseite wieder Synagogen eingerichtet worden. Für die jüdischen Gemeinden waren sie nicht nur ein Ort der Andacht, sondern zugleich auch Lehr- und Lernstätten. Oft war ein Gemeindesaal angegliedert, den die Gemeindemitglieder als Zentrum ihres sozialen Zusammenlebens nutzten. Im 19. Jahrhundert war sowohl in Deutz und Mülheim als auch in Köln eine Vielzahl davon zu finden.

Synagoge Mülheimer Freiheit

Obwohl bereits vor der Vertreibung der Kölner Juden 1424 eine Gemeinde in Mülheim existierte, ließen sich die meisten vertriebenen Kölner Juden in Deutz nieder. So blieb die Mülheimer Gemeinde bis zum 19. Jahrhundert relativ klein. Die Statuten der Synagogengemeinde des Kreises Mülheim von 1865 galten für die Gemeinden Zündorf und Mülheim mit den Orten Merheim, Gladbach, Bensberg, Odenthal und Overath. Die kleine Synagoge in Mülheim wurde 1784 durch Hochwasser zerstört. Man nimmt an, dass bereits 1789 an der Mülheimer Freiheit eine neue Synagoge nach Entwürfen des Baumeisters Wilhelm Hellwig eingeweiht wurde. *(Siehe auch S. 174, Stätten jüdischen Lebens während des Nationalsozialismus)*

Synagoge Am Reischplatz 6, Deutz

Hier befand sich die Synagoge und Religionsschule der jüdischen Gemeinde Deutz. Lehrer an der Religionsschule und später auch Prediger in der Gemeinde war Dr. Julius Simons. Er floh 1939 mit seiner Familie nach Holland, wurde von dort 1943 nach Auschwitz deportiert und ermordet. *(Siehe auch S. 174, Stätten jüdischen Lebens während des Nationalsozialismus)*

Synagoge Glockengasse

(Siehe S. 57, Stätten jüdischen Lebens während der Franzosenzeit; S. 173, Stätten jüdischen Lebens während des Nationalsozialismus)

Synagoge Roonstraße

Diese Synagoge – bis heute das Gotteshaus der jüdischen Gemeinde Köln – wurde im März 1899 am damaligen Königsplatz (heute Roonstraße 50) von dem bekannten Kölner Rabbiner Dr. Abraham Frank eingeweiht. *(Siehe auch S. 173, Stätten jüdischen Lebens während des Nationalsozialismus)*

Synagoge St.-Apern-Straße

Hier stand die Synagoge der Israelitischen Religionsgesellschaft Adass Jeschurun. Der Backsteinbau, von dem heute nichts mehr übrig ist, wurde 1884 eingeweiht. *(Siehe auch S. 174, Stätten jüdischen Lebens während des Nationalsozialismus)*

Synagoge Körnerstraße, Ehrenfeld

In Ehrenfeld entstand 1860 eine jüdische Gemeinde, die 1913 der Kölner Synagogengemeinde angegliedert wurde. Am 18. September 1927 weihten die Rabbiner Dr. Adolf Kober und Dr. Ludwig Rosenthal die kleine Synagoge ein, die nach Plänen des Architekten Robert Stern erbaut worden war. *(Siehe auch S. 174, Stätten jüdischen Lebens während des Nationalsozialismus)*

„Nicht Rechte und Freiheiten, sondern Recht und Freiheit": Hoffnung und Enttäuschung

Während der Regierungszeit Napoleons wurden die rheinischen Juden zum ersten Mal in ihrer Geschichte als gleichberechtigte Bürger anerkannt – auch wenn es noch immer etliche, nicht zu unterschätzende Hindernisse auf dem Weg zur völligen rechtlichen Gleichstellung gab. Dennoch schien eine Forderung des Leopold Zunz Realität zu werden. Der Mann, der als Begründer der Wissenschaft des Judentums gilt, hatte um das Jahr 1835 „Nicht Rechte und Freiheiten, sondern Recht und Freiheit" für die deutschen Juden angemahnt. Hauptkritikpunkt war dabei das „décret infâme" („Das schändliche Dekret"). Es war am 17.3.1808 von Napoleon erlassen worden und schränkte die Gleichberechtigung der Juden wieder stark ein.

Nach der Aufhebung des jahrhundertelangen Ausschlusses der Juden aus der Stadt, nach Abschaffung der diskriminierenden Gesetzgebung durch die Franzosen erwachte das Selbstbewusstsein der jüdi-

Innenansicht der Synagoge in der Glockengasse.

schen Bürger neu, die jüdische Gemeinde in Köln entwickelte sich rasch. Eine Vielzahl von religiösen, sozialen und kulturellen Einrichtungen zeugte nicht nur von der Bedeutung des Judentums in Köln, sondern auch vom Engagement jüdischer Kölner für die Belange ihrer Heimat.

Musiker, Schriftsteller, Wissenschaftler, Gelehrte und nicht zuletzt berühmte Rabbiner mehrten den Ruhm ihrer Vaterstadt. Vor allem die in dieser aufstrebenden Handelsstadt gewährleisteten wirtschaftlichen und bildungspolitischen Möglichkeiten zogen damals zahlreiche Juden nach Köln.

Juden, die bislang als Hausierer, umherziehende Vieh- und Kleinhändler ihren Lebensunterhalt verdient hatten, organisierten ihre Geschäfte nun zunehmend als Großhandel in Köln. Viele Kölner Juden ließen hier ihre Kinder zu Ärzten, Juristen und Architekten ausbilden. Bildung hat in jüdischen Familien traditionell einen hohen Stellenwert. Aber auch das hohe Sozialprestige dieser Berufe und der damit verbundene Versuch einer Assimilation mag bei solchen Entscheidungen eine Rolle gespielt haben.

Die Kölner Judenschaft war zu dieser Zeit keineswegs eine homogene Gruppe, weder nach Herkunft noch nach politischer oder religiöser Ausrichtung und auch nicht nach dem Grad ihrer Assimilation an die nicht jüdische Umwelt. Sie veränderte sich ständig – wuchs durch Zuwanderer oder nahm durch Übertritte zum Christentum ab.

Das 19. Jahrhundert zeichnete sich für die Juden durch gegensätzliche Entwicklungen aus: Auf der einen Seite gab es die Lockerung jahrhundertealter Fesseln, die Hoffnung auf Emanzipation, Gleichberechtigung und die Teilhabe an bürgerlichen Freiheiten; auf der anderen stand – vor allem in der zweiten Hälfte des 19. Jahrhunderts – die immer wieder erwachende Judenfeindschaft.

Zu dieser Zeit löste – vereinfacht ausgedrückt – der politische Antisemitismus den alten kirchlichen Antijudaismus ab. Immer wieder kam es zu antisemitischen Ausschreitungen, zu Diffamierungen und Diskriminierungen. Die dumpfe, tief verwurzelte Judenfeindschaft, Teil und Erbe abendländischer Kultur, verschwand nicht über Nacht, nur weil plötzlich über Köln die Trikolore wehte.

Die Synagoge
am damaligen
Königsplatz
(heute Roonstraße)
Ende des
19. Jahrhunderts.

Einer der übelsten antisemitischen Akteure dieser Zeit war der evangelische Theologe und Berliner Hofprediger Adolf Stöcker, der den Antisemitismus aus christlicher Sicht betrieb, ihn aber als politisches Instrument benutzte. Er gründete die Christlich-Soziale-Partei und zog als ihr Spitzenkandidat 1881 in den Reichstag ein. Er wetterte gegen die „Verjudung des deutschen Geistes" und beschwor das deutsche Volk: „Wir müssen den Gifttropfen der Juden aus unserem Blut loswerden..."

Die Abwehr antisemitischer Vorurteile und der Kampf gegen Diskriminierung waren denn auch 1893 Ursache für die Gründung des Central-Vereins deutscher Staatsbürger jüdischen Glaubens.

Ein Kampf gegen Windmühlenflügel, auch in Köln. Im selben Jahr nämlich eröffnete Eduard Hensel in der Kölner Komödienstraße seine Antisemitische Buchhandlung. Diese Buchhandlung enthielt, was sie in ihrem Namen ankündigte: Bildergeschichten, billige Broschüren, Bilderbögen und Flugblätter mit antisemitischen Hetztiraden. Sie fanden durchaus zu Tausenden ihre Abnehmer. Erzeugnisse dieses Ladens hingen auch in großer Zahl in Kölner Kneipen und Friseurläden aus.

Wasser auf die Mühlen der rheinischen Antisemiten war der Ritualmordprozess des Adolf Buschhoff. Weit über die Landesgrenzen hinaus führte der Fall, der einen völlig unbescholtenen und unschuldigen Mann für den Rest seines Lebens ruinierte, zu einer neuen Welle des Antisemitismus.

„...Sie schlachten Christenkinder..." – Der Fall Buschhoff

Uralte Bäume strecken ihre mächtigen Zweige über verfallenen Grabsteinen aus. Man wandert wie durch einen steinernen Wald – auf einem der schönsten jüdischen Friedhöfe des Rheinlandes, in Köln-Deutz: Manche der Steine stehen windschief oder liegen zerbrochen am Boden – nicht nur bedingt durch Alter und Witterungseinflüsse, sondern auch durch massive Schändungen in den 1980er-Jahren, deren Auswirkungen allerdings inzwischen weitgehend behoben worden sind. Der Friedhof ist geschlossen. Bestattet wird hier schon lange nicht mehr.

Die zumeist schlicht gestalteten Grabdenkmäler – oftmals in Form der Gesetzestafeln gehalten – sind bis 1859 stehend errichtet worden. Zwischen 1859 und 1882 durften auf Anweisung der preußischen Militärbehörden nur liegende Grabsteine verwendet werden. Danach konnten die Steine wieder aufrecht stehen.

Das Grab von Adolf Buschhoff ist nur schwer zu finden. Es liegt auf Flur E und trägt die Nummer Fünf. Und sein Stein ist ebenso schwer zu entziffern. Unter den eingemeißelten Worten „Ein Märtyrer seines Glaubens" trägt der fast vollständig verwitterte Grabstein eine geheimnisvolle hebräische Inschrift, deren Übersetzung lautet:

Grabstein Buschhoff auf dem jüdischen Friedhof in Deutz.

Der Mann, der sein Joch trug,
Einsam saß er und verstummt,
Er heiligte seinen Schöpfer vor der Welt.
Rabbi Benjamin, Sohn des Menachem,
der Priester,
Ging ein in seine Welt am 23. Sivan 672.

Diese Inschrift, die deutliche Reminiszenzen an das dritte Kapitel der Klagelieder des Jeremia enthält, setzt sich nicht – darauf hat der Duisburger Judaistik-Professor Michael Brocke hingewiesen – wie üblich aus den konventionellen Elementen jüdischer Grabsteingestaltung zusammen, sondern bezieht sich ganz konkret auf das Schicksal des

hier Begrabenen. Zu diesem Grab auf dem Deutzer Friedhof gibt es – wenn man so will – eine Art Pendant auf einem anderen Friedhof in einer anderen Stadt:

Auf dem katholischen Friedhof in Xanten am Niederrhein steht, gut sichtbar und bis heute erhalten, ein hoch aufragendes Grabmal, geschmückt mit der Skulptur eines Kindes, das einen Blumenkranz in der Hand hält und sich an ein großes Kreuz lehnt.

Die Inschrift auf diesem Grabstein lautet: „Mein ist die Rache, spricht der Herr...". Das Opfer dieser „Rache" liegt unter dem verwitterten Stein auf dem jüdischen Friedhof in Köln-Deutz. Doch dieser Tote ist längst aus dem Gedächtnis der Kölner verschwunden. Niemand erinnert sich mehr an ihn. Und so weiß denn auch kaum noch jemand, dass hier das unschuldige Opfer eines Justizskandals ruht, der das Kaiserreich erschütterte und dessen Wellen bis ins Berliner Abgeordnetenhaus schlugen.

Adolf Buschhoff, der Mann, der im Sommer 1912 auf dem Friedhof in Deutz zu Grabe getragen wurde, war ein jüdischer Metzgermeister aus Xanten am Niederrhein. An der Schwelle zum 20. Jahrhundert gerät er in die Mühlen eines spektakulären Ritualmordprozesses, wie es sie in der Geschichte zwischen Christen und Juden seit dem Mittelalter in Europa immer wieder gegeben hat. In Buschhoffs Fall vermögen – wie in allen anderen

Grabstein Johann Hegmann auf dem Friedhof in Xanten.

Fällen vor- und nachher – weder aufklärende Vernunft noch christliche Nächstenliebe den tief verwurzelten Judenhass und die Ritualmordhysterie einzudämmen. Auch nicht in Xanten.

Am Abend des Peter-und-Paul-Tages, also am 29. Juni 1891, kommt der fünfjährige Johann Hegmann, der den Tag über mit anderen Kindern auf der Straße gespielt hat, nicht nach Hause. Als die Mutter ihn gegen zwei Uhr zum Mittagessen ruft, ist der Junge verschwunden, und keiner seiner Spielgefährten hat ihn gesehen. Die Mutter wird unruhig, da der Kleine sonst nie über die Zeit ausbleibt. Sie alarmiert Nachbarn und Nachbarskinder, die eine intensive Suchaktion starten. Im Zuge dieser Suchaktion wird das Kind gegen 18.30 Uhr in einer nahe gelegenen Scheune gefunden – tot, mit durchschnittener Kehle. Der zur ersten Untersuchung der Leiche herbeigerufene Arzt erklärt, am Fundort sei auffallend wenig Blut zu sehen. In Windeseile verbreitet sich das Gerücht, die Juden hätten das Kind ermordet, um für ihre kultischen Zwecke an „Christenblut" zu kommen.

In die zusehends aufgeheizte Stimmung mischt sich sehr bald der Verdacht, der Metzger, Viehhändler und zeitweise Schächter der kleinen jüdischen Gemeinde in Xanten, Adolf Buschhoff, sei der Schuldige. Er wohnt in der Nähe des Fundortes der Leiche. Es sei – so wird von einigen „Zeugen" behauptet – beobachtet worden, dass der Kleine mit den anderen Kindern vor dem Buschhoff'schen Grundstück gespielt habe und dass er dann wie von Geisterhand in das Haus des Metzgers gezogen worden sei. Andere wiederum wollen „gesehen" haben, dass Buschhoffs Tochter Hermine gegen Abend „etwas Schweres" in die Scheune getragen habe, was nur das grässlich misshandelte und schließlich ermordete Kind habe sein können.

In der Folge der Untersuchungen kommt es zu sich immer öfter widersprechenden Aussagen der Ärzte darüber, ob der Fundort auch der Tatort sei und warum man dort so wenig Blut gefunden habe. Schon bald jedenfalls fordert die aufgebrachte Xantener Bevölkerung eine Hausdurchsuchung bei der Familie Buschhoff, die aber von den Behörden abgelehnt wird, weil die Verdachtsmomente dafür nicht ausreichen.

Dennoch ist für die meisten Bewohner des Städtchens klar, wer der Mörder des Kindes ist. Es herrscht ein dumpfes Klima von Angst und

Vorurteilen, in dem Verdächtigungen gegen die Juden regelrecht blühen. Bald darauf kommt es zu pogromartigen Ausschreitungen in Xanten: Juden werden bedroht, angepöbelt, misshandelt. Der verängstigte Buschhoff, der auch um seine Familie fürchtet, bittet in seiner Not schließlich sogar um seine Verhaftung, damit er in Ruhe seine Unschuld beweisen könne. Als dieses Ansinnen abgelehnt wird, flieht er mit Frau und Tochter nach Köln – was von den Xantenern jedoch als Schuldeingeständnis gewertet wird. Zwischenzeitlich wird Buschhoff vorübergehend verhaftet und wieder freigelassen, wieder verhaftet und erneut freigelassen, weil die Indizien für seine Schuld völlig unzureichend sind.

Dennoch steht für die gesamte antisemitische Presse im Kaiserreich, von der Teile das „internationale Rabbinertum" für die Tat verantwortlich machen, ohne den Schatten eines Zweifels fest, dass Adolf Buschhoff der Kindermörder ist, eine These, der sich auch zahlreiche katholische Blätter rückhaltlos anschließen.

Im Juli 1892 schließlich kommt es vor dem Landgericht Kleve zum Prozess gegen Adolf Buschhoff. Im Verlauf dieses Prozesses werden über 20 Meineide geschworen – von Xantener Bürgern, die alle behaupten, sie hätten gesehen, wie Buschhoff den Knaben in die Scheune gezerrt habe.

Ritualmordbeschuldigungen

Seit rund 800 Jahren geistert diese ungeheuerliche und verhängnisvolle Beschuldigung gegen die Juden durch das Abendland: die des Ritualmordes. Einst legten die Römer den ersten Christen zur Last, sie mordeten Kinder, um ihr Blut für kultische Zwecke zu verwenden. Vielleicht eine vulgäre Analogie zum Altarsakrament, das nach christlicher Vorstellung Leib und Blut Jesu enthält. Bald wird das Gerücht vom Ritualmord in ganz Europa gegen die Juden gekehrt. Sie werden verdächtigt, zur Zeit des Pessachfestes, das oft mit dem christlichen Osterfest zusammenfällt, in höhnischer Wiederholung der am Karfreitag Jesu zugefügten Leiden, christliche Kinder zu „opfern".

Irgendwann kommt die Behauptung dazu, sie verwendeten das Blut dieser Kinder zum Backen ihrer Mazzen, sodass jahrhundertelang der Ruf durchs Land zu hören ist:

Die Juden, das sind Sünder,
Sie schlachten Christenkinder,
Schneiden ihnen die Hälse ab
Das verdammte Judenpack...

Die ersten Ritualmordbeschuldigungen in Europa tauchen im Hochmittelalter, etwa im 12. Jahrhundert, auf. Spektakulär sind die Fälle Werner von Bacherach, Simon von Trient, Hugh von Lincoln, William von Norwich, Anderl vom Rinn. Und immer heißt es, Juden hätten Kinder ermordet und ihr Blut zu kultischen Zwecken benutzt.

Zeitgleich mit dieser Beschuldigung taucht das Zauberbuch über Liebeszauber und Liebespraktiken von Anselm von Besate auf. Darin heißt es, der Liebeszauber werde wirksam, wenn man ein noch nicht getauftes Kind tötet, denn dann gehe es – weil es noch nicht getauft ist – der ewigen Seligkeit verlustig, werde also gewissermaßen dem Teufel ausgeliefert.

Die Gründe für die Ritualmordbeschuldigungen, die seit ihrem ersten Auftauchen Tausende von Juden das Leben kosten, sind vielschichtig. Sie haben auch etwas mit ungefestigter christlicher Identität und mit Schuldabwehr zu tun. Aber vor allem damit, dass Leben, Leiden und Tod Jesu dem gläubigen Volk niemals nur historisches Geschehen sind.

Sie haben ihren Platz immer auch in der Gegenwart. Und das bedeutet, dass von dieser Tradition und „Volksfrömmigkeit" durchdrungene Christen auch die in der Gegenwart lebenden Juden für schuldig am Kreuzestod Jesu halten und – natürlich für schuldig an Ritualmorden. Dass, in der ganzen rund 800-jährigen Geschichte der Ritualmordbeschuldigungen in keinem einzigen dieser Fälle die Schuld der Juden bewiesen werden kann, ficht niemanden an. Um Ritualmordbeschuldigungen gegen die Juden unters Volk zu bringen, benötigt man keineswegs immer ein verschwundenes oder totes Kind. So kommt etwa einer der ersten Ritualmordprozesse, der bekannt ist und der 1171 im

franzöischen Blois stattfindet, völlig ohne Opfer aus. Weder wird ein Kind vermisst noch tot aufgefunden. Die Denunziation eines Pferdeknechtes, der behauptet, er habe gesehen, wie ein Jude ein Kind ertränkt habe, reicht aus, um der gesamten jüdischen Gemeinde von Blois den Prozess zu machen. In der Zeit des 12. Jahrhunderts, in der das zunehmend drastisch ausgestaltete Martyrium Jesu die Gläubigen zutiefst berührt und die Verehrung des leidenden Gottessohnes im Mittelpunkt der Frömmigkeit steht, in der aber gleichzeitig auch die besondere Verehrung des Jesusknaben einsetzt, werden auch Passion und Kreuzestod nicht selten auf ein Kind projiziert.

Die Ritualmordbeschuldigungen und -prozesse halten bis in unser Jahrhundert an. Der Fall des Adolf Buschhoff ist einer der letzten.

Eine Ritualmorddarstellung
in der Schedelschen Weltchronik von 1493.

Es dauert nicht lange, bis der Verlauf dieses Sensationsprozesses, der auch im Ausland mit höchster Aufmerksamkeit beobachtet wird, zum Gegenstand hitziger Kontroversen im Preußischen Abgeordnetenhaus zu Berlin wird.

Da träufelt etwa der konservative Abgeordnete von Wackerbarth-Linderode das immer wirkungsvolle Gift des Judenhasses auf seine ganz eigene Weise in die Herzen und Hirne seiner Zuhörer: Unumwunden erklärt er, Ritualmorde entsprängen nicht der Einbildung, sondern seien bei Juden durchaus üblich. Und weiter heißt es in seiner Rede:

Wir sehen, wie den Talmud'schen Lehren gemäß der Wohlstand und das Eigentum unserer deutschen Nation unaufhaltsam in die Hände des Judentums übergeht. Wir sehen, dass das Judentum im Handel, an der Börse und in der Presse einen fast ausschlaggebenden Einfluss erlangt hat. Wir sehen ferner das Judentum an der Arbeit, unser Volk der christlichen Religion zu entfremden und mit allen Mitteln gegen das Christentum zu kämpfen, wie es der Talmud lehrt und befiehlt...

Es gibt allerdings auch andere Stimmen. Etwa die des linksliberalen Abgeordneten Heinrich Rickert, der in einer flammenden Rede mit der Schmutzkampagne der antisemitischen Presse abrechnet. Er stellt einzelne Zeitungen an den Pranger und donnert die Worte ins Plenum: *Hat denn dieses Organ gar keine Empfindung dafür, dass dieses alberne Märchen in die heutige Zeit nicht mehr hineinpasst...? Solche Waffen passen nicht ins ausgehende 19. Jahrhundert, denn es sind nicht die Waffen der Liebe und der christlichen Toleranz, auch nicht die Waffen der Verfassung und des Gesetzes... Nicht Gäste, sondern gleichberechtigte Mitbürger sind die Juden im Staat – und wehe dem, der an dieses Recht in frevelhafter Weise die Hand legt...*

Ein Jahr lang ist der Fall Buschhoff in allen Zeitungen Thema. Am Ende des zehnten Verhandlungstages in Kleve, am 14. Juli 1892, wird Adolf Buschhoff freigesprochen.

Doch nicht einmal der Freispruch eines unabhängigen preußischen Gerichts vermag Buschhoff seinen Seelenfrieden wiederzugeben. Als er nach Xanten zurückkehrt, zünden wohlanständige Bürger sein Haus an. Die Familie flieht erneut zu Verwandten nach Köln. Dort lebt Adolf Buschhoff noch 20 Jahre. Er stirbt am 8. Juni 1912 in Köln und wird auf dem Deutzer jüdischen Friedhof neben seiner Frau Sibilla beigesetzt. Die Grabrede hält der berühmte Kölner Rabbiner Dr. Ludwig Rosenthal.

Der wahre Mörder des kleinen Johann Hegmann steht heute mit einiger Sicherheit fest: Im Prozess damals wurde auch ein Mann vernommen – einer von insgesamt 160 Zeugen – ein Debiler, der immer nur sagte: „Hals abschneiden, Hals abschneiden..." Schon damals waren viele überzeugt, dass dieser Mann der Täter war. Doch das hätte nicht ins Weltbild derer gepasst, die der damalige Prozessbeobachter Paul Nathan so charakterisierte: „Das antisemitische Gesindel, Männer von anrüchigster Moralität, Männer von lächerlicher Kenntnislosigkeit, Narren, Fanatiker und Schufte, die erfolgreich die Behörden und die Bevölkerung terrorisieren..."

Aufstieg und Emanzipation

Zionisten und Assimilierte – Stifter und Wohltäter – Gerechtigkeit und soziales Gewissen

Stätten jüdischen Lebens im 19. Jahrhundert

Jüdischer Friedhof, Köln-Deutz

Die Grabplatte von Moses Hess, dem bedeutendsten Vorläufer des Zionismus, ist hier noch zu sehen. Das Grab ist allerdings leer. Moses Hess wurde 1961 nach Israel umgebettet.

Israelitisches Asyl für Kranke und Altersschwache, Ottostraße, Neu-Ehrenfeld

Von dem großen Gebäudekomplex des Asyls steht noch einer der roten Backsteinbauten. Das denkmalgeschützte Haus an der Ecke Ottostraße/Nussbaumerstraße wurde 1997 von der Synagogengemeinde zurückgekauft. Auf dem Gelände des ehemaligen Asyls, auf dem schon ein großer Komplex mit Neubauwohnungen errichtet wurde, entsteht auch ein jüdisches Wohlfahrtszentrum mit Alten- und Pflegeheim sowie Kindergarten.

Freiherr Abraham von Oppenheim'sches Kinderhospital, Buschgasse 2

Das Kinderkrankenhaus wurde 1880 von Charlotte Freifrau von Oppenheim zum Andenken an ihren verstorbenen Mann, den Bankier Abraham von Oppenheim, gestiftet. Hier sollten überwiegend Kinder aus sozial schwachen Familien unentgeltlich versorgt werden. Hauptanliegen des Hospitals war die Bekämpfung der hohen Säuglingssterblichkeit. In der Stiftungsurkunde war der interkonfessionelle Charakter des Hospitals ausdrücklich festgelegt worden. 1883 konnte der Bau bezogen werden, 1908 gab das Hospital einen Teil seiner medizinischen Aufgaben an die Kinderklinik der Lindenburg ab. Das Haus des Kinderhospitals in der Buschgasse steht nicht mehr.

Neben den großen Gemeinde-Synagogen gab es in Köln eine Anzahl kleinerer Beträume, die zugleich einzelnen Vereinen als Versammlungsort dienten:

Cäcilienstraße 18–22

Das Haus mit dem kleinen Betsaal, das 1902 eingeweiht wurde, gehörte der Rheinlandloge, die sich, ähnlich wie der Centralverein deutscher Staatsbürger jüdischen Glaubens, dem sie nahe stand, der Abwehr des Antisemitismus und der Festigung jüdischer Identität in Deutschland verschrieben hatte. Dieser Betraum zählte zu den Stätten, an denen die Kölner Juden nach der Zerstörung ihrer großen Synagogen im November 1938 die Gottesdienste für kurze Zeit feiern konnten. Dieses Gebäude wurde 1943 verkauft und im Krieg zerstört.

Lützowstraße 35–37

Der Verein Israelitisches Kinderheim, der auf den 1890 von der Frau des Rabbiners Dr. Hirsch Plato gegründeten Kinderhilfsverein zurückging, kaufte das Haus 1900, in dem 1919 eine kleine Synagoge errichtet wurde. In der Pogromnacht 1938 wurde das Kinderheim mit Steinen beworfen. Während des Kriegs wurde es völlig zerstört.

„Wenn ihr wollt, ist es kein Märchen…"
Zionisten und Assimilierte

Es war nur ein Stück Papier mit ein paar Sätzen darauf. Aber für die deutschen Juden sollten diese Sätze die Welt verändern. Sie sollten sie aus den Ghettomauern befreien und ihnen ein gleichberechtigtes Leben als Bürger unter Bürgern ermöglichen.

Die mit der Französischen Revolution begonnene Emanzipation der Juden in den deutschen Einzelstaaten wurde mit dem Gesetz des Norddeutschen Bundes vom 3. Juli 1869, das nach der Reichsgründung als Reichsgesetz galt, vollendet. Darin hieß es:

Alle noch bestehenden, aus der Verschiedenheit des religiösen Bekenntnisses hergeleiteten Beschränkungen der bürgerlichen und staatsbürgerlichen Rechte werden hierdurch aufgehoben. Insbesondere soll die Befähigung zur Teilnahme an der Gemeinde- und Landesvertretung und zur Bekleidung öffentlicher Ämter von religiösem Bekenntnis unabhängig sein.

Zwar waren die Juden durch diese formale Gleichstellung aus einer jahrhundertealten Ghetto-Existenz herausgetreten, doch standen sie nun vor einem neuen Dilemma: Sie mussten sich entscheiden, welche Form jüdischem Leben in Deutschland in der neu gewonnenen Freiheit gegeben werden sollte.

Religion war von jetzt an – und das war ein durchaus gewöhnungsbedürftiger Zustand – ausschließlich Privatsache. Sie hatte nichts mehr mit dem öffentlich-bürgerlichen Leben zu tun. Bis zu diesem Zeitpunkt war das alltägliche Leben jüdischer Menschen durch die Zugehörigkeit zu einer Synagogengemeinde geprägt gewesen. Diese Gemeinde war aber nicht nur religiöse Heimat, sondern gleichzeitig auch rechtliche und soziale Institution. Von jetzt an war das Judentum eine Konfession unter anderen – von jedem Bürger frei wählbar.

Diese innerjüdische Veränderung hätte kaum in einem ungünstigeren historischen Augenblick stattfinden können. Das sich emanzipierende deutsche Judentum musste sich zu einem Zeitpunkt den Weg in eine andere festgefügte Gesellschaft bahnen, als diese Gesellschaft selbst in eine schwere Krise hineingeraten war. Formen und Normen brachen auf. Die Ständegesellschaft wandelte sich zur Industriegesellschaft, und der Liberalismus, dessen humanitäre Ideale dem anstürmenden Nationalismus nicht standhalten konnten, wankte. Außerdem zog die Unmittelbarkeit, mit der die Emanzipation der Juden einsetzte, vielen von ihnen, vor allem in den großen Städten, den Boden unter den Füßen weg.

So war die jüdische Assimilation nicht ein Übergang von der zwar engen, aber festgefügten Lebensform des Ghettos in eine andere, ebenso fest gefügte Gesellschaftsordnung. Sie war eher ein Hineingerissenwerden in einen Strudel allgemeiner Veränderungen.

Karl Marx, 1942 bis 1943 Chefredakteur der *Rheinischen Zeitung*.

Drastische Veränderungen hatten auch in Köln stattgefunden. Schon seit etwa 1830 war die Stadt ein lebendiges Zentrum von Handel und Gewerbe, Kunst, Wissenschaft und Musik. An diesem regen wirtschaftlichen und kulturellen Leben hatte die jüdische Bevölkerung Kölns einen beträchtlichen Anteil.

Seit den 1840er-Jahren waren die Kölner Juden auch politisch tätig. Eine Gruppe von ihnen sammelte sich ab dem 1. Januar 1842 um die neu gegründete *Rheinische Zeitung* für Politik, Handel und Gewerbe, zu deren bedeutendsten Mitarbeitern Karl Marx und Moses Hess zählten.

Der Trierer Anwaltssohn Marx hatte bereits vor seiner Redaktionstätigkeit wiederholt an den berühmt-berüchtigten kommunistischen Kölner „Montagskränzchen" teilgenommen. Die Mitglieder dieser Zusammenkünfte traf er jetzt in seiner Eigenschaft als Redakteur wieder; sie hatten sich inzwischen im Kölner Bunde der Kommunisten zusammengeschlossen. Marx behielt seine Stellung in der Redaktion der *Rheinischen Zeitung* aufgrund seiner politischen Aktivitäten allerdings nicht lange, schon 1843 schied er unter polizeilichem Druck dort wieder aus.

Zwei Jahre nach dem ersten Erscheinen der *Rheinischen Zeitung* veröffentlichte Marx seine Schrift *Zur Judenfrage*. Hellsichtig schrieb er darin, dass sich die deutschen Juden sehr täuschten, wenn sie glaubten, dass mit der kommenden bürgerlichen Emanzipation die Verfolgungen gegen sie ein Ende nähmen. Die Emanzipation der Juden bedeute letztlich nichts anderes als eine neue Sonderstellung in der Gesellschaft. Juden- und Christentum, so argumentierte Marx, der selbst von seiner ursprünglich jüdischen Herkunft nichts wissen wollte, sollten abgeschafft werden, da beide Religionen die Menschen wie Opium über die wahren Verhältnisse hinwegtäuschten.

Moses Hess war ähnlicher Meinung. Auch er war fest davon überzeugt, dass die „bürgerliche Emanzipation" die Juden nicht vor Vorurteilen, Diffamierung und Ausgrenzung retten könne. Im Gegensatz zu Marx allerdings sah Hess die Befreiung der gesamten Menschheit nicht in der Zerstörung der Religionen, sondern in ihrer Neubelebung.

Der assimilierte Jude Moses Hess, der in Bonn geboren wurde und in Köln lebte, gilt als bedeutendster Vorläufer des Zionismus: Er forderte die Wiedererrichtung eines jüdischen Nationalstaats. Aus dem Reservoir westlicher Ideen – liberaler, nationaler, sozialistischer – kam er zu einer Synthese, die eine neue Bestimmung des Judentums

Die radikaldemokratische *Rheinische Zeitung* in Köln.

Der Sozialist Moses Hess gehörte zu den Begründern der *Rheinischen Zeitung.*

enthielt. 1862 erschien sein bekanntestes Werk *Rom und Jerusalem*. In diesem Buch versuchte er, ein praktisches Programm für die Wiederansiedlung der Juden in Palästina auszuarbeiten.

Mit seinen Ideen war Hess bei den deutschen Juden allerdings kaum durchgedrungen. Sie nämlich empfanden Deutschland als ihre Heimat und sahen keine Notwendigkeit, eine andere zu suchen. Es sollten sich jedoch bald Entwicklungen abzeichnen, die ein Umdenken erforderlich machten. Unter dem Eindruck eines erneut aufkeimenden aggressiven Antisemitismus in Europa – Pogrome in Russland und Polen, die Dreyfus-Affäre in Frankreich – erfuhr der Zionismus auch in Deutschland bald eine Stärkung.

Dennoch blieb die zionistische Bewegung in Deutschland immer zahlenmäßig klein, ihr Engagement aber war groß, denn sie bot weit mehr als nur ein Programm. Sie lieferte eine Stütze für das angeschlagene jüdische Selbstbewusstsein. Moses Hess aus Köln war es offenbar gelungen, jüdisches Nationalgefühl zum Schlüssel für die jüdische Selbstachtung in einem modernen Europa zu erklären.

Dem österreichischen Journalisten Theodor Herzl blieb es vorbehalten, solche Gefühle zu einer politischen Bewegung zu bündeln: 1896 schrieb er seinen Essay „Der Judenstaat". Ein eigener Staat für Juden aus aller Welt – viele hielten das damals für ein Hirngespinst, für ein Märchen. Und horchten doch auf, als Herzl ihnen in seinem Roman *Altneuland* 1902 zurief: „Wenn ihr wollt, ist es kein Märchen..."

Knapp fünfzig Jahre später war das Märchen, von dem Herzl und Hess geträumt hatten, Wirklichkeit geworden: Am 5. Ijar 5708 nach jüdischer, und am 14. Mai 1948 nach christlicher Zeitrechnung wurde der Staat Israel gegründet.

Moses Hess starb am 8. April 1875 in Paris. Er wurde auf dem alten jüdischen Friedhof in Köln-Deutz begraben und 1961 nach Israel umgebettet.

Das Grab von Moses Hess
auf dem jüdischen Friedhof in Deutz.

Erfüllte Hoffnung – Die Rückkehr nach Zion
Der Zionismus

Der Zionismus gehört in die Reihe der nationalen Sammlungsbewegungen des 19. und beginnenden 20. Jahrhunderts. Seine theoretische Voraussetzung ist die Einheit des Judentums als Nation und deren Kontinuität von der Zerstörung des antiken jüdischen Staates bis zur Gegenwart. Zion, ein zum Jerusalemer Stadtbild gehörender Hügel, wird schon in biblischer Zeit als Synonym für Jerusalem und seine Bewohner benutzt und spielt auch in der nachbiblischen jüdischen Geschichte eine erhebliche Rolle als Symbol des messianisch wiedererbauten Landes der Verheißung.

Auch wenn sich der Zionismus in seinen Anfängen durchaus einiger Popularität erfreute, so blieb er doch immer die Ideologie einer kleinen Minderheit unter den religiösen Juden der Welt. Denn in jüdisch-religiösen Kreisen wurde er als ein Bruch mit der religiösen Tradition empfunden und folglich bekämpft. Der Zionismus wählte eine Definition von „Volk", wie sie im 19. Jahrhundert aufgekommen war – die Juden sind ein „Volk" wie die Engländer oder die

Franzosen – und löste somit die Einheit von jüdischer „Glaubensgemeinschaft" und jüdischer „Volksgemeinschaft" auf.

An der Wiege des Zionismus stand der politische Antisemitismus, der die Juden als „Fremdvolk" definierte und mit dem etwa der Historiker Heinrich von Treitschke – „Die Juden sind unser Unglück" – die deutschen Juden aufgeschreckt hatte. Der Zionismus setzte das Verlöschen einer Hoffnung voraus, die das Judentum an die Assimilation geknüpft hatte.

Klar erkannt hatte das der Kölner Rechtsanwalt Max Isidor Bodenheimer. Er formulierte 1896 ein allgemeines Programm des Zionismus, die „Kölner Thesen". Darin heißt es:

Der Zionsgedanke gewann in den letzten Jahren auch in Deutschland an Kraft. Die jüdische Volksseele erwachte und begeisterte die besten Stammesgenossen für die Sache der jüdischen Zukunft. Immer größer wird die Zahl der Einsichtigen, die zu der Überzeugung gelangen, dass ... es nur ein Mittel zur Befreiung der Juden von geistiger und sozialer Not gibt: die Gründung eines eigenen Gemeinwesens auf dem historisch geweihten Boden unserer Väter ... Allein noch stehen die Zionisten in Deutschland vereinsamt und entbehren einer umfassenden Organisation ... Wir haben uns daher entschlossen, den Versuch zu machen, die Zionisten in Deutschland zu sammeln und sie durch das Band der gemeinsamen Gesinnung zu vereinigen ...

Als Grundideen betrachten wir folgende:

1. Durch gemeinsame Abstammung und Geschichte verbunden bilden die Juden eine nationale Gemeinschaft.

2. Die staatsbürgerliche Gleichstellung der Juden hat nicht genügt, die soziale und kulturelle Zukunft des jüdischen Stammes zu sichern. Die endgültige Lösung der Judenfrage kann nur in der Bildung eines Staates bestehen, der imstande ist, die Juden völkerrechtlich zu vertreten und die Juden aufzunehmen, die in ihrem Heimatland nicht bleiben können oder wollen.

3. Die Mittel hierfür sind:

a) Kolonisation in Syrien und Palästina,

b) Pflege jüdischen Wissens und jüdischer Sitte,

c) die Verbesserung der sozialen und kulturellen Lage der Juden.

Dieses Programm wurde mit einigen Änderungen 1897 vom ersten zionisti-
schen Weltkongress in Basel angenommen. Bodenheimer wurde Vorsitzender
der National-Jüdischen Vereinigung für Deutschland, die sich seit dem Base-
ler Kongress Zionistische Vereinigung für Deutschland (ZVfD) nannte. Auf diese Weise wurde Köln einige Jahrzehnte lang zum Zentrum des internationalen
Zionismus. Dennoch zählte die zionistische Bewegung in Deutschland in jenen
Jahren kaum mehr als rund 9000 Anhänger. Erst um 1920 konnte sie etwa
20 000 Mitglieder rekrutieren. Überdies gab es jüdische Organisationen, wie
den Centralverein der deutschen Staatsbürger jüdischen Glaubens (CV), die
den Zionisten nicht sonderlich wohlgesonnen waren. Der CV kritisierte die Zionisten, weil sie seine Bemühungen untergruben, zu zeigen, dass die Loyalität
der deutschen Juden in erster Linie Deutschland gelte. Überdies war die Auffassung der Zionisten, es gebe eine jüdische Nation mit eigener Geschichte und
Kultur, nach Ansicht des CV nur Wasser auf die Mühlen der Antisemiten. Die
verkündeten noch immer unverdrossen ihre alte These, dass die Juden nicht zum
deutschen Volk gehörten.

„Mer jonn nohm Jüddespidohl…"
Stifter und Wohltäter: das Israelitische Asyl
in Köln-Ehrenfeld und andere soziale Einrichtungen

Jeder in Köln kannte solche Erzählungen: Da war der kleine Junge mit
den entsetzlichen „Magenschmerzen", die kein Arzt richtig deuten,
geschweige denn heilen konnte. Die besorgten Eltern liefen von Pon-
tius zu Pilatus – bis sie endlich an die richtige Adresse gerieten. Dort
erfuhren sie, dass das Kind an einer Blinddarmentzündung im fort-
geschrittenen Stadium litt und schleunigst operiert werden musste.

Oder die Geschichte mit der Bäckersfrau aus Nippes, die von ihrem
Hausarzt die Diagnose erhalten hatte, sie leide an einem Tumor im
Bauchraum, und die sich, völlig verzweifelt nach einer endlosen
Odyssee, auch an die „richtige Adresse" wandte. Der „Tumor" wurde
dort einwandfrei diagnostiziert, kam ein paar Monate später fröhlich
krähend zur Welt und wurde – man war schließlich in Köln – „Jupp"
genannt.

Anekdoten wie diese – sie mögen sich nun genau so zugetragen haben oder auch nicht – waren in Köln gang und gäbe. In allen möglichen Farben und mit durchaus Grauen erregenden Details wurde kolportiert, was der „Tünn" oder die Frau Schmitz an medizinischen Irrfahrten und Abenteuern erdulden musste, bis sie – endlich, endlich – an die „richtige Adresse" gelangten.

Diese „richtige Adresse" hieß: Ottostraße 85, Köln-Ehrenfeld, Israelitisches Asyl für Kranke und Altersschwache. Hier befand sich eines der größten und berühmtesten jüdischen Krankenhäuser Deutschlands. Und nach Meinung vieler Kölner auch eines der besten. Das „Jüddespidohl" erfreute sich auch bei der nicht jüdischen Kölner Bevölkerung großer Beliebtheit. Wenn die Schmerzen unerträglich wurden, wenn kein anderer Arzt mehr Rat wusste, dann hieß es immer zwischen Resignation und Hoffnung: „Mer jonn nohm Jüddespidohl..."

Entstanden war das Israelitische Asyl am 12. Januar 1869 als Stiftung der fünf Brüder Eltzbacher. Diese fünf – Louis, Jakob, Moritz, Gustav und Julius, von denen drei in Köln und zwei im Amsterdam lebten – stifteten das Krankenhaus zum Gedenken an ihre Eltern. Außerdem stellten sie noch eine beträchtliche Summe zur Einrichtung und Unterhaltung des Krankenhauses, das sich zunächst in der Silvanstraße befand, zur Verfügung. Nach dem Willen der Stifter sollten im Asyl in erster Linie kranke und altersschwache jüdische Menschen unentgeltlich gepflegt werden. Bevorzugt aufgenommen werden sollten die, die ihren Lebensunterhalt aus eigener Kraft nicht mehr verdienen konnten. Ausdrücklich vermerkten die Stifter in den Statuten, dass bei der Aufnahme von Patienten die Religionszugehörigkeit keine entscheidende Rolle zu spielen habe.

Dieser Grundsatz war Gesetz. So hatte das Asyl, das in Köln und Umgebung einen hervorragenden wissenschaftlich-medizinischen Ruf genoss, in seinen besten Zeiten bis zu 80 Prozent nicht jüdische Patienten. Die Küche wurde allerdings streng koscher geführt und stand unter der Aufsicht des jeweiligen Gemeinderabbiners.

Chefarzt war von 1885 an jahrzehntelang der Geheime Sanitätsrat Dr. Benjamin Auerbach. Er sorgte dafür, dass aus dem Asyl bald ein, für die damalige Zeit, hochmodernes Hospital wurde.

Geheimrat Dr. Auerbach, der bei seinen jüdischen und christlichen Patienten immer nur „*der* Auerbach" hieß, hatte in einem Haus in der Mohrenstraße 35 seine Praxis als praktischer Arzt und Geburtshelfer. Er war – auch wenn er ursprünglich nicht aus Köln stammte – wohl das, was man als „echt kölsches Original" bezeichnen würde: bärtig, stets dunkel gekleidet, mit einem leicht ausgebeulten Schlapphut auf dem Kopf und einem silberumrandeten Kneifer, der immer halb auf seiner etwas rötlichen Nase baumelte. Zu seinen Patienten war er wie ein gütiger Vater, duzte prinzipiell alle und redete auch den inzwischen über 30-Jährigen mit „leeve Jung" an – weil er ihn schließlich auf die Welt geholt hatte.

Auerbach war Mediziner mit Leib und Seele. Er verband eine hohe Auffassung von Pflicht und Verantwortung mit ausgeprägtem sozialem Engagement. Er ging so völlig in seinem Beruf auf, dass er über seiner

Der langjährige Chefarzt des Israelitischen Asyls, Dr. Benjamin Auerbach.

Arbeit nicht nur die Mahlzeiten, sondern auch das Verschicken von Rechnungen regelmäßig vergaß. Er besaß kein Auto und wollte auch keines; wenn er nicht zu Fuß ging, nahm er die Straßenbahn. Nur in Ausnahmefällen stieg er in eine Droschke. Seine persönliche Anspruchslosigkeit ging so weit, dass seine Frau etwa die Anschaffung eines neuen Anzugs in einem wochenlangen Kampf durchsetzen musste. Mit 36 Betten war der Krankenhausbetrieb 1869 aufgenommen worden. Doch diese Zahl erwies sich schon bald als viel zu gering. Nachdem Kölner Juden das erforderliche Baukapital gestiftet hatten, konnte 1908 das neue, in schlichtem Barockstil errichtete Gebäude inmitten ausgedehnter Grünanlagen in der Ehrenfelder Ottostraße bezogen werden. Dieses Haus verfügte 1926 bereits über 225 Betten, eine Privatstation, einen Operationsraum, eine Röntgenabteilung, ein Schwesternhaus und Liegehallen. In einem anderen Gebäude auf demselben Gelände war das Altersheim mit über 100 Plätzen untergebracht. Immer wieder wurde von Patienten das Können der Ärzte gerühmt, unter denen sich international anerkannte Koryphäen befanden. Und praktisch alle Patienten lobten die Hingabe der Schwestern. Sie kamen fast ausnahmslos vom Verein für jüdische Krankenpflege, den Ben-

Ärzte beim Sonnenbad auf dem Dach des Israelitischen Asyls.

jamin Auerbach gegründet hatte. Finanziell war das „Jüddespidohl" im Wesentlichen auf sich selbst gestellt. Zwar gab es Spenden und auch einen regelmäßigen Zuschuss der Kölner Synagogengemeinde, doch solche Finanzspritzen spielten immer nur eine untergeordnete Rolle.

Bald nach 1933 wurde die Lage des Asyls bedrohlich: Die Krankenkassen und Wohlfahrtsstellen wiesen keine nicht jüdischen Patienten mehr in das jüdische Krankenhaus ein. Gelder blieben aus, Gehälter konnten nicht mehr gezahlt werden, das Haus stand fast leer. Eine kurzfristige Besserung trat ein, als eine größere Anzahl jüdischer Patienten aus dem Kölner Umland zur Behandlung ins Asyl kam, weil sie in nicht jüdischen Krankenhäusern nicht mehr aufgenommen wurden. Bis 1935 wanderten viele Ärzte und Schwestern der Einrichtung aus. Die „Seele des Asyls", Dr. Auerbach, der zu diesem Zeitpunkt 80 Jahre alt war, legte sein Amt nieder.

Es kam der Krieg mit den schweren Bombenangriffen auf Köln. Unter schwierigsten Bedingungen gelang es dem Asyl, die ärztliche Versorgung der jüdischen Bevölkerung in Köln sicherzustellen. Im Mai 1942 musste das Gebäude auf Befehl der Gestapo geräumt werden. Die noch verbliebenen jüdischen Kranken des Asyls mussten sich auf ihren Transport zunächst ins Lager Müngersdorf und von dort in die Deportation vorbereiten. Augenzeugen berichteten von schrecklichen Szenen, die sich dabei abspielten: Zahlreiche Patienten, Alte, Schwerkranke und Pflegebedürftige begingen Selbstmord, um dem Transport in die Vernichtungslager zu entgehen.

Der größte Teil der Gebäude des Asyls wurde 1942 Opfer der Bomben. Im Herbst desselben Jahres wurde das Hospital „arisiert", es hieß nun Hilfskrankenhaus Köln-Ehrenfeld und behandelte Fremdarbeiter und Kriegsgefangene.

Nach Kriegsende war das, was nach den Bombenangriffen von dem Bau übrig geblieben war, Anlaufstelle für nach Köln zurückgekehrte Juden. Die jüdische Gemeindeverwaltung fand hier ihren Sitz und richtete dort auch einen Betsaal ein. Später wurden die Gebäude wieder aufgebaut und vom belgischen Militär genutzt. Nach Auflösung der belgischen Militäreinrichtungen in Köln beschloss der Vorstand der Kölner Synagogengemeinde 1999 ein großes Bauprojekt auf dem Gelände des ehemaligen Asyls: Ein Alten- und Pflegeheim, eine Kindertagesstätte und ein Verwaltungsgebäude der Kölner jüdischen Gemeinde sollen hier entstehen.

Benjamin Auerbach gelang es, im Juni 1940 mit 85 Jahren nach Amerika zu emigrieren, wo seine Tochter als Ärztin lebte. Kurz nach seiner Ankunft, am 18. November 1940, starb er in New York.

Das Israelitische Asyl in der Ottostraße ist nur ein Beispiel für die Vielzahl jüdischer sozialer Einrichtungen in Köln. Nicht weniger bekannt und geschätzt als das „Jüddespidohl" waren das Israelitische Kinderheim an der Lützowstraße und das Abraham-Frank-Waisenhaus an der Aachener Straße, das Oppenheim'sche Kinderhospital in der Buschgasse, aber auch Lehrlingsheime, Kindergärten, Kindertagesstätten. Sie alle waren Stiftungen, die den Geist der „Zedakkah" widerspiegelten – ein Begriff, mit dem das Judentum Gerechtigkeit, verbunden mit Wohltätigkeit gegenüber den Schwachen, bezeichnet.

Im Geist dieser „Zedakkah" gab es in der Kölner jüdischen Gemeinde von jeher ein weit verzweigtes Wohlfahrtswesen. Im 19. Jahrhundert wurden entsprechende Wohltätigkeitsvereine gegründet, die hebräisch „chewrah" hießen. Sie waren in diesen Zeiten drängender sozialer Probleme notwendiger denn je: Noch immer ernährten sich viele jüdische Familien durch den Kleinhandel, zogen mit Waren des täglichen Bedarfs über die Dörfer oder siedelten sich mit Beginn der Industrialisierung in den Städten als Fabrikarbeiter an. Da ihnen oft das Nötigste zum Leben fehlte, wurden kleine und größere private Hilfsorganisationen gegründet, die das Überleben der Ärmsten sicherten. Einen politischen Fürsprecher fanden sie in einem Kölner Juden, dem „Armenarzt" Dr. Andreas Gottschalk.

Nach der Februarrevolution 1848 in Paris, nachdem König Louis Philippe nach England geflohen und in Frankreich die Republik ausgerufen worden war, sorgte Gottschalk mit dafür, dass der revolutionäre Funke von Frankreich auf die preußischen Rheinlande übersprang. Er machte sich zum Sprecher der Arbeiter und organisierte am 3. März 1848 eine große Arbeiterdemonstration mit rund 5000 Teilnehmern. Bei dieser Gelegenheit hielt Gottschalk eine flammende Rede vor dem Kölner Gemeinderat. Darin verlangte er unter anderem „Gesetzgebung und Verwaltung durch das Volk", „Allgemeines Wahlrecht und Wählbarkeit in Gemeinde und Staat" sowie „Schutz der Arbeit und Sicherstellung der menschlichen Lebensbedürfnisse für alle".

Die Sorge um „diese menschlichen Lebensbedürfnisse für alle" trieb auch die Kölner Synagogengemeinde um. Sie gründete 1860 eine „Armenkommission", die sich wöchentlich im Gemeindehaus in der St.-Apern-Straße traf. 1873 änderte sie ihren Namen in Israelitischer Armen- und Unterstützungsverein.

Mit weitem Herzen und offener Hand
Gerechtigkeit und soziales Gewissen – Gelebte Zedakkah

Wenn unter dir ein Bedürftiger weilt, in deinem Land, welches der Ewige, dein Gott, dir gibt, sollst du dein Herz nicht verstocken und sollst deine Hand nicht verschließen vor deinem verarmten Bruder, sondern öffne deine Hand ihm und gib ihm so viel, wie er braucht. Geben sollst du ihm wiederholt, und dein Herz sei nicht böse, wenn du ihm gibst...

So steht es zu lesen im fünften Buch Mose, und diese ethische Handlungsanweisung hat im Judentum seit altersher – lange bevor es Fürsorgevereine und Hilfsorganisationen gab – unumschränkte Gültigkeit. Dieses Geben ist aber nicht ins Belieben des Einzelnen gestellt, sondern es ist Pflicht für jeden.

Das Wort „Zedakkah", das für „Wohltätigkeit", aber auch „Gerechtigkeit" steht, ist mit dem christlichen Wort „Caritas" nur unzureichend übersetzt. „Zedakkah" ist die pflichtgemäße Hilfe im Sinne ausgleichender sozialer Gerechtigkeit, es bedeutet das einklagbare Recht des Armen auf Almosen, damit ein Stück Gerechtigkeit auf der Welt wiederhergestellt werden kann. „Zedakkah" heißt aber auch: mit freundlicher Miene und willigem Herzen geben, damit der Arme nicht beschämt werde. So berichtet etwa der Talmud, dass Rabbi Akiba Almosen auszuteilen pflegte, indem er sich selbst als Armer verkleidete und das Geld, in ein Tuch eingewickelt, mitten unter den Armen unbemerkt fallen ließ. So konnte er vermeiden, dass dem Empfänger der Hilfe die eigene Bedürftigkeit peinlich war.

In einer anderen sehr lebensnahen Anekdote im Talmud wird beschrieben, wie ein Reicher einen Bettler am Straßenrand entdeckt und zu ihm sagt: „Warum bettelst du? Was bist du für ein Schnorrer? Du hast einen gesunden Körper, du hast starke Muskeln, geh doch arbeiten..." Und Gott antwortet diesem hochnäsigen Reichen: „Nicht genug, dass du von dir nichts abgibst; jetzt missgönnst du ihm auch noch das wenige, das *ich* ihm gegeben habe..."

Auf drei Pfeilern ruhe die Welt – so heißt es weiter – auf der „Torah", auf dem Gottesdienst und auf dem wohltätigen Handeln. Teil dieses wohltätigen Handelns ist „Zedakkah". Jüdische Wohlfahrtspflege im Sinn dieser sozialen Ethik hat sich in Köln durch die Jahrhunderte weiterentwickelt. Eine der frühesten wohltätigen Einrichtungen war eine jüdische Beerdigungsbruderschaft, „Chewrah kaddischah", die sich um die Bestattung und um die Betreuung der Hinterbliebenen kümmerte.

Um die Jahrhundertwende aber wurde deutlich, dass die kleinen privaten Hilfsvereine die stärker werdenden sozialen Probleme nicht mehr lösen konnten, dass die Fürsorge für Arme und Bedürftige grundlegend geändert und modernisiert werden musste.

Der Mann, der das bewerkstelligte, hieß Bernhard Feilchenfeld. Er organisierte die soziale Fürsorge für bedürftige jüdische Kölner erstmals nach modernen Gesichtspunkten. Alle bis dahin unkoordiniert nebeneinander herlaufenden wohltätigen Vereine und Organisationen wurden 1902 von ihm zusammengefasst, Satzungen aufgestellt und ein Israelitischer Unterstützungsverein in das Vereinsregister eingetragen. Diesem Verein waren alle anderen wohltätigen Organisationen, die Ende des 19. und zu Beginn des 20. Jahrhunderts in rascher Folge entstanden, angegliedert.

Es gab karitative Vereine wie einen Verein für die Betreuung von Durch- und Zuwanderern oder den Verein für die Ausstattung jüdischer Bräute, der ins Leben gerufen wurde, um die Heiratschancen mittelloser junger Mädchen zu erhöhen. Dazu kamen die Logen – Morijah-Loge, Rheinland-Loge –, die ebenfalls ein breites Spektrum unterschiedlicher Hilfsangebote bereithielten. Auch viele private Stifter engagierten sich. Die Dankbarkeit der Empfänger solcher Stiftungen spricht für sich. Da heißt es etwa in einem Brief an Georg Kahn, der die Synagoge im Kinderheim in der Lützowstraße gestiftet hatte:
Die Absicht, die Sie mit Ihrer Stiftung verknüpfen und die darin besteht, das Andenken Ihrer verehrten Eltern an einer Stätte zu verewigen, die dazu berufen ist, dem Geist wahrhaft jüdischer Menschenliebe zu dienen, werden wir zu allen Zeiten hochhalten.

Unterzeichnet ist das Schreiben – neben anderen – auch von Ida Auerbach, der Frau Dr. Benjamin Auerbachs, die sich um die soziale Frauenarbeit in Köln verdient gemacht hatte.

„Gebt den Juden ein Vaterland und sie werden es lieben..."

Neue Chancen und alte Vorurteile

Schuhhaus Joseph, Schildergasse 59

Das berühmte Schuhhaus Joseph genoss weit über Köln hinaus Ansehen. Der Besitzer Artur Joseph, der 1938 nach Israel auswanderte, beschrieb in seinem Buch *Meines Vaters Haus* Kindheit und Jugend in Köln. Das Gebäude Schildergasse 59 wurde im Krieg zerstört.

Tuchhandlung Kohn & Mades, Domstraße

Hier hatten die Eltern von Otto Spiers ihr bekanntes Geschäft. Das Haus steht nicht mehr. Heute befindet sich dort ein modernes Mehrfamilienhaus.

Jüdischer Friedhof Lindenthal, Decksteiner Straße 71

Dieser kleine Friedhof der orthodoxen Austrittsgemeinde Adass Jeschurun wurde um 1910 angelegt. Die Adass Jeschurun lehnte strikt jegliche Anpassung an den christlichen Totenkult (Blumenschmuck, Beerdigung in Särgen, Urnenbestattung) ab. So sind die Grabsteine auf diesem Friedhof sehr schlicht. Es dominieren hebräische Inschriften.

Jüdischer Friedhof Ehrenfeld, Weinsbergstraße

Wann dieser Friedhof genau angelegt wurde, ist nicht gesichert. Um 1899 fand dort die erste Bestattung statt. Der Friedhof liegt unmittelbar neben dem großen christlichen Friedhof Melaten. Das von einer hohen Mauer umgebene Grundstück ist weder von der Straße noch vom Melatenfriedhof her einsehbar. 1928 wurde der Friedhof geschändet, 1938 die Friedhofshalle zerstört.

Ein Silberstreif und sein Verblassen: zwischen Integration und Antisemitismus

Es war ein Ritual. Eines, an das sich der heute in Israel lebende ehemalige jüdische Kölner Otto Spier immer erinnern wird. Ein Ritual, das in seiner Kinder- und Jugendzeit unumstößlich war. Es wiederholte sich an jedem 24. Dezember:

Wir wohnten in der Domstraße, einen Steinwurf vom Dom entfernt, wo mein Vater zusammen mit einem christlichen Kompagnon eine Tuchhandlung besaß. Natürlich hatten wir als jüdische Familie keinen Christbaum. Aber dennoch konnte man sich in Köln der allgemeinen weihnachtlichen Festtagsstimmung ja nicht entziehen. Und deshalb war das bei uns dann jedes Jahr so, dass am Nachmittag des Heiligen Abends die Großeltern, Tanten, Cousins und alle Verwandten zu uns kamen und sich um die große Kaffeetafel scharten. Und dann am Spätnachmittag, wenn die Dämmerung hereingebrochen war, öffnete mein Vater alle Fenster im Haus – ganz gleich, wie kalt es war –, damit wir hören konnten, wenn die Domglocken Weihnachten einläuteten. Für mich als kleinen Jungen war das jedes Mal ein unvergessliches Erlebnis...

Otto Spiers Kindheitserinnerung ist nicht ungewöhnlich. Viele jüdischen Bürger der Domstadt, damals vor 1933, waren in erster Linie Kölner und dann Juden. Ihr alltägliches Leben spielte sich wie selbstverständlich zwischen Synagoge und Dom ab.

In der zweiten Hälfte der 1920er-Jahre, der kurzen Epoche zwischen den Weltkriegen, in diesen wenigen Jahren des Friedens und des Wohlstands, konnte man in Köln von einer fast völligen Integration der Juden sprechen. Wohlgemerkt: von einer Integration, nicht von einer Assimilation. Die enge Verbundenheit mit der Heimatstadt, die tiefe Verwurzelung im gesellschaftlichen, wirtschaftlichen und kulturellen Leben Kölns ging bei den meisten Juden durchaus mit einem betont jüdischen Bewusstsein einher; bei vielen auch mit einer jüdisch-traditionellen Lebensweise.

Dieses Heimatgefühl, die feste Überzeugung, in Köln zu Hause zu sein, prägte alle sozialen Schichten. Es gab unkompliziert-freundschaftliche Geschäftsbeziehungen zwischen jüdischen Ladenbesitzern und ihren christlichen Kunden, zwischen jüdischen Ärzten und ihren nicht jüdischen Patienten, zwischen jüdischen Rechtsanwälten und ihren nicht jüdischen Mandanten. Und ebenso komplikationslos gestaltete sich das Miteinander von christlichen Firmenchefs und den jüdischen Angestellten oder das christlicher Kölner Schulen und ihrer jüdischen Schüler.

Auch das Verhältnis – im heiligen Köln sicherlich nicht unwichtig – zwischen Dom und Synagoge, zwischen Klerus und Rabbinat war von gegenseitigem Respekt geprägt. Die kölsche Lebensart, die „gelassen-rheinische" Weise, die Dinge zu sehen, war vermutlich das Element, das jenseits von konfessionellen oder sozialen Unterschieden die Menschen zusammenschweißte.

Der Erste Weltkrieg war vorbei – wenn auch etliche der Wunden, die er geschlagen hatte, keineswegs verheilt waren. Auch den Beziehungen zwischen jüdischen und nicht jüdischen Deutschen hatte der Krieg einige schwere Belastungsproben auferlegt. Die jüdischen deutschen Soldaten – insgesamt 96 000, von denen weit über 10 000 Freiwillige waren – hatten mit ihren christlichen Kameraden Seite an Seite in diesem Krieg gestanden. Sie hatten mitgekämpft, mitgelitten, mitgehungert, mitgezahlt, und sie waren mitgestorben. 12 000 jüdische Frontsoldaten waren im Kampf gefallen.

In diesem Kampf, der alle Patrioten einen sollte, waren die konfessionellen Unterschiede bedeutungslos geworden. Es wurden sogar, analog zu den evangelischen und katholischen Feldgeistlichen, Feldrabbiner berufen. Eine jüdische Militärseelsorge hatte es bis dahin nicht gegeben.

Der jüngste Kriegsfreiwillige in den Annalen dieses großen Blutbades war ein 13-jähriger jüdischer Junge, Joseph Zippes. Er hatte sich in den Wirren kurz vor Kriegsende 1918 unter die Rekruten gemischt und war mit ins Feld gezogen. Dieses „Abenteuer" musste er mit schrecklichen Verletzungen bezahlen: Ihm wurden beide Beine weggeschossen.

Doch während die jüdischen Soldaten für ihr deutsches Vaterland kämpften, verwundet oder getötet wurden, erschien in den Zeitungen in der Heimat eine widerwärtige Schmähschrift gegen sie. Es war ein „Gedicht" mit dem Titel „Die Juden im Weltkrieg", das überall kursierte und hitzige Debatten in der Bevölkerung auslöste.

Der Name des Verfassers ist nicht bekannt, er zog es vor, anonym zu bleiben. Das „Gedicht" hat unzählige Strophen. Sein Kern ist die Behauptung, die deutschen Juden seien Drückeberger, die sich überall herumtrieben, nur eben nicht im Schützengraben. Jede Strophe dieses Machwerks endet mit dem Refrain:

... Überall grinst ihr Gesicht,
Nur im Schützengraben nicht...

Der Text fiel durchaus auf fruchtbaren Boden, gab der Mär von der „jüdischen Drückebergerei" neue Nahrung. Nach dem Krieg, als diese Legende noch immer nicht verstummen wollte, sah sich der 1918/19 gegründete Reichsbund Jüdischer Frontsoldaten genötigt, gegen diese Diffamierung vorzugehen. Er tat das in Form großformatiger Anzeigen und eines Appells, der auch vaterländisch-chauvinistische Töne nicht scheute: *An die deutschen Mütter. Christliche und jüdische Helden haben gemeinsam gekämpft und ruhen gemeinsam in fremder Erde... Blindwütiger Parteihass macht vor den Gräbern der Toten nicht Halt. Deutsche Frauen, duldet nicht, dass die jüdische Mutter in ihrem Schmerz verhöhnt wird...*

Als der Krieg 1918 zu Ende war, kehrten 35 000 jüdische Soldaten mit Orden und militärischen Auszeichnungen zurück. An ihrem „Deutschtum", wie das damals hieß, hatten sie nie einen Zweifel aufkommen lassen.

Nach dem Krieg, in den 1920er-Jahren, lebten in Köln rund 16 000 Juden. Unter ihnen befanden sich etwa 4000 aus Osteuropa eingewanderte so genannte „Ostjuden". Die meisten von ihnen kamen aus Polen und waren vor Verfolgung und Pogromen nach Deutschland geflohen. Rund 3000 unter ihnen waren orthodox. Die meisten schafften es, in Köln Fuß zu fassen und heimisch zu werden, und vielen gelang ein beruflicher und gesellschaftlicher Aufstieg.

Eine Gelegenheit zu stolzer und glanzvoller Selbstdarstellung bekamen die Kölner Juden 1925 bei der Jahrtausend-Ausstellung. Sie fand in den Messehallen statt und feierte die 1000-jährige Zugehörigkeit des Rheinlandes zum Deutschen Reich. Mit Abbildungen und Kunstwerken dokumentierten die Kölner Juden in einer eigenen Abteilung mit dem Titel „Juden und Judentum im Rheinland" ihre lange Geschichte in diesem Landstrich. Sie vertrauten auf die viel zitierte deutsch-jüdische Symbiose und ahnten nicht, dass sie sich einer Illusion hingaben.

Die junge Weimarer Republik vollendete die politische Emanzipation der Juden, die während der Französischen Revolution begonnen hatte. Sie bereitete ihnen das Klima zu einer Entwicklung, wie sie so spontan und fruchtbar in keinem Land der Welt zu registrieren war. Noch einmal konnte kurz aufleben, was der amerikanische Kulturhistoriker Peter Gay die „jüdische Liebesaffäre mit der deutschen Kultur" genannt hat.

Nahum Goldmann, ehemals Präsident des Jüdischen Weltkongresses, hat diese „Liebesaffäre" so zu erklären versucht:

Nicht nur für die deutschen Juden, auch für Millionen osteuropäische Juden bestand Europa aus der deutschen Kultur. Die europäische Kultur, das hieß für sie: Lessing und Schiller, Kant und Hegel, Goethe und Heine – und nicht Racine oder Molière, Shakespeare oder Milton, Pascal oder Locke.

Nach dem bis dahin blutigsten Krieg in der Geschichte keimte die Hoffnung auf einen dauerhaften Frieden und auf Völkerverständigung. Sie mag im Rheinland vielleicht noch mehr zu spüren gewesen sein als im übrigen Reich: In einer viel beachteten Rede in der Messehalle in Köln hatte Gustav Stresemann entsprechend das Wort vom „Silberstreif am Horizont" geprägt. Doch der sollte bald verblassen.

Schon 1929, mit dem Beginn der Weltwirtschaftskrise, bremsten Arbeitslosigkeit, Bankenzusammenbrüche und Geschäftskonkurse jene Hoffnung. Und es dauerte nicht lange, bis sich im Gefolge dieser Krisen auch der Antisemitismus wieder verstärkt bemerkbar machte. Nachdem in den Jahren relativer Stabilität von 1924 bis 1928 die militanten Antisemiten kaum hervorgetreten waren, machten sie jetzt wieder von sich reden. Mit dem ganz alten typischen Argumentationsmuster. Und mit dem Ziel, den Hass auf die Weimarer Verfassung und auf die Juden zu schüren.

Dabei griffen sie die alten Klischees wieder auf: Die Juden hätten die Niederlage verschuldet, den „Siegeslauf gehemmt", das deutsche Volk um die Früchte des Sieges betrogen. Sie hätten die Axt an den Thron gelegt und die Monarchie zerschlagen. Sie hätten den Mittelstand vernichtet und den Wucher begünstigt.

Die Taten, die diesen Worten folgen sollten, ließen nicht lange auf sich warten. Bereits seit Mitte der 1920er-Jahre waren in Köln regelmäßig jüdische Friedhöfe geschändet, Grabsteine beschmiert, umgeworfen, zerschlagen worden – alles in der feigen Gewissheit, jederzeit in der verantwortungslosen Masse untertauchen zu können.

Zu erneuten Friedhofsschändungen kam es 1927 auf dem Friedhof der orthodoxen Gemeinde an der Decksteiner Straße 71 und 1928 auf dem Friedhof Ehrenfeld. Im Frühjahr 1929 wurde ein jüdischer Kaufmann in Köln nachts auf offener Straße überfallen und misshandelt. In seiner Ausgabe vom 31. Mai 1929 betonte das *Kölner Jüdische Wochenblatt*, dass es sich hierbei nicht um einen Einzelfall handele, sondern dass diese Art von Übergriffen zunehme. Zwei Jahre zuvor hatten Nationalsozialisten und Mitglieder anderer rechter Gruppierungen einen Überfall auf die Synagoge in der Roonstraße verübt. Da dort gerade Gemeindewahlen stattfanden, befanden sich viele Menschen in dem Gebäude. Es kam zu einer Messerstecherei, bei der drei jüdische Bürger verletzt wurden.

Im Dezember 1930 tauchte eine Horde rechter Jugendlicher in Bayenthal vor dem Haus des Regierungsrats Ottmar Strauß auf. Sie warfen ein in der Einfahrt parkendes Auto um und zertrümmerten sämtliche Fensterscheiben des Hauses. Zur selben Zeit gingen durch gezielte Steinwürfe auch die Scheiben im Haus eines Professors in der Alteburger Straße zu Bruch. Ein weiterer Überfall traf die Adass-Je-schurun-Synagoge in der St.-Apern-Straße.

1932 hetzte der *Westdeutsche Beobachter* gegen die eingewanderten Ostjuden. Mit üblen Fotomontagen unter dem Titel „Bilder aus dem Kölner Ghetto" und einem Artikel, der kein Stereotyp antisemitischer Propaganda ausließ, versuchte das Blatt, Stimmung gegen die Juden zu machen und die Ängste der nicht jüdischen Kölner Bevölkerung vor „Über-fremdung" und vor dem „jü-dischen Parasitentum" zu schüren. Im Anschluss an diesen Artikel gab es schwe-re bewaffnete Ausschreitun-gen von SA-Mitgliedern ge-gen die jüdischen Bewohner im Thieboldsgassenviertel. Das *Kölner Jüdische Wochen-blatt* sah einen direkten Zu-sammenhang zwischen dem „Ghetto"-Artikel des *Westdeutschen Beobachters* und diesen Gewalttaten, die fast pogromartige Züge ange-nommen hatten.

Drei weitere Musterbei-spiele antisemitischer Hetze erregten weit über Köln hin-aus Aufsehen. Das erste war der Fall der „Maus im Gu-lasch", der Justiz, Polizei, Presse und Bevölkerung in Köln fast zwei Jahre lang in Atem hielt:

Der *Westdeutsche Beobachter*
zur angeblichen Maus im Gulasch.

Der erfolgreiche Unternehmer Katz im Schlachthof der Großmetzgerei.

Die jüdische Großmetzgerei Katz-Rosenthal – mit einem Hauptgeschäft auf der Schildergasse und Filialen in zahlreichen Kölner Stadtteilen – war ein äußerst erfolgreiches und prosperierendes Unternehmen. Die Firma hatte aus den USA die Idee importiert, in ihren Läden nicht nur Fleischwaren zu verkaufen, sondern den Kunden auch fertige Imbisse zu servieren. Katz-Rosenthal stellte also eine Kombination aus Laden und Schnellrestaurant dar – damals in Deutschland ein absolutes Novum. Der geschäftliche Erfolg erzeugte viel Neid. Und so wurde neben dem Warenhaus Tietz die Großmetzgerei Katz-Rosenthal das bevorzugte Hassobjekt der Kölner Nationalsozialisten. 1928 verbreitete das Kölner NSDAP-Organ *Westdeutscher Beobachter* in einem hämischen Artikel das Gerücht, Gäste des Imbissrestaurants Katz-Rosenthal hätten in ihrem Gulaschgericht eine tote Maus gefunden. Der Artikel löste überall in Köln Erregung und Bestürzung aus.

In der *Rheinischen Zeitung* setzte sich die beschuldigte Firma Katz-Rosenthal im selben Jahr zur Wehr. Dort heißt es:
Wir bezeichnen diese Behauptung als durchaus unwahr, zumal unser Betrieb, seine Einrichtung und Überwachung ein solches Vorkommnis technisch geradezu ausschließt. Wir führen diese unwahre Behauptung und ihre Verbreitung auf ein gegen uns geschmiedetes Komplott zurück, das sich die Vernichtung unserer geschäftlichen Ehre und Existenz zum Ziel gesetzt hat...

In dem von Katz-Rosenthal angestrengten Zivil- und Strafverfahren sagten Zeugen aus, dass der Boxer Jack Domgörgen und seine Begleiter die Maus aus einer Papiertüte ausgewickelt und anschließend in das Gulaschgericht gelegt hätten. Es konnte nachgewiesen werden, dass der Skandal von nationalsozialistischen Parteigängern selbst inszeniert worden war, um eine jüdische Firma in den Ruin zu treiben.

Der *Westdeutsche Beobachter* veröffentlichte Karikaturen über den Fall Katz-Rosenthal, in denen suggeriert wurde, dass die diffamierten und boykottierten Juden selbst die Schuld an ihrem Schicksal trügen. Die Firma Katz-Rosenthal klagte gegen die geschäftsschädigende Agitation des *Westdeutschen Beobachters*. Die Klage wurde abgewiesen.

Was damals wirklich geschah – die Akten des Falles füllen ganze Regalwände –, ist bis heute nicht restlos geklärt.

Ein weiterer antisemitischer Vorfall, der hohe Wellen schlug, hing mit dem Mord an einem Schüler namens Helmut Daube in Gladbeck zusammen. Im Oktober 1928 berichtete der *Westdeutsche Beobachter* in gewohnt geifernder Manier, der Jugendliche sei von Juden geschächtet worden. Die Zeitung titelte triumphierend: „Ein jüdischer Ritualmord". Seit der letzten Ritualmordbeschuldigung im Rheinland – der Fall Adolf Buschhoff – waren rund 40 Jahre vergangen, und fast hätte man glauben können, die Vernunft habe den Sieg über den Aberglauben davongetragen.

Nach dem Hetzartikel wurde der *Westdeutsche Beobachter* beschlagnahmt und gegen den verantwortlichen Redakteur Robert Ley ein Strafprozess wegen Beschimpfung einer Religionsgemeinschaft und groben Unfugs angestrengt. Ley stritt ab, die Juden als Religionsgemeinschaft der Ritualmorde beschuldigt zu haben, behauptete aber, einige „radikal-orthodoxe Sekten" praktizierten solche Blutmorde. Ley verlor den Prozess, wurde in allen Anklagepunkten schuldig gesprochen und zu einer Geldstrafe von 1000 Reichsmark verurteilt. Allerdings konnte sich das Gericht nicht zu der Feststellung durchringen, dass es „jüdische Ritualmorde" nicht gebe.

Der dritte Fall in dieser Serie antisemitischer Vorkommnisse betraf die Verleihung der Ehrendoktorwürde an den Kölner Warenhausunternehmer Alfred Leonhard Tietz. Tietz hatte, der Familientradition folgend, die Kölner Universität sowie bedürftige Studenten und Nachwuchswissenschaftler mit großzügigen finanziellen Zuwendungen bedacht. Vor allem lagen ihm die Universitätsinstitute zur Fortbildung von kaufmännischem Personal am Herzen. Diese Mäzenatentätigkeit mag die Universität bewogen haben, Tietz im Januar 1930 die Ehrendoktorwürde der Wirtschafts- und Sozialwissenschaftlichen Fakultät zu verleihen.

Nach der Zeremonie kam es zu Unruhen und Krawallen, und einige Tage später erhielt der Senat der Hochschule ein mit Hakenkreuzen versehenes anonymes Schreiben, in dem es unter anderem hieß:

Die Herren scheinen sich einen schlechten Scherz erlaubt zu haben; der Kölner Fasching ist ja berühmt. Es würde uns sehr freuen, wenn man uns in der Öffentlichkeit erklären würde, worin die Verdienste dieses Warenhausjuden bestehen… Man kann sich nicht genug wundern über solche Vorkommnisse, wenn die Kaufleute neuen Stils solche Herren zu Ehrendoctoren ernennen, dann allerdings – armes Deutschland…

Das Kaufhaus Tietz, Ecke Hohe Straße/Schildergasse, wurde 1914 eröffnet.

Eher verdient ein Schutzmann den Doctortitel, denn solcher setzt doch täglich mehr oder weniger sein Leben aufs Spiel. Sagen Sie uns um Himmels willen, worin die Leistungen eines Warenhausjuden bestehen. Im Mittelalter hat man dem Juden das Handwerk verboten!!! Und heute!!!

Als Rädelsführer der Tumulte bei der Verleihung der Ehrendoktorwürde an Tietz wurden Mitglieder der Burschenschaft „Baldur" und der Sängerschaft „Cimbria" ausgemacht. Sie erhielten Verwarnungen.

Doch selbst wenn die Schuldigen zur Verantwortung gezogen wurden, diese Ereignisse vergifteten zusehends das Klima in der Stadt, zerstörten Hoffnungen auf ein friedliches Miteinander. Juden zu beleidigen, sie zu erniedrigen und zu diffamieren, war, so schien es, noch nicht staatlich legitimiert, aber durchaus wieder salonfähig geworden. Und das auch deshalb, weil die Mehrzahl der Bevölkerung solche Aktionen zwar nicht billigte, aber auch nichts unternahm, um sie zu verhindern.

Der Dom, der Strom und alles, was einmal war...
Artur Joseph und *Meines Vaters Haus*

„Gebt den Juden ein Vaterland, und sie werden es lieben..." – dieser Satz des Grafen Mirabeau hat immer ganz besonders auf die deutschen Juden zugetroffen. An ihrer Bindung an Deutschland, an ihrer Liebe zu diesem deutschen Vaterland, wollten sie niemals einen Zweifel aufkommen lassen. So konnte der in der Weimarer Republik so populäre Schriftsteller Jakob Wassermann selbstverständlich schreiben: „Ich bin Deutscher und ich bin Jude. Das eine so sehr und so völlig wie das andere, keines ist vom anderen zu lösen..."

Dasselbe galt wohl auch für einen anderen Urdeutschen, einen Kölner, der bis 1933 das gesicherte Leben eines Großbürgersohnes und erfolgreichen Geschäftsmannes führte. Der seine Wurzeln im „alten" Köln der Vorkriegszeit hatte; in einer Stadt also, in der bürgerlich-deutsche Kultur und jüdische Tradition eine gedeihliche Symbiose eingegangen waren.

Karnevalskostüme
im Kaufhaus Tietz.

Artur Joseph, 1897 in Köln geboren, Inhaber des berühmten Schuhhauses Joseph auf der Schildergasse, Rheinländer bis ins Mark, begeisterter Karnevalist, Kunst- und Theaterliebhaber, Familienvater, Patriot, Soldat im Ersten Weltkrieg und jederzeit bereit, dieses Deutschland mit der Waffe in der Hand zu verteidigen, konnte eines nicht begreifen: dass ein hergelaufener Österreicher in der Lage sein würde, ihm sein Deutschsein abzusprechen.

Deshalb dauerte es lange, bis er verstand, dass er in „seinem" Deutschland und „seinem" Köln nicht mehr erwünscht war. Er ging, aber er schrieb die Geschichte seines Lebens, eines sehr deutschen Lebens, auf und veröffentlichte sie unter dem Titel *Meines Vaters Haus*. Das Haus des Vaters war das größte, schönste und bekannteste Schuhhaus in Köln. Es erfreute sich eines so glänzenden Rufs, dass der Dichter Joachim Ringelnatz es bereits in einem Gedicht verewigt hatte, dessen letzter Vers so lautete:

... Und ich weiß, wie auch der raue
Seemann seine Stiefel liebt und pflegt.
Und Herrn Joseph sag ich frei und überlegt,
dass ich gern in seine Fenster schaue...

Das Schuhhaus Joseph lag nahe der Antoniterkirche. Es besaß sieben Schaufenster, und jeder in Köln, dessen Familie es sich nur eben leisten konnte, unter anderem auch Heinrich Böll, hatte dort schon seine

Kinderschuhe bekommen. Hier verlebte Artur Joseph eine glückliche, behütete Kindheit und Jugend: *Das erste Stockwerk gehörte ganz den Damen. Da gab es einen mit einer Samtportiere von der Umwelt abgetrennten Raum, dessen Wände ringsum mit Spiegeln verkleidet waren: das „Lichtzimmer". Mit seiner indirekten Beleuchtung täuschte es den Effekt eines Festsaales vor. Hier konnten die Damen die Wirkung ihrer Ballschuhe beurteilen...*

Oben im dritten Stock wohnte die Großmutter, eine sehr alte Dame, Urkölnerin, die die Geschichte der Stadt gut kannte. Die Küche der Großmutter lag Wand an Wand mit der kleinen gotischen Antoniterkirche: *Ich liebte dieses Gotteshaus wohl auch, weil es eine Orgel hatte, deren Klang mir vertraut war. Sie stand an der Stelle, an der auf unserer Seite die Küche der Großmutter lag. Als Kind habe ich oft dort gesessen und den Chorälen und Fugen gelauscht, die von drüben über das Herdfeuer kamen...*

Artur Joseph, der eines Tages das Geschäft des Vaters übernehmen sollte, ging aufs Gymnasium. Die Atmosphäre dort beschrieb er folgendermaßen: *Wir sind als treue Deutsche und gottesfürchtige Juden herangewachsen. In meiner Jugend spürte ich wenig von Antisemitismus. Ich ging mit meinen christlichen Schulkameraden in ihre Kirche und sie mit mir in die Synagoge...*

Vor allem aber gingen sie gemeinsam zu dem wichtigsten gesellschaftlichen Ereignis, das es in Köln gibt: *Der kölsche Karneval war damals ein echtes Volksfest, das schon am „Elften im Elften" mit einer Vorfeier der Karnevalsgesellschaften begann... Schon als Kind war ich besonders von den Roten und Blauen Funken angetan, die in den Uniformen der alten Kölner Stadtsoldaten mit klingendem Spiel durch die Straßen zogen und auf öffentlichen Plätzen das „Stippeföttche" vorführten... Übrigens ließ der Karneval mich immer wieder mit Freude spüren, wie populär unser Geschäft in der Stadt war. Die Rosenmontagskapellen bliesen vor seiner Front einen Tusch, und überall in Köln sang man den Vers: „Maria un Joseph – die han en d'r Schelderjaß en Schohjeschäff..." Der Karneval hat immer seine Bedeutung für mich behalten, und wenn das klassische Datum sich nähert, überkommt mich die Sehnsucht nach der alten Heimat und ich möchte wie Ostermann „zo Foß noh Kölle jonn".*

Als der Erste Weltkrieg ausbrach, meldete sich Artur Joseph sofort freiwillig mit der Begründung „Wir sind Deutsche, und Deutschland ist in Gefahr...". Er war siebzehn Jahre alt. Was dieser Krieg jedoch konkret bedeutete, ahnte er nicht: *Das Trommelfeuer steigerte sich von Tag zu Tag, bis die Franzosen eines Morgens angriffen. Bei diesen Kämpfen bin ich durch ein Artilleriegeschoss verwundet worden und mit 50 000 deutschen Soldaten in Gefangenschaft geraten. In einem Feldlazarett wurde ich operiert. Als ich am nächsten Tag beim Verbinden, das recht schmerzhaft war, dem Doktor „doucement" zurief, entgegnete er auf Deutsch: „Seien Sie froh, dass Sie das Leben haben..." 1934 erhielt ich das Ehrenkreuz für Frontkämpfer. Ich verbuche es heute als Kuriosität, dass es mir „im Auftrag des Führers und Reichskanzlers" verliehen wurde... Ich habe als Kölner gearbeitet und gefeiert und als Deutscher gedient und gelitten – und doch hatte ich nie den geringsten Zweifel daran, dass ich als Jude letztlich ein Staatsbürger zweiter Klasse war...*

Aus diesem Land musste Artur Joseph fliehen, nachdem er erkannt hatte, dass er dort keine Zukunft mehr hatte: „Es war nicht der Boykott allein; er war mit leibhaftiger Gewalt vereint, und wir Juden waren vogelfrei. Wer uns noch das Gesetzwidrigste antat, wurde dennoch nicht bestraft..." 1938 verließ Artur Joseph Deutschland:

Das war der Abschied vom Haus, von der Stadt Köln, in der ich geboren war – wie meine Frau und wie unsere Kinder. Nun hieß es, in eine unbekannte Fremde ziehen. Wir sind nach Israel ausgewandert, und lange Jahre lebte ich dort als Dorf- und Wanderfotograf, zog mit Kamera und Stativ von Ort zu Ort, begleitet von meiner Frau, die die Lampen schleppte, in heißer Sonne über sandige Wege, und ich erinnerte mich grimmig des deutschen Slogans „Wer fotografiert, hat mehr vom Leben". Wir waren zufrieden, dass wir das Leben hatten...

Artur Josephs Mutter wurde in Theresienstadt umgebracht; sein Bruder an einem unbekannten Ort in Polen. Sie haben kein Grab. Die Schwiegermutter beging an der Grenze zur Schweiz Selbstmord. Freunde und Verwandte waren verschwunden und tauchten nie wieder auf. Die Kinder von Artur Joseph sind Israelis, sie sprechen Ivrit.

Fünf Jahre nach Kriegsende zieht es Artur Joseph nach Deutschland zurück, er will Köln wiedersehen. Als er vor den geschwärzten Ruinen seines Hauses steht und hinauf sieht, dorthin, wo einmal das „Lichtzimmer" gewesen war, erblickt er nur noch verrostete und verbogene Gitter und Pflanzen, die auf den Resten des Gemäuers wuchern. Als er wieder im Zug sitzt, weiß er, dass er nicht wiederkommen wird. Sein Buch endet mit den Worten:

Die Heimat ist noch da – der Boden, die Städte, die Wälder und der Strom. Ich grüße sie und sie grüßt mich. Eine Rauchwolke liegt auf ihr. Viele Brücken führen zum anderen Ufer. Aber da ist die Rauchwolke, die den Weg verfinstert. Ich liebe die alte Vaterstadt. Im Erwachen des Morgens denke ich an den Dom, an die Stadt am Strom, an alles, was einmal war. Meine Heimat. Ich spüre sie noch durch die Rauchwolke hindurch.

Friedhofsschändung in Lindenthal: Jüdische Grabsteine wurden von Unbekannten umgestürzt.

Die Vorboten des Untergangs

Verdrängung aus Wirtschaft und Gesellschaft

Stätten jüdischen Lebens während des Nationalsozialismus

Oberlandesgericht Reichensperger Platz

Benannt ist der Platz nach dem Zentrumspolitiker und Appellations-gerichtsrat August Reichensperger, der sich um die Vollendung des Kölner Doms verdient gemacht hat. Der „Justizpalast", das Gebäu-de des Oberlandesgerichts, wurde zwischen 1907 und 1911 im neo-barocken Stil erbaut. Der turmartige Aufbau über der Kuppel der Ein-gangshalle fiel den Bomben des Zweiten Weltkriegs zum Opfer und wurde nicht rekonstruiert, sonst aber wurde bei den Wiederaufbau-und Restaurierungsarbeiten der ursprüngliche Charakter des Bau-werkes – mit dem prachtvollen Treppenhaus im Innern – bewahrt.

Staatliche Fachhochschule Köln, Claudiusstraße
Hier hatte zunächst die Handelshochschule und dann die Universität Köln ihren Sitz. Die alte Kölner Universität war 1798 durch Napoleon geschlossen und erst 1919 wieder eröffnet worden. In der Zeit, als die Universität in der Claudiusstraße untergebracht war, fand auf dem Vorplatz des Gebäudes am 17. Mai 1933 die öffentliche Bücherverbrennung statt. Den Flammen übergeben wurden vor allem Werke jüdischer und/oder sozialistischer Autoren. In Köln wurde die Bücherverbrennung erst eine Woche nach der offiziellen reichsweiten „Verbrennungsaktion" organisiert, weil der damalige Rektor der Universität offenbar die Bestände der Universitätsbibliothek schützen wollte und sich zunächst mit den Studenten beriet.

Der Terror der Straße:
Machtergreifung und Boykott-Tag

Der Januar 1933 hat mit klirrender Kälte in Köln Einzug gehalten. Die „Verkaufshits" auf der Schildergasse an diesem letzten Montag des Monats sind warme Socken, Handschuhe, Schals. Schon bevor am Abend dieses Tages die Geschäfte schließen, sind die Straßen fast menschenleer, nur ab und zu huschen dick vermummte Gestalten auf dem Weg in ein warmes Zuhause über die Straße.

Im großbürgerlich-gemütlichen Wohnzimmer über den Geschäftsräumen des Kölner Schuhhauses Joseph, Schildergasse 59, sitzt der Kaufmann Artur Joseph nach getaner Arbeit bei einem Glas Wein allein vor dem Rundfunkgerät. Plötzlich – so erinnert er sich später – beginnt eine „misstönende Stimme", über den Äther vom „Primat der Politik" zu reden. Elektrisiert hört Artur Joseph zu, wie die Stimme dieses Adolf Hitler am Lautsprecher immer lauter wird, sich überschlägt.

Als die Rundfunkansprache beendet ist, steht Artur Joseph augenblicklich auf und sucht seine Mutter in ihren Räumen auf, *um mit ihr über den Verkauf unseres Besitzes zu sprechen, der mir nun ratsam, wenn nicht unvermeidlich schien. Die Mutter wehrte unwillig ab, erinnerte daran, dass ich dem Vater noch in ihrer Gegenwart versprochen habe, weder das Geschäft noch die Grundstücke ohne äußeren Zwang aufzugeben. „Wirf nicht so schnell die Flinte ins Korn", mahnte sie, „deine Pflicht ist und bleibt das Geschäft." Sie werde, im Sinne des verstorbenen Vaters ihre Zustimmung zu meinem Vorhaben in diesem Augenblick nicht geben.*

Diese beiden Haltungen, die des Sohnes und die der Mutter, mögen symptomatisch für die Reaktionen der Kölner Juden auf Hitlers Machtergreifung am 30. Januar 1933 gewesen sein. Die einen plädierten vorsichtig-abwägend dafür, zunächst einmal abzuwarten, um zu sehen, wie sich die Dinge entwickelten; die anderen wurden schon jetzt von unguten Ahnungen geplagt, in ihnen erwachten Fluchtinstinkte.

Die Hakenkreuze wehen in der Hohe Straße.

Dass nach Hitlers Regierungsantritt am 30. Januar 1933 der jüdischen Gemeinschaft in Deutschland von den Nationalsozialisten eine ernsthafte Gefahr drohte, wurde von den meisten Kölner Juden und in den jüdischen Presseorganen Kölns klar erkannt, die politische Lage einigermaßen realistisch analysiert. Man war nicht blind. Dennoch hielten etwa die jüdischen Zeitungen staatlich legitimierte und organisierte Pogrome gegen Juden und eine antijüdische Gesetzgebung bis hin zur Ermordung von Menschen im Deutschland des 20. Jahrhunderts nicht für möglich. Das Ausmaß dessen, was folgen sollte, überstieg wohl einfach das Vorstellungsvermögen der meisten Menschen.

Und noch etwas kam hinzu, das den Blick getrübt haben mag: Angesichts der immer wieder erlebten antisemitischen Diskriminierungen und Diffamierungen wurde die Einmaligkeit der neuerlichen Bedrohung durch die nationalsozialistischen Machthaber zunächst nicht wahrgenommen: Die NSDAP war lange vor Hitlers Machtergreifung auch in Köln nicht untätig gewesen, hatte das antisemitische Terrain gründlichst und sorgfältigst vorbereitet. Ihr beliebtestes Instrument für diesen Zweck war der in der Domstadt von Dr. Robert Ley herausgegebene *Westdeutsche Beobachter*, der keine Gelegenheit ausließ, die jüdische Gemeinschaft auf das übelste zu diffamieren, zu beleidigen, lächerlich zu machen, an die niedrigsten Instinkte der „deutschen Volksgemeinschaft" zu appellieren und sie unverblümt zu Gewalttätigkeiten gegenüber Juden anzustacheln. Schon zu Beginn der 1930er-Jahre war in Köln kaum ein Tag vergangen, an dem nicht die Fassaden jüdischer Geschäfte, Schulen oder Kinderheime mit antisemitischen Parolen beschmiert oder auf den jüdischen Friedhöfen Gräber geschändet wurden. Und im August 1932 wurde sogar hinter dem eisernen Gitter der Synagoge Roonstraße eine Granate gefunden. Trotzdem blieb eine Reaktion wie die des Geschäftsmannes Artur Joseph in diesen Januartagen des Jahres 1933 eher die Ausnahme. Der Großteil der Kölner Juden reagierte wie Josephs Mutter.

Darüber hinaus gab es aber auch völlig unrealistische Vermutungen wie die, die der Kölner Jude Karl David Ziegellaub später kolportierte. Immer wieder habe er unter seinen jüdischen Freunden die Meinung gehört: „Lasst diesen

Bekanntmachung!

Ich löse hiermit meine Verlobung mit Fräulein Else Mallweg auf.

Denn obwohl Fräulein Mallweg meine Gesinnung kennt, kaufte sie ihre Aussteuer beim Juden. Doch nicht genug damit. Trotz meines Verbotes gab sie unsere Verlobungsanzeige auch noch zwischen Judenanzeigen auf und brachte hierdurch meinen guten Namen in Verruf.
Dieses alles zwingt mich, meine Verlobung aufzuheben; denn ich glaube nicht, daß ich mit einer Frau, die bei Juden kauft und ihre Anzeige in jüdischer Gesellschaft erscheinen läßt, glücklich werden kann.

KÖLN, den 11. August 1935   Otto Füngler

Anzeige im *Westdeutschen Beobachter*, vermutlich von Mitgliedern der NSDAP zur Abschreckung initiiert. In Köln ist in dieser Zeit niemand mit Namen Füngler oder Mallweg registriert.

Hitler doch ruhig an die Macht kommen; nach ein paar Wochen hat sich das alles von selbst erledigt..."

Einen Tag nach der Machtübernahme wurde auch in Köln gefeiert. Der *Westdeutsche Beobachter* lud die Kölner für den Abend des 31. Januar 1933 um 20.30 Uhr in die Messehalle ein. Dort hieß es: *Die Stunde der deutschen Erhebung ist angebrochen... Adolf Hitler hat die Führung des Reiches übernommen... Damit ist der parteipolitische Machtkampf entschieden, und der Kampf um Deutschlands Behauptung in der Welt kann beginnen. Ein Aufatmen geht durch die Nation. Ein Schrei des Jubels übertönt das Gegröle der Feinde des Deutschtums.*

Hitler hat gesiegt und mit ihm wird nunmehr ganz Deutschland siegen! Deutsche heraus! Männer, Frauen, Deutsche Jugend, die ihr mitgekämpft habt um die Herbeiführung des großen Tages, erscheint heute Abend in der großen Messehalle zur deutschen Weihestunde. Gauleiter Grohé spricht. Im Anschluss an die Kundgebung geht ein Fackelzug durch Köln...

Dieser Fackelzug mit den feiernden SA-Kolonnen bewegte sich, ausgehend vom Messegelände, über die Hohenzollernbrücke, durch die Gürzenichstraße, über den Hohenzollernring bis hin zum Hildeboldplatz. Immer wieder wurden im Zug Rufe wie „Hängt die Juden" laut.

Die *Rheinische Zeitung* vom 1. Februar konstatierte, dass viele Kölner, die als Zuschauer die Straßen säumten, eher verhalten auf den Aufmarsch der braunen Front reagierten. Überschäumende Begeisterung stellte sich – jedenfalls bei den Zuschauern – nicht ein. Es kam auch zu kleineren Vorfällen. Augenzeugen berichten, dass ein SA-Mann am Neumarkt eine brennende Fackel zwischen die Zuschauer geworfen habe – gerade in eine Ecke, in der offenbar besonders viele Kommunisten standen. Die wiederum reagierten „echt kölsch", indem sie in Sprechchören skandierten: „Euer Hitler kann uns am Arsch lecken...!"

Doch sehr bald nach den Ereignissen des 30. und 31. Januar 1933 musste den Kölner Juden klar werden, dass sich die Zeiten eindeutig verschlimmerten. Es häuften sich antisemitische Vorfälle, immer öfter ertönten „Juden-raus"-Rufe bei allen möglichen Gelegenheiten. In den Straßen tauchten plötzlich riesige Spruchbänder auf, auf denen zu lesen stand: „Deutschland erwache – Juda verrecke" oder „Die Juden sind unser Unglück".

In den Monaten März, April, Mai 1933 wurden antisemitische Aktionen und Maßnahmen in größerem Stil organisiert und durchgeführt. Dies, nachdem die gewählte Stadtverordnetenversammlung entmachtet, die Verwaltung gleichgeschaltet und Oberbürgermeister Konrad Adenauer entlassen worden war.

Deutlich wurde, dass es sich hierbei nun nicht mehr um vereinzelte Vorfälle handelte, sondern dass der staatlich gelenkte Propaganda-Apparat die antijüdische Hetzkampagne organisierte und lenkte. Bereits im März 1933 bestimmte auch in Köln „der Terror der Straße" das Bild.

Zwei wichtige Ereignisse fallen in die Zeit dieser letzten Märztage. Das erste bezog sich auf eine Anordnung Hitlers, der am 26. März 1933 seinem Propagandaminister Goebbels befohlen hatte, eine Aktion gegen die „jüdische Gräuelpropaganda" des Auslands zu starten. Bei dieser „jüdischen Gräuelpropaganda" handelte es sich zumeist um nüchtern-realistische Berichte ausländischer Zeitungen über die antijüdischen Maßnahmen im Deutschen Reich. Obwohl der Vorstand der Kölner Synagogengemeinde vermutlich genau wusste, dass die Sorge des Auslands nur allzu berechtigt war, empfand er jeden Angriff auf Deutschland auch als Angriff auf sich selbst, wie der im *Gemeindeblatt der Synagogengemeinde zu Köln* vom 31. März 1933 veröffentlichte Artikel zeigt, der heute in seiner patriotischen Hilflosigkeit fast rührend anmutet: *Der Vorstand und das Rabbinat der Synagogengemeinde Köln haben aus der Presse mit tagtäglich größerer Besorgnis entnommen, dass eine Gräuelpropaganda gegen das deutsche Volk und seine Regierung in ausländischen Zeitungen entfesselt wurde. Wir weisen solch lügenhafte Propaganda mit allem Nachdruck zurück. Wir sind aufs innerste überzeugt, dass die deutschen Juden in ihrer geschichtlichen und gefühlsmäßigen Verbundenheit mit dem deutschen Volk gewillt und entschlossen sind, an dem Aufbau und Aufstieg des Vaterlandes mitzuarbeiten. Wir haben unsererseits veranlasst, dass diese Erklärung am heutigen Tag auch im Ausland an maßgebender Stelle verbreitet wird…*
Das zweite Ereignis in diesen Tagen war erheblich gravierender: Am 31. März überfielen jugendliche Mitglieder von SA und SS das Justizgebäude am Reichenspergerplatz, um auch hier deutlich zu machen, wer nun in der Stadt den Ton angab. Nach den Berichten mehrerer Au-

genzeugen spielte sich Folgendes ab: Gegen 10.00 Uhr morgens war das Justizgebäude plötzlich von SA- und SS-Männern umstellt. Mehrere SA-Leute in Uniform standen vor der Tür, und auch einige hundert Meter vom Justizgebäude entfernt hatte ein Trupp von 60 bis 80 SA-Leuten Aufstellung genommen. Plötzlich stürmte ein weiterer Trupp in das Gebäude hinein, besetzte sämtliche Ausgänge, sodass niemand hinauskonnte, verteilte sich dann in Fluren und Treppenhaus und rief: „Juden raus!"

Danach drangen SA und SS in alle Räume ein und begutachteten jeden Anwesenden im Hinblick auf die „Rassenzugehörigkeit". Jeder, von dem sie meinten, er könnte Jude sein – ob amtierender Richter, Rechtsanwalt, Referendar, sonstige Beamte oder auch anwesendes Publikum – wurde in den Plenarsaal

des Gebäudes gebracht. Diejenigen, bei denen eine „jüdische Rassenzugehörigkeit" bestätigt werden konnte, wurden dort festgehalten.

Die Festgenommenen wurden daraufhin in einen Wagen der städtischen Müllabfuhr, von dem man zuvor die Mülltonnen entfernt hatte, verfrachtet. Auf diesem Müllwagen standen eng zusammengepfercht die prominentesten Kölner Richter und Anwälte – darunter die Oberlandesgerichtsräte Goldschmidt und Wolf sowie die Rechtsanwälte Cohen, Callmann und Haas. In demonstrativ langsamer Fahrt – um die Festgenommenen der Bevölkerung vorzuführen – ging der Transport durch die Stadt zum Polizeipräsidium. Dort wurden die Juristen sofort freigelassen. Auch dieses widerliche Spektakel war „nur"

Mit einem Flugblatt an alle Frontkämpfer hoffte Richard Stern Widerstand gegen die Maßnahmen der Nationalsozialisten zu wecken.

eine Art Vorspiel. Schon der darauf folgende Tag sollte das zeigen.

Für den 1. April 1933 hatte Reichspropagandaminister Goebbels den Beginn eines umfassenden „Judenboykotts" proklamiert. Die Leitung dieser Aktion, die von lokalen nationalsozialistischen Aktionskomitees organisiert wurde, lag in den Händen des fränkischen Gauleiters Julius Streicher, der am 31. März die Richtlinien zur Organisation und Durchführung des Boykotts ausgab. Boykottiert werden sollten jüdische Geschäfte, Kaufhäuser, Firmen, Handwerksbetriebe, Arztpraxen und Anwaltskanzleien. Gewalttätigkeiten und Sachbeschädigungen waren offiziell verboten.

Die generalstabsmäßige Planung zahlte sich auch in Köln aus: Am Samstagmorgen, dem 1. April um 10 Uhr, als sich die Wochenendeinkäufer in den überfüllten Kölner Geschäftsstraßen drängten, bezogen die braunen Akteure ihre Posten. Viele trugen Spruchbänder und Plakate, die die Kölner verunsichern sollten. Darauf standen Sätze wie:

Boykottiert alle jüdischen Geschäfte!
Es ist verboten, dieses Geschäft zu betreten.
Kauft nicht in jüdischen Warenhäusern!
Meidet jüdische Ärzte und Rechtsanwälte!

Kölner, die sich auch von den „persönlichen Überzeugungsgesprächen" der Nazis nicht „überzeugen" lassen und trotzdem in jüdischen Geschäften einkaufen wollten, sahen sich plötzlich von Parteigenossen mit der Kamera in der Hand umstellt. So sollte dokumentiert werden, wer noch „beim Juden" kaufte. Auch die Aufnahme der Personalien „arischer" Käufer war ein gängiges Druckmittel gegen diejenigen, die sich der Aktion widersetzten.

Es kam zu Ausschreitungen und Gewalt. Die Schaufensterscheiben jüdischer Läden wurden in Riesenlettern und weißer Farbe mit dem Wort „Jüd" oder „Jüdde" beschmiert. Jüdische Geschäftsleute wurden durch die Straßen getrieben und misshandelt. Durch den Boykott zeigten die Nationalsozialisten, dass sie die Juden aus Wirtschaft, Verwaltung, Rechtsprechung, aus Kultur- und Geistesleben vertreiben, dass sie sie aus allen öffentlichen Einrichtungen entfernen wollten.

In diesem Sinne ist auch die Anweisung der Stadt Köln an ihre Dienststellen zu verstehen, jüdische Firmen bei Ausschreibungen nicht mehr zu berücksichtigen. Keine dieser Maßnahmen vom 1. April 1933 konnte sich auf eine gesetzliche Ermächtigung stützen; sie verstießen allesamt gegen geltendes Recht und schufen für die Betroffenen eine Atmosphäre ständiger Angst und Unsicherheit.

Unter den zahlreichen Opfern der Hetzjagd am Boykott-Tag befanden sich auch der Metzgermeister Arnold Katz und sein Sohn Benno. Die beiden wurden gezwungen, Schilder mit Schmähungen und Diffamierungen durch die Straßen zu tragen. Augenzeugen berichteten, dass ein Verwandter von Arnold und Benno Katz, ein Mitglied der bei den Nazis ganz besonders verhassten Firmenkette Katz-Rosenthal, von SA-Leuten durch die Straßen geschleift, bespuckt und mit Steinen beworfen wurde. Ihm wurde ein Schild umgehängt, das die Aufschrift „Dreckiger Jude" trug.

Arnold und Benno Katz werden am Boykott-Tag von der SA durch die Schildergasse getrieben.

Ein Kölner Jude, der all das nicht hinnehmen wollte und der als aufrechter Demokrat gedacht, von seinen bürgerlichen Rechten Gebrauch zu machen, war der Kaufmann Richard Stern, der ein Geschäft für Bett- und Polsterwaren im Haus Marsilstein 20 betrieb. Stern, Frontkämpfer im Ersten Weltkrieg und Träger des Eisernen Kreuzes, stellte sich demonstrativ mit seinen militärischen Ehrenzeichen in den Eingang seines Geschäfts, gleich neben den uniformierten SA-Mann, der dort Posten bezogen hatte.

Außerdem hatte Stern, als er von dem geplanten Boykott erfuhr, auf eigene Kosten ein Flugblatt drucken und verteilen lassen, in dem er an die Solidarität der Kölner Bevölkerung mit den bedrängten Juden appellierte. Wohl wissend, dass die Nationalsozialisten Frontkämpfer des Weltkrieges ehrten, erinnerte er seine Kölner Mitbürger an die Verdienste jüdischer Frontsoldaten in der Zeit von 1914–1918. Fassungslos fragt Stern, dessen Bruder ebenfalls an der Front gestanden hatte, in der Flugschrift:

Müssen wir uns nach dieser Vergangenheit im Nationalen Dienst als gute Deutsche jetzt öffentlich beschimpfen lassen? Soll das heute der Dank des Vaterlandes sein, dass durch Presse und Rundfunk über 65 Millionen Deutsche aufgefordert werden, nicht bei deutschen Juden zu kaufen...?

Der mutige Flugblatt-Verfasser wurde im Lauf des 1. April verhaftet, kam aber am Abend desselben Tages wieder frei. Richard Stern, der die Zeichen der Zeit nicht verstand, weil er sich wohl nicht vorstellen konnte, wozu seine Mitbürger fähig sein würden, emigrierte 1939 und

Richard Stern, demonstrativ mit dem EK 1 vor seinem von der SA „bewachten" Geschäft.

kehrte nach Kriegsende als Sergeant der US-Army für kurze Zeit noch einmal in seine Heimatstadt Köln zurück. Als er sie im August 1945 wieder verließ, wusste er, dass 53 Angehörige seiner Familie deportiert und umgebracht worden waren.

Ein Deutscher auf Widerruf:
Hans Mayer – der „interessanteste
Literaturkritiker deutscher Sprache"

Am Ende der schnurgeraden Heidemannstraße mit ihren typischen Einfamilienhäusern aus den 1930er-Jahren befindet sich ein kleiner, fast gemütlicher Park. Ein Park mit alten Bäumen und Blumenrabatten, mit Wiesen, einem Weiher, auf dem man im Sommer rudern, im Winter Schlittschuh laufen kann, und einem Treppenaufgang, der von zwei großen steinernen Löwen flankiert wird. Deren Blick scheint allerdings eher bekümmert als gefährlich.

Jeder Ehrenfelder kennt dieses grüne Fleckchen mit dem martialischen Namen: den Blücherpark, im Westen Kölns gelegen, in einem Stadtteil, der sich im Unterschied zu dem alten Arbeitervorort Ehrenfeld heute Neu-Ehrenfeld nennt.

Dort auf dem Rasen, mit dem Rücken an den steinernen Löwenkopf gelehnt, sitzt in diesem heißen Sommer des Jahres 1928 fast täglich ein junger Mann, Student der Rechtswissenschaft, mit einem dicken Buch auf den Knien. Während seine Altersgenossen Fußball oder Tennis spielen, faulenzen oder schwimmen gehen, arbeitet er sich gewissenhaft durch die Kapitel, macht sich Notizen, schreibt Anmerkungen an den Seitenrand, unterstreicht ihm besonders wichtig scheinende Stellen. Der Titel der Lektüre: *Das Kapital* von Karl Marx. Der Name des jungen Lesers: Hans Mayer.

Hans Mayer, der promovierte Jurist, der Marxist, der Emigrant, der Nationalpreisträger der DDR und der Träger des Großen Verdienstkreuzes mit Stern und Schulterband der Bundesrepublik Deutschland, der einzige Deutsche, der zum Ehrenprofessor der Universität Peking ernannt wurde, der Universalgelehrte, den Walter Jens einmal den „interessantesten Literaturhistoriker deutscher Sprache" genannt hat, beschreibt in seinem Buch *Ein Deutscher auf Widerruf* diese Sommertage im Kölner Blücherpark.

Heute ist Hans Mayer 94 Jahre alt. Er gilt als einer der kritischsten Intellektuellen unserer Tage. Er könne, so hat einer seiner Interviewer einmal begeistert konstatiert, über Marilyn Monroe ebenso sachkundig reden wie über die Musik Richard Wagners; über Erlebtes und Erfahrenes ebenso geistreich schreiben wie über Montaigne oder Büchner, Proust oder Thomas Mann. Er hat sich stets zum Marxismus bekannt, sich aber ebenso beharrlich in seiner Rolle als Vermittler gesehen. Sein Leben führte ihn über Belgien und Frankreich in die Schweizer Emigration, später in die DDR, die USA und schließlich zurück nach Deutschland. Seine Heimat wäre jedoch, wenn dieses Jahrhundert einen anderen Verlauf genommen hätte, Köln.

In der Genter Straße 30, im damals schon so genannten Belgischen Viertel, wird Hans Mayer am 19. März 1907 in eine großbürgerlich-jüdische Familie hineingeboren, als Sohn des Kaufmanns Rudolf Mayer und seiner Frau Ida. Also ist er Kölner.

Nein, sagt Mayer bis heute, er sei Kölner gewesen. Bis 1933. Die Ereignisse dieses Jahres hätten ihn zum Heimatlosen gemacht. Dennoch, Hans Mayers Wurzeln liegen im aufstrebenden Kölner Bürgertum des Kaiserreichs. Die Eltern Mayer blieben nicht in der Genter Straße wohnen, sondern zogen bald in eine „bessere Gegend", in die Kruppstraße 45, ein Neubaugebiet. Heute heißt diese Straße Ehrenfeldgürtel.

Ab 1913 besuchte der kleine Hans die dreiklassige Vorschule des 1905, im Schillerjahr gegründeten Neu-Ehrenfelder Schiller-Gymnasiums, wobei, wie er betont, diese Schule in der Hierarchie der Kölner Gymnasien einen minderen Platz einnahm. Und so sei denn auch die „graue Mittelmäßigkeit der Lehrer" darauf zurückzuführen gewesen, dass man die begabteren Lehrkräfte an den traditionsreicheren Gymnasien eingesetzt habe.

Dass sein Leben bereits damals „auf Widerruf" angelegt war, ahnte Hans Mayer nicht. In der ehemals Freien Reichs- und Hansestadt Köln konnten die jüdischen Bürger zwar mit viel Duldung, aber keiner ernsthaften Gleichberechtigung rechnen. Und so hörte auch er als Kind und Jugendlicher, wie andere Kinder hinter ihm herriefen:

Jid, Jid, Jid, Hep, Hep, Hep,

Steck de Nas inne Wasserschepp...

Wie alt dieser antisemitische Ruf ist, wusste Mayer damals noch nicht. Auch nicht, dass seit dem Fall Jerusalems und der Zerstörung durch Titus im Jahr 70 Juden mit diesem „Hep" geschmäht und beleidigt wurden. Und erst recht wusste er nicht, dass diese römische Abkürzung nichts anderes bedeutete als „Hierosolyma est perdita" – „Jerusalem ist verloren".

Hans Mayer studiert Jura und Politische Wissenschaften an der Kölner Universität. 1928 tritt er der Vereinigung Sozialistischer Studenten bei, besteht ein Jahr später das erste Jura-Examen und wird Gerichtsreferendar. Den Beginn der braunen Barbarei in seiner Vaterstadt erlebt er hautnah mit. Als Beisitzer beim Kölner Amtsgericht nimmt er an einem Strafprozess gegen den Kölner Gauleiter und Herausgeber des *Westdeutschen Beobachters,* Dr. Robert Ley, teil, der wegen Verleumdung vor Gericht steht. Der amtierende Richter verurteilt diesen – auch wegen der vielen einschlägigen Vorstrafen des Angeklagten – zu einer Freiheitsstrafe; Ley wird inhaftiert. Als er wieder freikommt, spricht er auf einer Kundgebung mit dem Motto „Aus dem Kerker zum Sieg". Kurz darauf wird der Gerichtsreferendar und Prozessbeisitzer Hans Mayer von Leys Schergen auf offener Straße überfallen und zusammengeschlagen.

Den „Tag der Machtergreifung" erlebt Hans Mayer gemeinsam mit seinen Eltern in Köln am Radio. Die Stimmen von Hitler und Goebbels, der „an diesem Tag seine gezielten Jubler einsetzt", erkennt er gleich am Tonfall. Doch die Fackelzüge am Tag darauf sieht er nicht, da der gutbürgerliche Vorort Neu-Ehrenfeld davon verschont bleibt.

Aus Angst vor den „Rächern" des Dr. Robert Ley nehmen die Eltern Mayer ihren Sohn „aus der Schusslinie" und schicken ihn nach Berlin. Kaum ist er fort, taucht in der elterlichen Wohnung in Köln im April 1933 die SA zu einer Hausdurchsuchung auf und verwüstet Hans Mayers dort befindliche Bibliothek.

1933 besteht der junge Mann in Berlin das zweite juristische Staatsexamen. Vor seiner mündlichen Prüfung schickt er einen Studienfreund vor, der sich vergewissert, dass weder SA noch Polizei auf den jüdischen Prüfling wartet. Die Prüfung verläuft reibungslos; die Prüfer benehmen sich korrekt. Ein Beisitzer allerdings sieht den Examenskandidaten Mayer immer wieder mit einem Ausdruck grenzenloser Verachtung an. Auf Bildern erkennt Mayer ihn später wieder, es ist der damalige Staatssekretär Roland Freisler. Als Präsident des Volksgerichtshofes wird Freisler als der blutigste Jurist Deutschlands in die Geschichte eingehen. Unmittelbar nach dem mit „voll befriedigend" bestandenen Examen wird Hans Mayer wegen seiner jüdischen Herkunft aus dem Staatsdienst entlassen.

Der als Jude und Marxist doppelt Bedrohte emigriert über Belgien nach Frankreich, arbeitet in Paris am Institut für Sozialforschung, danach am Hochschulinstitut für Internationale Studien in Genf. 1935 beginnt er seine erste große literaturhistorische Arbeit *Georg Büchner und seine Zeit*. Im Februar 1938 wird ihm die deutsche Staatsbürgerschaft aberkannt. Nach Kriegsausbruch 1939 wird er in verschiedenen Arbeitslagern in der Schweiz interniert. Emigriert war er inzwischen auch aus der Jurisprudenz. Zuflucht fand er in der Welt der Kunst, der Literatur, der Musik, der Philosophie.

Nach Kriegsende, im Oktober 1945, kehrte Hans Mayer als einer der ersten in seine Geburtsstadt Köln zurück. Der Schock war nachhaltig. „Das Wiedersehen mit Köln war schrecklich", schrieb er. „Blut- und Brandgeruch" hing in der Luft. Er sah ein gut erhaltenes Straßenschild mit der Aufschrift „Hohe Straße" – nur die Straße selbst existierte nicht mehr.

Sein Elternhaus hatte zwar die Bomben überstanden und war unzerstört geblieben, doch Eltern, Freunde und Verwandte waren verschwunden, hatten die Schoah nicht überlebt. Vater und Mutter waren 1941 von Köln ins Ghetto Lodz deportiert und dort ermordet worden. In diese Stadt zurückkehren? Nein, keine Sekunde habe er daran gedacht, gab er einmal zu Protokoll. Dieses Köln war nicht mehr sein Zuhause. Und trotzdem wird er viele Jahre später – 1985 – sagen: „Ich habe eine Landschaft, das ist der Rhein. Ich habe eine Sprache, das ist das Deutsche. Ich habe eine Stadt, und das ist Köln..." Aber gleichzeitig wird er auch sagen: „Allein Gegenwehr durch Erinnerung bewahrt den Menschen vor den größten Sünden, Ungeduld und unterlassenem Handeln..."

Hans Mayer, der zugegeben hat, Köln, diese Stadt mit der Atmosphäre von „Weihrauch und Rebellion", nicht abschütteln zu können, übersiedelte 1948 nach Leipzig. Er hatte einen Ruf an den Lehrstuhl für Literatursoziologie der Universität Leipzig erhalten. 1955 wurde er mit dem Nationalpreis der DDR geehrt.

Das hielt ihn nicht davon ab, auch weiter zwischen den Welten zu wandern. 1963 übersiedelte er in die Bundesrepublik, wo er einem Ruf der TH Hannover an den Lehrstuhl für Deutsche Philologie folgte. Später ging er als Gastprofessor in die USA. Seit seiner Emeritierung 1973 lebt er in Tübingen.

1982 und 1984 veröffentlichte er die beiden Teile seiner Autobiographie *Ein Deutscher auf Widerruf*. Dass er „auf Widerruf" Deutscher ist, daran wird sich bis an sein Lebensende nichts mehr ändern. Das habe der 30. Januar 1933 – so Mayer – für immer unmöglich gemacht. Dieser Tag sei das Ur-Datum einer „universalen Gegenaufklärung", die endgültig alles zunichte gemacht habe, was an Toleranzversprechen, an Assimilationsentwürfen und an Gleichberechtigungshoffnung jemals im Bewusstsein von Deutschen und Juden existiert habe.

Aber natürlich hat er seiner Vaterstadt längst wieder zahlreiche Besuche abgestattet und dort viele Ehrungen erfahren. Er stiftete der Stadt seinen gesamten literarischen und wissenschaftlichen Nachlass und erklärte: „Die Sachen, die ich geschrieben habe, gehören einfach hierher." Was ihn keineswegs davon abhielt, der Stadt Köln und ihren Honoratioren eine Lektion zu erteilen. So sagte er die in Köln zu seinem 85. Geburtstag geplanten Feiern im Gürzenich kurzfristig ab, was zu nachhaltigen Irritationen mit den Vertretern der Stadt führte. Als Grund dafür gab Mayer völlig ungerührt an, es gebe im Moment einen Streik der ÖTV, er sei als alter Sozialist aufseiten derer, die im Gürzenich die Stühle rücken sollten und werde in einer solchen Situation nicht als Streikbrecher auftreten – das sei eine Essenz seines Lebens. Mit dieser „Essenz" mussten sich die Stadtväter dann zähneknirschend abfinden.

Das ist heute vergessen. Doch noch immer sagt Hans Mayer, er sei „ein deutscher Universitätsprofessor und ein deutscher Schriftsteller, aber kein Deutscher". Einen Widerruf des Widerrufs wird es wohl deshalb nicht geben.

Auf den Spuren der Vergangenheit – im Internet
Ein Projekt des Georg-Büchner-Gymnasiums, Köln

„Denk-mal! – Auf den Spuren der NS-Zeit"– so lautet der Titel eines Projektes, mit dem sich Schülerinnen und Schüler des Georg-Büchner-Gymnasiums in Köln-Weiden beschäftigen. Dabei arbeiten Lehrer und Schüler der Fächer Informatik, Geschichte und Philosophie fächerübergreifend zusammen. Die Ergebnisse ihrer Recherchen stellen sie anschließend im Internet vor. Das Projekt ist Teil einer „Aktion gegen rechts". Auf diese Weise wollen Lehrer und Schüler ein Zeichen gegen Fremdenfeindlichkeit, Ausgrenzung und Hass setzen.

Im Zuge des Projekts beleuchten die Jugendlichen den historischen Hintergrund unterschiedlicher Denkmäler. Sie gehen der Frage nach, für wen und von wem das Denkmal aufgestellt wurde, wen es darstellt, wie es vor 60 Jahren an dem Ort, wo es steht, ausgesehen haben mag.

Die Themen, die immer auch einen starken lokalen Bezug haben, sind: Kölner Widerstandskämpfer, Gedenkstätten der NS-Willkür, das Auffanglager Müngersdorf, das Messelager, Hinrichtungsstätten, Stätten staatlicher Gewalt, die Gedenkstätte El-De-Haus, Gedenktafeln (etwa die Tafeln zur Erinnerung an die Synagoge Glockengasse, den Löwenbrunnen, das ehemalige jüdische Realgymnasium Jawne) sowie Mahnmale gegen den Krieg („Trauernde Eltern" in Sankt Alban, „Todesengel" in der Antoniterkirche).

Ein besonderes Interesse gilt dabei dem ehemaligen Lager Müngersdorf, das sich in unmittelbarer Nachbarschaft der Schule befindet. Heute erinnert nur noch ein großer Findling an das Lager um das Fort V, das dazu dienen sollte, Köln „judenfrei" zu machen.

Informationsquellen sind Schulbibliothek und Internet, Enzyklopädien auf CD-Rom, das Kölner NS-Dokumentationszentrum im El-De-Haus, Zeitzeugenberichte und das Werk des Kölner Künstlers Günter Demnig, der vor den ehemaligen Wohnhäusern ermordeter oder verschollener Kölner „Stolpersteine" verlegt, die an diese Menschen erinnern sollen. Die im Internet veröffentlichten Ergebnisse der Recherchen sollen schließlich ein eigenes „Denk-mal" darstellen.

Kontaktadresse: Friedrich Hueck, Georg-Büchner-Gymnasium
Ostlandstraße 39, 50858 Köln, Tel.: 02234-40960, Fax: 02234-700710,
e-mail: gbgym@aol.com.; www.gbgym.de

Laute Hetzer, kalte Mörder, stille Profiteure

Die Politiker, ihre Schergen und das private Inkasso

Stätten jüdischen Lebens während des Nationalsozialismus

„Judenhaus", Hohenstaufenring 53

Dieses Haus wurde 1936 für einen jüdischen Kölner gebaut, der das Grundstück, auf dem noch ein älteres Gebäude stand, der SA abgekauft hatte. Ab Frühjahr 1939 nutzte es die SA wieder – zur Vorbereitung der Deportationen. Die Kölner Juden wurden in so genannten „Judenhäusern" oder „Ghettohäusern" unter schlimmsten Bedingungen zusammengepfercht. Weitere solche Häuser standen am Brüsseler Platz, in der Beethovenstraße und in der Venloerstraße.

Wohnhaus der Familie Ochs, Trajanstraße

Hier lebte die Familie des Hans Abraham Ochs, der 1936 im Alter von acht Jahren von Hitlerjungen ermordet wurde.

Römerpark, Südstadt

Dieser Park wurde 1895/96 als Ersatz für die beim Hafenbau weggefallenen Rheinanlagen als eine Art Stadtgarten im historischen Stil angelegt. Der ursprüngliche Charakter des Parks gegenüber der alten Universität ist bis heute erhalten geblieben. An den Römerpark grenzt im Süden der Friedenspark, der früher Hindenburgpark hieß. Im Süden der alten Universität errichtete der preußische Staat im Jahr 1825 das Fort I. Dieses Fort war eines von insgesamt elf Forts, die im 19. Jahrhundert als „Rheinschanze" die linksrheinische Festung Köln umgaben. In der Mitte der alten Fortanlage steht bis heute das düstere Gefallenen-Ehrenmal für die Toten des Ersten Weltkriegs, das von einem flügelschwingenden Adler gekrönt wird. Nach Bekanntwerden des Schicksals des kleinen Hans Abraham Ochs Mitte der 1990er-Jahre regte die Südstadtinitiative „Öffentlichkeit gegen Gewalt" an, im Römerpark ein Denkmal für das Kind aufzustellen. Einen Entwurf gibt es bereits.

„Jetzt unter deutscher Leitung...": „Arisierung" und wirtschaftliche Ausplünderung der Juden in Köln

Die alte jüdische Dame, die im Jahr 1988 in ihrer kleinen Ehrenfelder Wohnung beim Frühstück mit der Morgenzeitung saß, musste zweimal hinschauen, um zu begreifen, was in dem Blatt stand. Ein Kölner Unternehmen kündigte dort stolz die Feiern zu seinem 100-jährigen Firmenjubiläum an. Die Kölner wurden aufgefordert mitzufeiern. Und zwar so, wie sich das für eine traditionsreiche Firma gehörte: mit Preisreduzierungen, Sekt und Häppchen für die Kunden und Luftballons für die Kinder.

Die alte Dame, die ein gutes Gedächtnis hatte, griff zum Telefon, rief den Firmeninhaber an und erkundigte sich vorsichtig nach dessen mathematischen Kenntnissen. Nach ihrer Rechnung, so erklärte sie, seien es von 1938 bis 1988 keineswegs hundert, sondern lediglich 50 Jahre. Und genauso lange nämlich – und keinen Tag länger – sei nach ihren Erinnerungen seine Familie im Besitz des Unternehmens. Ihr Gesprächspartner geriet ins Stottern, murmelte etwas von „Kompensationszahlungen", und das Gespräch war beendet.

Ein nicht ungewöhnlicher Fall. Die Firma war ursprünglich in jüdischem Besitz und 1938 „arisiert" worden. Eine solche Tatsache jedoch wird auch in Köln, wo etwa auf den Hauptgeschäftsstraßen Schildergasse und Hohe Straße jedes dritte Geschäft „arisiert" wurde, bis heute nur allzu gern verdrängt.

Es besteht ein eklatanter Unterschied zwischen einer historisch umfassenden Aufarbeitung der Massenmorde des NS-Regimes und jener riesigen Vermögensumwälzung, die mit der Judenverfolgung einherging. Es gibt in verschiedenen Städten engagierte Bürgerinitiativen, die Listen ihrer ehemaligen jüdischen Bürger zusammenstellen, die sich für Gedenkplaketten einsetzen und verlassene jüdische Friedhöfe betreuen. Das Engagement beim Thema „Arisierung" scheint dagegen schnell zu versiegen.

Die Bereicherungen der „Volksgenossen" an jüdischem Eigentum – gestützt auf die Scheinlegalität der nationalsozialistischen Gesetzgebung – ist bisher kaum erforscht. Für Köln etwa existiert bis zum heutigen Tag keine einzige detaillierte wissenschaftliche Auseinandersetzung mit diesem Thema. Dies ist umso erstaunlicher, als die „Arisierung" jüdischen Besitzes in Grundbuchakten und bei Finanzbehörden penibel dokumentiert ist.

Hinter dem Wort „ Arisierung" verbargen sich die komplexen Vorgänge der Entrechtung, der Diffamierung, der Vertreibung aus Praxis, Kanzlei und Firma, aus Wohnung und Ladenlokal, aus der Werkstatt und aus dem Beruf bis hin zur völligen wirtschaftlichen Ausplünderung der Juden. Das Schicksal eines großen jüdischen Unternehmens oder auch eines kleinen jüdischen Ladens im Dritten Reich konnte entweder „Liquidation" oder „Arisierung" bedeuten. Ein liquidierter Betrieb wurde geschlossen und aufgelöst, während der „arisierte" von einem „deutschen", also einem nicht jüdischen Firmeninhaber aufgekauft und weitergeführt wurde.

Schon früh begriffen nicht nur Parteifunktionäre der NSDAP, dass man mit der Verwirklichung der antisemitischen Prinzipien den eigenen wirtschaftlichen Nutzen verbinden konnte. Es war eine Situation, in der das Unglück der einen das Fortkommen der anderen auf das „angenehmste" begünstigte.

Die „Arisierungen" verliefen in zwei verschiedenen Phasen: In der Zeit von Januar 1933 bis November 1938 erfolgten die „freiwilligen Arisierungen". Offiziell stellten sie einen Eigentumswechsel aufgrund freiwilliger Verträge zwischen jüdischen Verkäufern und nicht jüdischen Käufern dar. Wobei hier das Wort „freiwillig" ein blanker Zynismus ist, weil unter dem Naziregime in dieser Zeit wohl kein einziger Verkauf jüdischen Eigentums freiwillig – im Sinne eines frei ausgehandelten Vertrages zwischen gleichrangigen Geschäftspartnern – war. Die Juden wurden mit einer ganzen Reihe von Druckmitteln zum Verkauf genötigt, und je länger sie warteten, desto größer wurde der Druck und desto geringer war die ihnen gezahlte Entschädigung. Die Zeit lief also gegen sie.

Nach November 1938 setzten die „Zwangsarisierungen" ein, die jüdischen Firmeninhaber aufgrund von staatlichen Verordnungen zwangen, ihr Eigentum weit unter Wert zu verkaufen.

Bis zum Jahr 1938 hatte das nationalsozialistische Regime wohl aus taktischen Erwägungen noch keine gesetzlichen Richtlinien zur

„Arisierung" erlassen. Vermutlich sollte der beginnende Wirtschafts-aufschwung in Deutschland nicht gefährdet werden. Dennoch war bereits eindeutig erkennbar, dass die Regierung entschlossen war, die Juden aus dem deutschen Wirtschaftsleben hinauszukatapultieren. Der Ausschluss der jüdischen Geschäftsleute geschah in gut eingespielter Zusammenarbeit zwischen den Verwaltungsbehörden und den Fachverbänden und Interessenvertretungen der freien Wirtschaft. Widerstand gegen diese antijüdischen Maßnahmen war in Köln kaum erkennbar.

Reibungslos ideologisch auf Kurs ging auch der altehrwürdige Kölner Haus- und Grundbesitzerverein. Gleich im Frühjahr 1933 sah sich das Verbandsorgan, die Kölner Haus- und Grundbesitzerzeitung, zu einer Ergebenheitsadresse an die neue Regierung veranlasst: *Der rheinische Haus- und Grundbesitz versichert die Reichsregierung seiner steten Bereitschaft, sie in ihrem Streben, gesunde und natürliche Grundsätze wieder durchzusetzen, zu unterstützen. Wie die in der Reichstagsrede des Herrn Reichskanzlers zum Ausdruck gebrachte Einstellung zum Mittelstand und das Bekenntnis zur Privatwirtschaft und zum Privateigentum freudigen Widerhall in den Kreisen des mittelständischen Haus- und Grundbesitzes ausgelöst hat, so vertrauen wir darauf, dass die nationale Regierung bei der Durchführung ihrer finanz- und wirtschaftspolitischen Maßnahmen der außergewöhnlich schwierigen Lage des Haus- und Grundbesitzes gerecht wird...*

In der Tat fand die neue Reichsregierung bald Mittel und Wege, um die „schwierige Lage" der Kölner Haus- und Grundbesitzer nachhaltig zu verbessern. Das dazu verwendete Mittel hieß auch hier „Entjudung der deutschen Wohnwirtschaft" oder schlicht „Arisierung".

Bereits im Januar 1934 hielt der Präsident der Kölner Industrie- und Handelskammer, Kurt von Schröder, der maßgeblich zu Hitlers Machtergreifung beigetragen hatte, eine programmatische Rede über die wirtschaftlichen Ziele des Nationalsozialismus. In dieser Ansprache betonte er, dass an der Wirtschaftsführung in Zukunft niemand mehr teilnehmen könne, der „jüdischen Geistes oder jüdischer Abstammung" sei. Auch die Presse blieb nicht untätig. Im März 1935 veröffentlichte der *Westdeutsche Beobachter* in Köln eine Sonderbeilage mit dem Titel „Der Jude in Staat, Wirtschaft und Kultur". Darin schrieb Gauleiter Dr. Joseph Grohé Folgendes „Zum Geleit":

Die NSDAP hat den Kampf gegen das Judentum auf ihre Fahne geschrieben, weil dieses Judentum dem Ehrbegriff des königlichen Kaufmanns zuwider die deutsche Wirtschaft mit dem materialistischen Geist der Raffgier, der Habsucht und Übertölpelung durchsetzte, weil es die Deutschen klassenkämpferisch gegeneinander hetzte, weil dieses Judentum die deutsche Kultur von ihrer erhabenen Höhe in eine geistige Verflachung und Verödung zerrte, weil dieses Judentum sich anmaßte, in einem ihm fremden Staate Staatsstellen zu bekleiden, sich als Richter und Lehrer über das Gastvolk zu setzen, und weil – was an Gefährlichkeit noch darüber hinausgeht – dieses Judentum dem Drang und der Stimme seines Blutes folgend durch Rassenschande die Eigenart des deutschen Volkes und damit seine Begabung und seinen Charakterwert zu beeinträchtigen und schließlich zu vernichten trachtete...

So ideologisch eingestimmt, fanden die Kölner in dieser „Sonderbeilage" denn auch ein Verzeichnis aller „arischen" Kölner Handwerksbetriebe mit den offenkundigen Empfehlungen an die Kölner Bürger, nur dort Arbeiten in Auftrag zu geben. Und nur knapp drei Monate später konnte dieselbe Zeitung triumphierend den Erfolg ihrer „Aufklärungskampagne" vermerken. Der Umsatz „arischer" Kaufleute in verschiedenen Branchen habe sich steigern lassen, während mehrere jüdische Geschäfte schließen mussten. In den Straßen Kölns tauchten immer öfter Anschläge an Litfass-Säulen, Plakate und Spruchbänder auf mit Aufschriften wie „Wer beim Juden kauft, ist ein Volksverräter" oder „Kauft nicht bei Juden, denn sie sind die Totengräber des deutschen Volkes".

Arisierungsanzeigen.

Das Fischgeschäft Treidel in der Ehrenstraße wurde „arisiert".

Immer mehr Firmen und Läden warben mit dem Zusatz „deutsches Geschäft", „deutsche Erzeugnisse" oder auch – welche Verirrung – „christliches Geschäft". Bald jedenfalls mehrten sich in der Kölner Presse Annoncen wie diese: *Männer und Frauen der Severinstraße: Tätigt eure Einkäufe in den deutschen und christlichen Geschäften am Platze; besucht die deutschen Gaststätten... Männer und Frauen der Severinstraße: Merkt euch genau die Adressen der hier verzeichneten Firmen. Sie sind deutsch bis auf die Knochen und liefern beste einwandfreie Waren zu Tagespreisen...* Oder: *Deutsche, meidet die folgenden jüdischen Apotheken: Eigelstein-Apotheke, Eigelstein (Apotheker Dr. Ehrlich), Glocken-Apotheke, Malzbüchel (Apotheker Dr. Marcuse), Engel-Apotheke, Venloerstraße (Apotheker Henoch & Wollenberg).* Oder: *Deutsche, kauft nur bei Deutschen...* Aufforderungen, die Kurt Tucholsky zu dem spöttischen Ausspruch veranlassten: *Deutsche, kauft deutsche Bananen...*

Gleichzeitig häuften sich in der Kölner Presse die Anzeigen zu Konkursen und Übernahmen: *Kahn & Salomon, Köln. Die Gesellschaft ist aufgelöst. Die Firma ist erloschen... Das Vermögen der Gesellschaft, also Aktiven und Passiven, Außenstände und Verbindlichkeiten sind auf die offene Handelsgesellschaft Alfred Stierstadt & Co. zu Köln übertragen worden.*

Deka-Schuh Leopold Dreyfuß, Köln-Ehrenfeld. Neuer Inhaber der Firma ist Jo-
hannes, genannt Hans Kelmeyer, Kaufmann Rodenkirchen...

Über das Vermögen des Krawattengroßhändlers Herbert Fröhlich in Köln,
Streitzeuggasse 54, jetzt unbekannten Aufenthalts, ist am 16. Januar 1937,
11 Uhr, das Konkursverfahren eröffnet worden. Verwalter ist der Rechtsanwalt
Dr. Fettweis in Köln, Hohenzollernring 57...

Und so verschwanden sie – oder trugen ganz plötzlich andere Namen: das große Lederwarengeschäft Marx auf der Schildergasse (später Langhardt) und der Haushaltwarenladen des Julius Blum auf der Venloer Straße, die Metzgerei- und Imbisskette Katz-Rosenthal mit dem Hauptgeschäft auf der Schildergasse (später Stausberg) und das Modehaus Michel (später Jacobi), das Bekleidungshaus Bamberger & Hertz (später Hansen), der Kolonialwarenladen der Else Königshöfer in der Dasselstraße, das Fischgeschäft des Ernst Treidel in der Ehrenstraße und das renommierte Metzgereifachgeschäft des Bernhard Schön in der Sternengasse. Und mit den Geschäften verschwanden die Menschen.

Der Haus- und Grundbesitzerverein begrüßte diese Entwicklung am 1. Dezember 1938 beflissen in seiner *Hauszeitung:*

Die Entjudung der deutschen
Wirtschaft ist in das entscheidende
Stadium eingetreten... Auch die Wirt-
schaft wird in Kürze judenfrei sein...
Der Haus- und Grundbesitz ist Teil
der vaterländischen Scholle. Es gehört
sich nicht, dass der jüdische Fremd-
ling über sie gebieten und Ertrag aus
ihr ziehen darf.

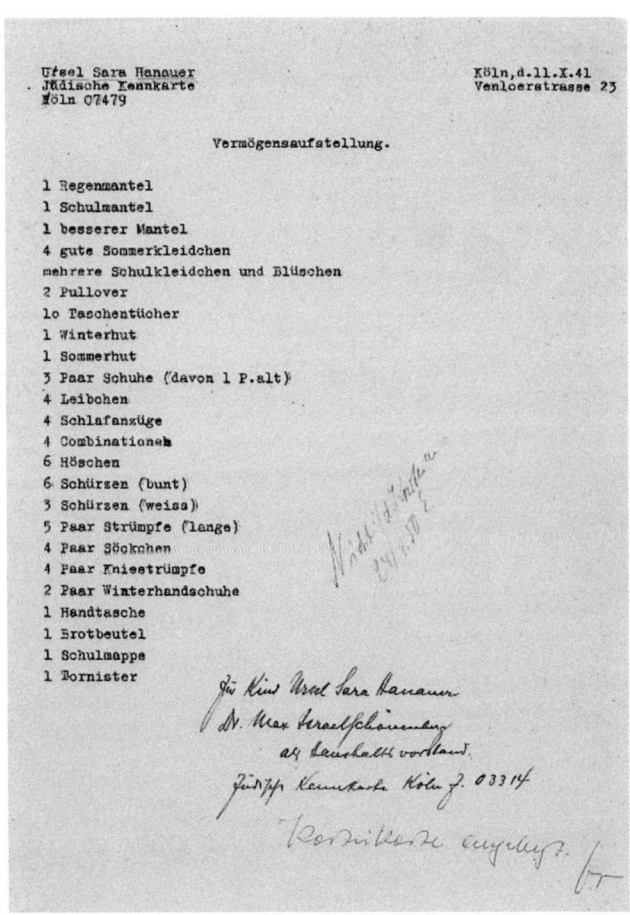

Vermögensaufstellung Hanauer.

Die jüdischen Bürger Kölns gerieten bald in große Not und waren auf die Unterstützung der Gemeinde und wohltätiger Organisationen wie der Jüdischen Winterhilfe angewiesen.

Besonders makaber bei der wirtschaftlichen Ausplünderung der Juden ist die Tatsache, dass sie noch für ihre eigene Deportation, für ihren eigenen Tod zur Kasse gebeten wurden. Diejenigen unter ihnen, die deportiert werden sollten, wurden enteignet – auf legaler Grundlage, um nicht die bürgerlichen Rechts- und Eigentumsverhältnisse in Frage zu stellen. Die Handhabe dazu bot die „XI. Verordnung zum Reichsbürgergesetz" vom 25. November 1941. Sie bestimmte, dass Juden, die im Ausland wohnten oder dorthin „ausreisten", ihre deutsche Staatsangehörigkeit verloren. Damit fiel ihr Vermögen an den Staat. Die besetzten Ostgebiete galten als Ausland. Vor der Deportation musste eine detaillierte Vermögensaufstellung abgegeben werden. Bei dem zwölfjährigen jüdischen Waisenkind Ursel Hanauer aus Köln erledigte das der Vormund Dr. Max Schönenberg. Ursel Hanauer wurde nach Zamosc in Polen deportiert. Sie gilt als „verschollen".

Warum Hans Abraham Ochs sterben musste: auf den Spuren eines Kindermordes

Ein typischer grauer, kühler Novembertag, ohne einen Sonnenstrahl, hinter den Mauern und Hecken des Westfriedhofes ein Lichtermeer: Seit dem frühen Nachmittag ziehen die Kölner, beladen mit Blumen und Kerzen, zu den Gräbern. Die langen buchsbaum- und taxusgesäumten Alleen, die großen und kleinen Grabsteine erstrahlen im Glanz unzähliger Lichter. Scharf zeichnen sich die dunklen Konturen eines riesigen Engels mit der gesenkten, verlöschenden Fackel gegen den Himmel ab. Auch hier rote, blaue, grüne, weiße Grabkerzen und Tannengestecke. Schon seit dem neunten Jahrhundert begehen Christen am 1. November den Totengedenktag Allerheiligen.

Nur hundert Schritte vom Westfriedhof entfernt liegt hinter einem geöffneten schmiedeeisernen Tor ein anderer Friedhof. Still. Verlassen. Ohne eine Menschenseele. Unkraut kriecht über zerbrochene

Grabeinfassungen. Es riecht nach feuchtem Laub, nach Erde, nach Moder. Die meisten dieser Gräber werden von niemandem mehr besucht. Auf den Steinen stehen Namen, die niemand mehr nennt. Und oft sind es Namen von Menschen, die gar nicht hier bestattet sind: „Zum Gedenken an unsere geliebten Eltern und Großeltern – aus der Deportation nicht zurückgekehrt..." steht auf poliertem schwarzen Granit. Oder auch: „Gestorben durch Mörderhand in Sobibor...", „Umgekommen in Auschwitz..."

Der Friedhof in Bocklemünd, auf dem im Schatten alter Bäume rund 5000 Menschen ruhen, ist der einzige jüdische Friedhof in Köln, auf dem heute noch bestattet wird. Er ist nicht sehr groß. Dennoch kann man sich darauf durchaus verlaufen. Von den Hauptwegen abgekommen, stehe ich plötzlich auf einem Gräberfeld mit sehr kleinen Gräbern und Steinen. Es sind Gräber von jüdischen

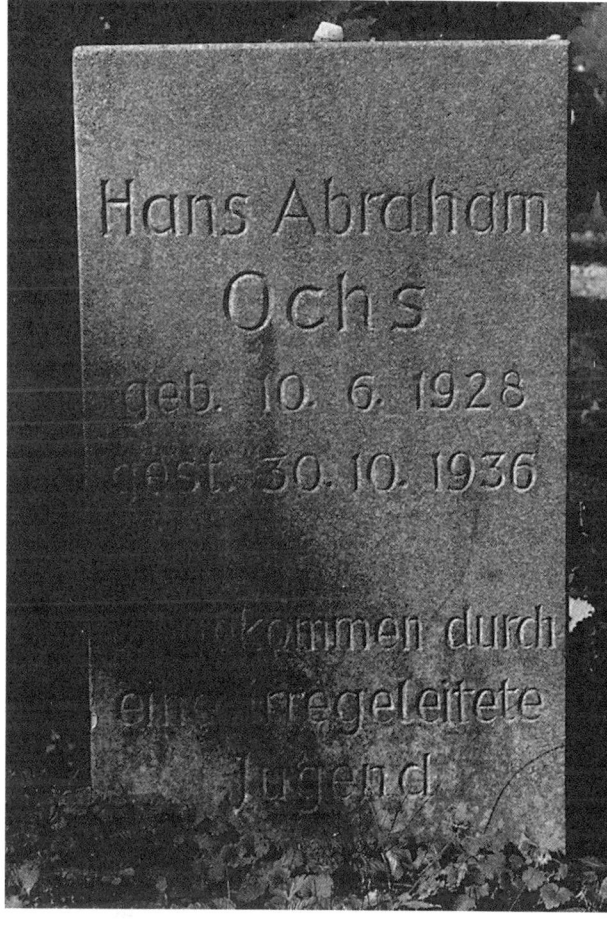

Der verwitterte Grabstein von Hans Abraham Ochs auf dem Friedhof in Bocklemünd.

Kindern, die hier seit 1918 – seit dieser Friedhof angelegt wurde – zu Grabe getragen wurden. Viele Säuglinge sind darunter. Aber oft sind die Namen und Daten auf den Steinen kaum noch zu entziffern.

Mein Blick bleibt auf einem Stein haften, auf dem mehr zu stehen scheint als nur ein Name. Ich lese: „Hans Abraham Ochs. Geboren: 10.6.1928. Gestorben: 30.10.1936." Und dann, darunter – offenbar später eingemeißelt – ein Zusatz: „Umgekommen durch eine irregeleitete Jugend." „Umgekommen durch eine irregeleitete Jugend"? Ein achtjähriges Kind? Was heißt das? Mord? Totschlag? Und wieso 1936? 1936 war, wenn man das so sagen kann, ein Jahr relativer „Entspannung". Wegen der Olympischen Spiele war Deutschland zumindest in Ansätzen besorgt um sein Ansehen in der Welt.

Die Grabinschrift lässt mich nicht mehr los. Wer könnte Auskunft geben? Natürlich der Friedhofsaufseher. Herr Nies ist ein verschlossener Mann. Nein, er kommt gar nicht aus Köln. Er ist Pole und weiß nichts über das Grab. Schweigend gehen wir ein paar Tage später über den Friedhof. Ob es Eintragungen über Angehörige oder Grabpflege im Beerdigungsregister der Kölner Synagogengemeinde gibt? Herr Nies glaubt das nicht. Ein Anruf bei der Synagogengemeinde gibt ihm Recht.

Historisches Archiv der Stadt Köln. Die Zeitungen aus der fraglichen Zeit sind dort alle auf Mikrofilm gespeichert. Es wird die Suche nach der sprichwörtlichen Nadel im Heuhaufen. Im *Westdeutschen Beobachter* vom 6. November 1936 findet sich ein kleiner Artikel mit der Überschrift: „Rätselhafter Tod eines Schülers...“

Aber dort gibt es keinen Namen, keine Altersangabe, nur den Hinweis, dass der Schüler am 30.10. an Nasenbluten und Erbrechen gelitten habe und am 31. gestorben sei. Das Todesdatum differiert um einen Tag. Das kann es also nicht sein.

Ich durchforste alles – auch Blätter, die ganz sicher nicht den Mord an einem jüdischen Kind melden würden. Die jüdischen Zeitungen befinden sich im Archiv der Germania Judaica, der Kölner Bibliothek zur Geschichte des deutschen Judentums. Weiterlesen, weitersuchen. Noch ahne ich nicht, dass diese Recherche neun Jahre dauern wird. Dann schließlich doch etwas. Unter dem Datum vom 9. Oktober 1936 steht im *Gemeindeblatt der Synagogengemeinde zu Köln am Rhein*:

Am 30. September 1936, 19.00 Uhr, wurde mein liebes Kind,
unser lieber Bruder, Neffe und Enkel Hans
Nach kurzer schwerer Krankheit von uns genommen.
In tiefer Trauer:
Frau Witwe Luise Ochs und Anverwandte.
Köln, 1. Oktober 1936.

Das Verwirrspiel beginnt. Das Todesdatum dieser Anzeige – der 30. September – stimmt nicht mit dem auf dem Grabstein – 30. Oktober – überein. Dennoch gibt es nun wenigstens eine Adresse.

Trajanstraße. Kölner Südstadt. Viele der alten Häuser sind hier nach dem Krieg wieder aufgebaut worden. Das Haus, in dem die Familie Ochs gewohnt hat, hat einen neuen Verputz und eine neue Haustür. Ich klingele. Jemand drückt auf. Im Hausflur brennt eine trübe Lampe. Steinfußboden. Über diese Steine – so werde ich später erfahren – sind die Stiefel der Gestapo und der SA marschiert. Überall verschlossene Türen. Eine öffnet sich, und eine Frau schickt mich nach oben zur Eigentümerin des Hauses, Frau F. Sie sei verwitwet, lebe allein. Frau F. ist nicht zu Hause.

Irgendwann rufe ich Frau F. an, erkläre mein Anliegen, frage, ob sie etwas wisse. Sie reagiert unwirsch. Ja, sie erinnere sich an die Familie Ochs. Das Kind sei im Krieg durch eine Bombe, die auf das Haus gefallen sei, umgekommen. Auf meine Frage, wo 1936 Bomben gefallen seien, reagiert sie nicht. Im Übrigen habe sie das Haus von einer Tante geerbt und wisse nicht mehr. Sie legt auf.

NS-Dokumentationszentrum in Köln. Der Leiter, Professor Horst Matzerath, erweist sich als große Hilfe bei der Suche nach Details über Leben und Verbleib der Familie. Wir versuchen, mit Adress- und Straßenverzeichnissen das Puzzle Teilchen um Teilchen zusammenzusetzen. In einem Band von 1933 werden wir fündig. Dort ist die Witwe Fritz Ochs verzeichnet.

Leider sind jeweils nur die Namen der Haushaltungsvorstände angegeben, sodass weder der Vorname der Witwe noch die anderen zum Haushalt gehörenden Mitglieder namentlich aufgeführt sind. Dieses Haus gehörte einem Robert Ley aus Illingen an der Saar, es wohnen dort ein Rudolf Bier, Kaufmann, ein Hugo Eulenstein, Gasthofbesitzer, ein Paul Krahl, Diplomingenieur, Lina und Albertine Löwenthal, eine Frau M. Nordmann, dann die Witwe Fritz Ochs, die Witwe Friedrich Porger, dann ein Jakob Porger, Vermessungsingenieur, und schließlich ein Siegfried Treiser, Diplom-Kaufmann.

Auch die Eigentumsverhältnisse können anhand der Dokumente rekonstruiert werden – wenn auch auf recht mühselige Art und Weise. So kann man wohl davon ausgehen, dass das Haus „arisiert" wurde. Das mag Frau F.s Zögern erklären.

Wieder Friedhof Bocklemünd. Der Friedhofsverwalter Herr Nies ist inzwischen verstorben. Sein Nachfolger, Winfried Günter hört sich die Geschichte interessiert an und zeigt mir die Gräber der Eltern von Hans Abraham Ochs: Fritz Ochs, gestorben am 4. Dezember 1932, und Luise Ochs, gestorben am 9./10. November 1981. Und er findet Unterlagen im Sterbe-register des ehemaligen Israelitischen Krankenhauses in der Ottostraße.

In dieser Liste findet sich der Eintrag, dass Hans Abraham Ochs an einer Bauchfellentzündung verstorben sei. Datiert auf den 30.9.1936, unterschrieben von Dr. Löwenstein. Auf dem Grabstein steht jedoch als Sterbedatum der 30.10.1936. Man kann also davon ausgehen, dass der Grabstein sehr spät aufgestellt wurde und somit das richtige Todesda-tum schlichtweg einfach vergessen wurde.

Das Sterbedatum vergessen, verwechselt – der Totenschein offenkun-dig gefälscht! Bauchfellentzündung? Was hat eine Bauchfellentzündung mit dem Tod durch eine „irregeleitete Jugend" zu tun? Aber Winfried Günter weiß noch mehr über die Mutter Luise Ochs, die ursprünglich Christin war, bei ihrer Heirat zum Judentum konvertierte und 1981 starb. In den Unterlagen sei eine Grabrede für Frau Ochs gefunden worden und darin sei erwähnt, dass diese Frau Ochs sehr hilfsbereit gewesen sei. Sie habe bei ihren christlichen Eltern Juden verstecken können und ihnen die Möglichkeit gegeben, aus Deutschland zu flüchten.

Und dann kommt der erste, ganz konkrete Anhaltspunkt: Bei den Be-erdigungsunterlagen der Luise Ochs hat Winfried Günter die Adresse eines Gerhard Ochs – offenbar eines Sohnes – in Holland gefunden. Und zwar in Putten, dort wo im Herbst 1944 Widerstandskämpfer ein At-tentat auf ein deutsches Wehrmachtsfahrzeug verübten und wo als Ver-geltung dafür alle Häuser niedergebrannt und 600 Männer in KZs ver-schleppt wurden.

Ich schreibe Gerhard Ochs, in dem ich einen Bruder des toten Kin-des vermute, einen Brief und bitte ihn um Auskünfte. Bei den Beerdi-gungsunterlagen der Luise Ochs ist auch ihre letzte Adresse ver-zeichnet: Steinkauzweg 17 in Köln-Ossendorf.

Dort lebt auch Monika Berg, eine ehemalige Nachbarin von Luise Ochs, die sich lebhaft an sie erinnert. Dieser Nachbarin muss Luise Ochs so vertraut haben, dass sie ihr die Geschichte ihres Kindes erzählt hat. Zugetragen hat sie sich im Römerpark, einen Steinwurf von der Wohnung der Familie Ochs entfernt. Monika Berg kennt den Bericht der Luise Ochs noch genau:

Sie hat mir erzählt, dass sie mit dem jüngsten Sohn und mit dem ältesten Sohn spazieren gegangen ist, und da sind dann so vier, fünf von der Hitler-

Jugend gekommen und haben den angepöbelt: „Judensau" und so weiter und haben wahllos auf den Jungen eingeschlagen. Und der ist dann eben zu Tode gekommen...

Ich verabschiede mich. Als ich fast schon wieder auf der Straße stehe, fällt mir die Frage ein, die ich zu stellen vergessen habe: die Frage nach den Tätern. Hat Luise Ochs sie denn nie erwähnt? Monika Berg sagt, über die Täter habe Luise Ochs nie gesprochen. Sie habe nur berichtet, dass sie nach dem Tod des älteren Sohnes den Kleinen nach Holland in Sicherheit gebracht habe. Der „Kleine", das ist Gerhard Ochs, der jüngere Bruder, an den ich geschrieben habe.

Ein Rudel Hitlerjungen misshandelt ein achtjähriges jüdisches Kind so, dass es an den Folgen der Misshandlung stirbt. „Körperverletzung mit Todesfolge" heißt dieses Delikt in der Sprache der Juristen. Und das geschieht am helllichten Tag mitten in Köln. Wurde das Verbrechen angezeigt und verfolgt? Oder war es 1936 schon aussichtslos, den gewaltsamen Tod eines jüdischen Kindes zu ahnden?

Vermutlich nicht, denn immerhin lautete der zutreffende Paragraph im Strafgesetzbuch – damals wie heute – so: „Ist durch die Körperverletzung der Tod des Verletzten verursacht worden, so ist auf Freiheitsstrafe nicht unter drei Jahren zu erkennen..."

Dennoch hat Luise Ochs den Tod ihres Kindes offenbar nicht gerichtlich verfolgen lassen; die Todesanzeige, in der von „kurzer, schwerer Krankheit" die Rede ist, und der gefälschte Totenschein sind Indizien dafür. Nachforschungen bei der Kölner Polizei und der Staatsanwaltschaft ergeben nichts. Auch im Hauptstaatsarchiv in Düsseldorf findet sich keine Akte, kein Hinweis. Das bedeutet: Die Tat ist ungesühnt. Die Täter sind straflos davongekommen.

Was waren das für Menschen, diese vielleicht 13-, 14-jährigen Hitlerjungen, die ein wehrloses Kind totschlugen? Und woher wussten sie überhaupt, dass es sich bei dem Kleinen um ein jüdisches Kind handelte? 1936 gab es noch keinen Stern. Also waren es vermutlich Nachbarskinder oder Schulkameraden, die die Familie kannten.

Eine Clique also, die mit privatem Sadismus den offiziell verordneten schon mit vorauseilendem Gehorsam vorwegnahm? Sie hatte den damals so zwar noch nicht artikulierten, aber richtig erkannten Willen der Führung in die Tat umgesetzt.

Ihre Lektion in Schule und Jugend-
gruppe hatten diese Jugendlichen
gut gelernt – vielleicht aus einem Ju-
gendbuch aus dem Stürmer-Verlag,
einem Band mit vielen bunten Bildern und überaus „launigen" Rei-
men:

Es geht ein Teufel durch das Land,
Der Jude ist's, uns wohl bekannt
Als Völkermörder, Rasseschänder,
Als Kinderschreck für alle Länder.
Er will die Jugend schon verderben,
Er will, dass alle Völker sterben,
Drum lass dich mit keinem Juden ein,
Dann wirst du froh und glücklich sein...

Oder diese Kölner Jungen mögen das
„lustige", antisemitische Puppenspiel
Der Zahn der Zeit gesehen haben – ver-
fasst und uraufgeführt im Februar
1934 von der Klasse Zwei einer Kölner
Mittleren Knabenschule. In der Schul-
chronik heißt es darüber: „Da steht der
Judensohn Itzig, der an Unsauberkeit

Darstellungen
der Juden
in dem
Kinderbuch
Trau keinem Fuchs
auf grüner Heid
und keinem Jud
bei seinem Eid
aus dem
Stürmer-Verlag.

seinen Vater noch weit übertrifft... Über den Juden Moses wurde am meisten gelacht..."

Sie hatten vielleicht zwei Jahre vorher im Kölner Karneval die Straße gesäumt, als der organisierte Frohsinn mit „Kölle Alaaf" Juden-
witze in Sitzungssälen und Rosenmontagszügen bejubelte; oder sie
hatten bei den Ausflügen und Jugendfreizeiten am Lagerfeuer dem
allseits beliebten Lied gelauscht, dessen Refrain so lautete: „Wenn's Ju-
denblut vom Messer spritzt, geht's uns noch mal so gut..."

„Vater", so hat der Rabbiner Ernst Stein anlässlich des 50. Jahrestages
der Wannsee-Konferenz in der Berliner Synagoge gebetet, „Vater, ver-
gib ihnen *nicht*, denn sie *wussten*, was sie taten..."

Mein Brief an Gerhard Ochs, den Bruder in Holland, bleibt lange ohne Antwort. Doch dann kommt ein Anruf.

Gerhard Ochs ist am Telefon zurückhaltend, fast schweigsam. Er weiß nichts, er kann nichts sagen. Als die Tat geschah, lag er im Kinderwagen. Nein, auch seine Mutter habe mit ihm nie über den Tod des älteren Bruders gesprochen. Er selbst hat keine jüdische Identität, auch keine Beziehung zu Köln mehr. Längst ist er Niederländer geworden. Er ist verheiratet, hat erwachsene Töchter. Nach Köln kommt er nie. Später erfahre ich, dass er Mitglied in einer Religionsgemeinschaft ist, die seine ganze Zeit in Anspruch nimmt.

So komme ich nicht weiter. Eine Suchanzeige im *Kölner Stadt-Anzeiger* nach Menschen, die sich an das Kind Hans Abraham Ochs erinnern, bleibt ohne Resonanz; ebenso die Nachforschungen nach Schülerlisten von Schulen in der Kölner Südstadt. Eine weitere Anzeige gebe ich ohne große Hoffnung in der *Jüdischen Allgemeinen* auf.

In einem Buch finde ich alte Fotos aus dem Israelitischen Krankenhaus in der Ottostraße: eine junge Frau in weißem Arztkittel, über ein Mikroskop gebeugt. Unterschrift: „Dr. Trude Löwenstein".

Dr. Löwenstein! Der Name, der auf dem gefälschten Totenschein des kleinen Ochs steht. Ich finde heraus, dass Frau Dr. Löwenstein inzwischen „Schiff" heißt und über 90-jährig in New York lebt. Auf einen Brief antwortet sie am 13. März 1994:

Ich bin die Ärztin aus dem „Israelitischen Asyl für Kranke und Altersschwache" in Köln-Ehrenfeld und war dort von 1933 bis 1939. Im September 1938 wurde ich die Frau von Hans (John) Schiff, dem Fotografen... An das Kind Hans Abraham Ochs erinnere ich mich nicht, aber vage an seinen Tod. Die genauen Umstände sind mir leider entfallen... Sonst habe ich sehr viele Erinnerungen an Köln...

Ich muss also weiterforschen: um die Trajanstraße herum, in Kneipen, Kirchengemeinden, Altersheimen.

Überall dunkle Flure und Türen, die sich ganz schnell wieder schließen. Niemand weiß etwas von einem Kind, das nicht weiterleben durfte, weil andere Kinder verblendet und grausam waren. Ein Kinderleben wurde hier ausgelöscht und kein Mensch erinnert sich?

Sonst ist das Gedächtnis vieler meiner Gesprächspartner aber durchaus gut. Eine Frau erinnert sich noch an die abgezählten Wäschestücke ihrer Aussteuer, die sie bei Bombenangriffen immer mit in den Luftschutzkeller nahm. Eine andere weiß detailliert von den „schönen Heimabenden der Jungmädel" zu berichten und ein Herr in einem Altenheim vom Krieg.

Und dann – ein Brief auf die Anzeige in der *Jüdischen Allgemeinen!* Der Brief kommt aus Laguna Hills in Kalifornien und ist von einem Henry Ochs und seiner Frau Charlotte. Am 16. Februar 1993 schreibt Herr Ochs:

Durch einen Zufall erreichte uns kürzlich Ihre Anfrage wegen des ver-storbenen Hans Abraham Ochs. Hans war mein Neffe, als Sohn meines ver-storbenen Bruders Fritz und seiner ebenfalls verstorbenen Frau Luise Ochs. Es würde uns freuen, bald von Ihnen zu hören...

Ich schreibe Herrn Ochs einen Brief und erkläre alles. Aus Laguna Hills ruft er mich kurz darauf an. Er ist über achtzig und beginnt zu weinen. Dass sich nach so vielen Jahren noch jemand mit seinem ge-töteten Neffen beschäftigt, will er nicht glauben.

Henry Ochs bestätigt, was ich herausgefunden habe. Sein Neffe Hans war im Römerpark von einem Grüppchen Hitlerjungen zu-sammengeschlagen worden. Zum Begräbnis des Kindes 1936 ist er, der damals schon emigriert war, noch einmal nach Köln gekommen.

Allerdings weiß er über die Täter auch nichts. Auch nichts darüber, ob seine Schwägerin Luise damals zur Polizei gegangen ist. Wir kom-men ins Reden. Henry Ochs ist mit seinen Eltern und seinem Bruder Fritz auch in dem Haus in der Trajanstraße aufgewachsen. Als ich ihm die Namen der Hausbewohner vorlese und Lina und Albertine Löwen-thal nenne, kann er kaum weitersprechen. Die beiden alten Damen, so erzählt er, hätten sich nach dem Tod der Mutter um ihn und seinen Bruder gekümmert. Ob ich wisse, was mit ihnen geschehen sei?

Ich muss ihm sagen, dass 1941 die jüdischen Bewohner des Hauses Trajanstraße in einer Nacht- und-Nebel-Aktion abgeholt, in ein „Ju-denhaus" gepfercht und von dort in die Deportation geschickt wur-den. Die Spuren der Verjagten und Gemordeten wurden so gelöscht. Endgültiger konnte keine „Endlösung" sein. Das Haus in der Trajan-straße war damit „judenrein".

Und die „jüdischen Wohnungen" darin warteten unterdessen, sauber geputzt und inventarisiert, auf die Neubesitzer, nachdem die vormaligen Bewohner das befolgt hatten, was sich auf einem Merkblatt so liest:

Meine Wohnung habe ich so herzurichten, dass sie bei meinem Verlassen polizeilich versiegelt werden kann. Gas-, Licht- und Wasserleitungen habe ich abzustellen. Verderbliche Ware habe ich zu entfernen. Die Wohnung ist in sauberem Zustand zu hinterlassen. Die Gas- und Lichtrechnungen sind vorher zu begleichen. Den Hausverwalter werde ich von meiner Evakuierung verständigen...

Als das geschah, war Hans Abraham Ochs schon fünf Jahre tot.

Von dem kleinen jüdischen Jungen, dessen Grabstein mich neugierig auf seine Geschichte hatte werden lassen, ist mir kein Foto, kein Erinnerungsstück, keine Kinderzeichnung oder auch nur eine herausgerissene Schulheftseite in die Hand gefallen.

Professor Matzerath vom Kölner NS-Dokumentationszentrum sorgt dafür, dass der Name des Kindes in das *Gedenkbuch für die jüdischen Opfer des Nationalsozialismus in Köln* aufgenommen wird.

Irgendwann bleiben meine Briefe an Henry Ochs ohne Antwort. Als ich nach einer Weile in Laguna Hills anrufe, antwortet eine fremde Stimme. Henry Ochs ist gestorben.

An einem Herbsttag – es ist wieder November – gehe ich noch einmal in die Trajanstraße. Als es heftig zu regnen beginnt, stelle ich mich in einem dunklen Hauseingang unter. Zu mir gesellt sich ein Betrunkener, der etwas lallt. Ein Trüppchen Frauen in langen Mänteln und Kopftüchern geht vorüber. Der Betrunkene feixt, sieht mich herausfordernd an und sagt: „Die Türken – die Türken sollte man alle vergasen..."

Als die Braunen Funken johlten...
Antisemitismus im Kölner Karneval

Nach der Machtübernahme durch die Nationalsozialisten 1933 entfaltet der staatlich gelenkte Propaganda-Apparat praktisch unverzüglich seine antijüdischen Hetzkampagnen. Eine herausragende Rolle spielt dabei das von Julius Streicher herausgegebene Blatt *Der Stürmer*, in dem Juden beleidigt, diffamiert, karikiert und aufs Übelste verleumdet werden.

Die Ideologie der „neuen Zeit" macht auch vor dem närrischen Treiben in der „fünften Jahreszeit" keineswegs Halt. Der Kölsche Karneval, der Inbegriff heiterer, unbeschwerter Stimmung und Volksfröhlichkeit, trägt antijüdische Hetze in die Rosenmontagszüge und Sitzungssäle. Sie zeigt sich in Büttenreden, Rosenmontagszugwagen und Krätzchesliedern. In das jecke „Alaaf" mischen sich immer ungenierter die „Heil Hitler"-Rufe.

Auch wenn viele gestandene und engagierte Kölner Karnevalisten bei diesem Thema bis heute schmerzhaft das Gesicht verziehen: Längst belegen Dokumente, dass das Gros der Jecken sich widerstandslos gleichschalten ließ. Die nach dem Krieg in die Welt gesetzte tröstliche Legende vom Karneval als Hort des Widerstands gegen die braunen Machthaber, als Domäne aufmüpfiger Jecken, die mit dem „Stippeföttche" den Parteibonzen demonstrativ klarmachten, was sie von ihnen hielten – sie ist längst nicht mehr haltbar. Dennoch sollte es bis 1998 dauern, bis dieser „weitgehend tabuisierte Teil der Stadtgeschichte" – so der Historiker Jürgen Meyer – auch von offizieller Seite einer kritischen und selbstkritischen Betrachtung unterzogen wurde.

Gleich nach dem Rosenmontagszug 1933 zollt der *Westdeutsche Beobachter* dem närrischen Treiben in der Domstadt bewundernd Beifall: „Der Kölner Karneval war wieder ein echter Volkskarneval, keine Konfektionsware aus dem jüdischen Warenhaus..." Und es dauert nicht lange, bis bei den „Roten Funken" die Kapelle der Kölner SS-Standarte und bei den Korps-Aufmärschen die Musiker einer SA-Brigade den Ton angeben.

Im Rosenmontagszug von 1934 macht sich die braune Infiltration bereits deutlichst bemerkbar. Auf einem „Palästina-Wagen" befinden sich als „Juden" verkleidete Jecken, die unter einem Pappschild mit der Aufschrift „Die

Letzten ziehen ab" als Übriggebliebene in Richtung des damaligen Palästina ziehen. Die am Wagen angebrachte Reiseroute führt von Köln über Immekeppel – warum ausgerechnet Immekeppel, mag das Geheimnis des Zugleiters bleiben – nach Jerusalem und Jaffa. Am Ende des Wagens ist wiederum ein Pappschild angebracht, auf dem zu lesen steht: „Mer mache nur e kleines Ausflügche noh Liechtenstein und Jaffa."

Ein Karnevalswagen mit dem Motiv „Die Letzten ziehen ab".

Begleitet wird dieser – überall mit Johlen begrüßte – Wagen von einem immer wieder angestimmten „Karnevalslied", dessen Refrain mit seiner klaren antisemitischen Sprache sich großer Beliebtheit erfreut:

Hurra, die Jüdde trecke fott!

Karnevalslied von Jean Müller, Köln-Buchforst

1.
Es däht sich alles freue,
Mir sinn jetzt bahl su wick,
Mer wedde jetzt in Deutschland,
De Jüdde endlich quitt.
En jedder Stroß, do hat mer,
Ne Jüddelade stonn,
Et jitt noh immer Domme,
Die dabei kaufe jonn.
Met de Jüdde es jetzt Schluss,
Se wandern langsam uss.

Refrain
Hurra, mer wedde jetzt die Jüdde loss,
De janze koschere Band,
Treck nohm jelobte Land.
Mer laache uns für Freud noh halv kapott,
Der Itzig un die Sarah, die trecke fott!

2.
Wenn de Jüdde bei uns kumme,
Met 'ne lange Rock un Flüh,
Fingen die an, ze hausiere,
Arbeide däht de Jüdde nie.
Met Knoche, Lumpe, Iser,
Un wat es söns noh jitt,
Un met 'nem Sack om Röcke,
Hä durch de Stroße treck.
Met däm Handel ess jetzt Schluss,
Dröm wandern die jetzt uss.

Refrain

3.
Wenn de janze koschere Jüdde,
Us Deutschland sinn eruss,
Zwei donn mer do behalde,
Die stelle mir dann uss!
Eine in de Schreckenskammer,
Eine et Museum kritt jeschenk,
Dat mir an die Judenplage,
Met Schrecke später denk.
Wenn man die zwei dann süht,
Singt man für Freud dat Leed:

Refrain

4.
Der Lehrer frogt die Kinder,
Des Morjens noh der Paus,
Wer ein schönes Leed kann singe,
Darf früher jonn noh Haus.
Et däht sich keiner melde,
Keiner well der Erste sinn,
Da rööf der kleine Pitter,
Dä en d'r Mautjass wonnt am Rhin,
Ich kann en schön neu Leed,
Wat ming Vatter mich geleet:

Refrain

Hörbarer Protest oder Zeichen von Abscheu gegen diese Art karnevalistischen „Frohsinns" sind nirgends dokumentiert. Im Gegenteil: Hemmungslos ziehen Büttenredner über die Juden her, verunglimpfen sie als „Jordanplanscher" und als „Halunken", die anderen Menschen das Leben vermiesen, und diejenigen, die noch vor der Verfolgung durch die NS-Schergen fliehen können, werden als „Semigranten" bezeichnet.

Ein Entwurf für den Rosenmontagszug 1935 zeigt Paris als restlos überfülltes „Judendomizil". An den aufgemalten Fenstern des Wagenentwurfs drängen sich überall „Juden", die an ihren langen Mänteln, schwarzen Haaren und übergroßen Nasen zu „erkennen" sind und offenbar dafür sorgen, dass aus der französischen Hauptstadt „Feindsender" pausenlos ihre „Gräuelnachrichten" in den Äther pusten.

Unberührt von den Ereignissen begeht man auch die Sessionseröffnung einige Jahre später. Auf Straßen und Plätzen wird, wie üblich, gesungen, gebützt und geschunkelt.

Dabei bietet die Innenstadt in Teilen eine durchaus gespenstische Kulisse: geplünderte und verwüstete Läden, Büros, Wohnhäuser, auf die Straßen geschleuderte Möbelstücke, leere Fensterhöhlen, deren zersplitterte Scheiben erst kurz zuvor hastig beiseite geräumt worden sind. In manchen Straßenzügen sieht es aus wie nach einem Erdbeben.

Aus der in Trümmer gelegten Synagoge in der Glockengasse weht noch der Geruch von erkaltetem Rauch. Den „Spaß an d'r Freud" will man sich selbstverständlich nicht verderben lassen. Man lebt eben in närrischen Zeiten! Es ist der 11. November 1938 – zwei Tage nach der „Reichskristallnacht".

Aufrichten in Zeiten der Not

Von jüdischen Künstlern und mutigen Lehrern

Stätten jüdischen Lebens während des Nationalsozialismus

Dischhaus, Brückenstraße

Im Dischhaus, gegenüber der Kapelle Madonna in den Trümmern, hatte während des Dritten Reiches der Jüdische Kulturbund Rhein-Ruhr seinen Sitz.

Erich-Klibansky-Platz, Helenenstraße

Der Platz wurde am 28. November 1990 nach dem letzten Direktor des jüdischen Reformrealgymnasiums Jawne benannt. Die Schule stand dort bis 1942. Erich Klibansky war es gelungen, 1938 rund 130 Kinder seiner Schule zu retten, indem er sie nach England schickte.

Angeregt wurde die Namensgebung von Dieter und Irene Corbach. Der 1994 verstorbene Dieter Corbach – Synodalbeauftragter für das Christlich-Jüdische Gespräch – und seine Frau Irene engagierten sich viele Jahre lang, um die Erinnerung an Kölner Juden, vor allem aber an die jüdischen Kinder Kölns, wachzuhalten. Auf ihre Initiative hin wurde hier 1997 ein Mahnmal aufgestellt: ein Brunnen mit dem bronzenen „Löwen von Juda" und neun Gedenktafeln mit den Namen der 1100 ermordeten Kölner jüdischen Kinder. Das aus Spenden finanzierte Denkmal stammt von dem Künstler Hermann Gurfinkel, einem ehemaligen Jawne-Schüler. Nur wenige Meter vom Erich-Klibansky-Platz entfernt befand sich die Synagoge der orthodoxen Austrittsgemeinde Adass Jeschurun.

Kloster Maria vom Frieden, Vor den Siebenburgen

Die barocke Kirche des Karmelitinnen-Klosters gehörte bis zur Säkularisation unter Napoleon 1802 zum Kloster selbst, danach wurde sie bis 1945 als Pfarrkirche benutzt. Nach Ende des Zweiten Weltkriegs errichteten die Karmelitinnen, die sich um 1900 an der Dürener Straße 89 ein neues Kloster eingerichtet hatten, ihr Kloster wieder in der Straße Vor den Siebenburgen. In der Krypta der Kirche erinnert eine Gedenktafel an die Philosophin Edith Stein. Sie wurde als Jüdin geboren, konvertierte zum Katholizismus und trat 1934 in den Kölner Karmel ein. Sie wurde nach Auschwitz deportiert und ermordet.

Anzeige aus dem
Mitteilungsblatt
des Rheinischen
Kulturbundes.

Jüdischen Künstlern Brot geben:
Idee und Geschichte des Jüdischen Kulturbundes
Rhein-Ruhr

Gleich nach der Machtübernahme durch die Nationalsozialisten 1933 wurden jüdische Künstler aus Theater, Film, Museen und Konzerthallen verdrängt.

Auftrittsverbote wurden verhängt, „Beurlaubungen" ausgesprochen oder einfach Entlassungen verfügt. Im Herbst 1933 erfolgte deshalb auf Initiative der Kölner Zentralstelle für Jüdische Wirtschaftshilfe die Gründung des Jüdischen Kulturbundes Rhein-Ruhr (JKRR).

Es entstand für eine Weile in Köln eine Art jüdischer kultureller Mikrokosmos. 1933 notierte der Leiter des Kulturbundes Kurt Singer, der durch die Boykottgesetzgebung des Frühjahrs 1933 aus seinem Amt als Intendant der Oper Berlin-Charlottenburg herausgedrängt worden war, zu den Beweggründen einer solchen Institution:

Hunderten von entthronten, entlassenen, zur Resignation verdammten Menschen Arbeit zu geben... Tausenden die Möglichkeit zu verschaffen, an Werken der Dichtkunst, Malerei, Musik wieder anteilnehmend Interesse zu finden... Erwerbslose aus der Stagnation herauszureißen...

160

Ganz ähnlich formulierte es Dr. Paul Moses, Erster Vorsitzender des Jüdischen Kulturbundes Rhein-Ruhr im Herbst 1933:

Wir wollen jüdischen Künstlern Brot geben und dadurch, dass sie überhaupt wieder künstlerisch arbeiten können, ihnen materiell und seelisch helfen. Wir wollen den Meister des Wortes Gelegenheit geben, zu uns zu sprechen. Jüdische bildende Künstler sollen uns ihr Werk zeigen. Uns selbst aber bereiten wir so den Weg, den wir nötiger denn je haben: uns durch den Genuss künstlerischer Dinge aufzurichten in Zeiten, die uns seelisch so tief niederbeugen ...

Ein Feuerwerk der Parodie: Claire Feldern im Programm des Rheinischen Kulturbundes.

Wir wollen uns keineswegs auf jüdische Kunst beschränken, aber ausübend soll bei uns – wie es auch die behördliche Vorschrift verlangt – nur der jüdische Künstler sein. Niemand, der Mitglied unseres Bundes wird, darf glauben, damit eine wohltätige Geste getan zu haben. Alle sollen es wissen: die Wohltat erweist ihr euch selbst...

Der Kulturbund, der 1935 schon 5000 Mitglieder und 190 Festangestellte zählte und bis 1934 bereits über 200 Veranstaltungen organisiert hatte, stellte einen wichtigen Wirtschaftsfaktor im Rheinland dar, der auch den jüdischen Handwerkern in der Region vorübergehend wieder Arbeit und Brot gab. Zum „Einzugsbereich" des JKRR gehörten die Städte Aachen, Bonn, Bochum, Duisburg, Essen, Gelsenkirchen, Krefeld, Wuppertal; nach 1934/35 zählten auch die Städte Dortmund und Düren dazu. Die künstlerischen Veranstaltungen und Aufführungen fanden in Köln meist in der Rheinlandloge in der Cäcilienstraße statt. Die Resonanz innerhalb der Kölner jüdischen Bevölkerung darauf war groß.

Eine der ersten Darbietungen in Köln war ein Kammermusikabend, zu dem der JKRR im Oktober 1933 in die Synagoge in der Roonstraße eingeladen hatte. Bei dieser Auftaktveranstaltung war alles bis auf den letzten Platz besetzt. Es folgten Theaterstücke, bunte Abende, Konzerte, Kabarett, Tanzveranstaltungen und Filmvorführungen. Die Programmhefte des JKRR dokumentieren diese engagierten Unternehmungen.

Das Ziel, der bedrängten jüdischen Gemeinschaft neuen Lebensmut zu geben, schien zunächst erreicht. Im ersten Programmheft schrieb der Spielleiter Willibald Fraenkel-Froon optimistisch:

Die Vorbereitungen sind getroffen, die Vorverhandlungen zum Abschluss gebracht! Einen Stamm guter heimischer und Berliner Künstler erwartet der Ruf zur Arbeit. Theaterräume sind in allen dem Kulturbund angeschlossenen Städten ausfindig gemacht, das technische Personal ist zusammengestellt ... Das Ziel unserer Bühne ist, Freude und Lebensmut allen zu schenken, indem es sie teilhaben lässt an den ewigen Werten der Dichtung, die Fragen unserer Zeit entrollt, aber auch das heitere Spiel nicht verschmäht.

Und die bekannte jüdische Schauspielerin Camilla Spira notierte in den *Mitteilungen* des JKRR 1936:

Ich möchte beinahe sagen, für uns Schauspieler ist heute unsere Arbeit das geworden, was wir früher „Ferien" nannten. Wir gehen heute an unsere Engagements mit dem Liebevollsten heran. Wir sprechen schon wochenlang im Flüsterton von der „eventuellen Möglichkeit", einmal wieder spielen zu dürfen, und sehnen die Tage der Proben herbei...

Höhepunkte im künstlerischen Schaffen des JKRR waren Theaterstücke, die sich gezielt mit jüdischen Werten, jüdischer Geschichte und Identität auseinander setzten. Dazu zählte 1934 die Aufführungen von Julius Wolffsohns Schauspiel *Joseph ben Matthias* und 1936 die Inszenierung von Max Brods *Reubeni, Fürst der Juden*.

Doch bald schon hatte der JKRR nicht nur mit immer knapper werdenden Finanzen, sondern auch mit Mitgliederschwund zu kämpfen. Da sich in dieser Zeit immer mehr Juden zur Auswanderung entschlossen, blieb dem JKRR nur eine relativ kurze Zeit prosperierender Entwicklung. Die staatlichen Einschränkungen nahmen zu, und am 11. September 1941 wurden schließlich alle Aktivitäten des Kulturbundes verboten. Sein Eigentum wurde konfisziert, die Mitglieder des JKRR verhaftet.

Übrig geblieben ist nur die alte Kastanie:
das jüdische Reformrealgymnasium „Jawne"
und sein Direktor Dr. Erich Klibansky

Er hieß bei allen Schülern nur „der Dicke". „Der Dicke" – das war der Deutschlehrer Siegfried Soffe. Er war aber nicht nur Lehrer, sondern gleichzeitig auch Kantor der kleinen Adass-Jeschurun-Gemeinde, deren Synagoge im Hof des Schulgebäudes lag. Dem ehemaligen Schüler Fritz Bauchwitz ist „der Dicke" bis heute unvergessen geblieben:

Er mag gut und gern seine zwei Zentner gewogen haben und unterrichtete Deutsch. Sein Unterricht war so gut und so spannend, dass er es regelmäßig schaffte, das Pensum lange vor Ende der jeweiligen Doppelstunde durchzunehmen. Dann setzte er sich auf eines der Pulte in der ersten Reihe und las uns vor. Ein ausgebildeter Schauspieler hätte keine eindrucksvolleren Lesungen geben können. Wie gebannt hingen wir an seinen Lippen. Dabei war Herr Soffe durchaus streng. Wer sich bei ihm danebenbenahm, wusste, was ihm blühte. Man hatte die Wahl: Strafarbeit oder Ohrfeige, und obwohl die Ohrfeigen des Zwei-Zentner-Mannes kein Pappenstiel waren, zogen wir sie doch den Strafarbeiten vor: ein Knall, eine Schrecksekunde, eine rote Backe – aber damit war die Sache endgültig ausgestanden...

Die beiden gesetzten Herren in den Siebzigern, Fritz Bauchwitz und Rolf Schild, die an diesem Spätsommertag im Restaurant der Deutzer Messehallen mit Blick über den sonnenbeschienenen Rhein sitzen, verjüngen sich zusehends bei diesen Erzählungen.

Immer lebhafter werden die Schulerinnerungen, immer temperamentvoller das „Weißt-du-noch?", das „Wir-hatten-einen" und das „Wir-haben-doch-mal". Namen von Lehrern und Schülern werden ausgetauscht, Namen, die man vor Jahrzehnten zuletzt genannt hat.

Soffe, der, wie Fritz Bauchwitz erzählt, dafür verantwortlich ist, dass Bauchwitz bis zum heutigen Tag gern und oft die Klassiker liest, übte mit seiner Klasse Heinrich von Kleists Theaterstück *Der zerbrochene Krug* ein. Der junge „Schauspieler" und „Regisseur" Bauchwitz reüssierte in dem Stück so durchschlagend, lockte bei allen Zuschauern ein dermaßen helles Entzücken hervor, dass er umgehend beschloss, Regisseur zu werden...

Bei Fritz Bauchwitz' Freund Rolf Schild dagegen hat Direktor Erich Klibansky einen bis heute unauslöschlichen Eindruck hinterlassen. Fußballfan Rolf Schild erinnert sich, dass mit diesem „Direx" nicht gut Kirschenessen war, wenn man sich nicht strikt an die Schulregeln hielt. Vielleicht aber, so mutmaßt er amüsiert, sei der Herr Direktor ja auch nur außerordentlich unsportlich gewesen:

Denn immer wenn es gerade geschellt hatte, die Pause beendet war und wir das Fußballspielen auf dem Schulhof nicht augenblicklich einstellten, nahte an einem Fenster im ersten Stock des großen Schulgebäudes an der St.-Apern-Straße die breitschultrige Silhouette des Mannes im dunklen Anzug, der dann nur kurz das Fenster öffnete und die Fußballspieler mit einer Stimme, die keinerlei Widerspruch duldete, unverzüglich in die Klassenräume beorderte...

Ein altes Foto der Schule macht die Runde: ein typisches Schulgebäude, wie es viele gab im Kaiserreich – ein großer Kasten mit endlosen Fensterreihen, mit geschwungenen Fensterstürzen verziert. Ein schmiedeeisernes Schulhofgitter und im Hof eine alte Kastanie mit weit ausladenden Zweigen.

Und noch ein Foto gibt es. Im Hintergrund zeigt es das Schulgebäude. Davor ist der kantige Kopf eines Mannes zu sehen, mit einem etwas schütteren Haarkranz, hoher Stirn, energischem Kinn und wachem Blick durch runde Brillengläser: Dr. Erich Klibansky, letzter Direktor der Schule – der berühmten Kölner Jawne.

Die Jawne, das jüdische Reformrealgymnasium, war zweifellos die bedeutendste Bildungsstätte des jü-

Der Direktor Erich Klibansky vor seiner Schule.

dischen Schulwesens in Köln. Es

war die einzige jüdische höhere Schule des Rheinlandes und stand auch jüdischen Kindern aus dem Umland offen. Für jüdische Kinder gab es damals zwar jüdische Volksschulen, aber sonst keinerlei weiterführende Bildungseinrichtungen.

Die Jawne wird 1919 auf Initiative der Rabbiner Dr. Emanuel Carlebach und Dr. Benedikt Wolff ins Leben gerufen, die damit auf breite Zustimmung bei den orthodoxen Richtungen in der Gemeinde stoßen. Die beiden gelangen zu der Feststellung, dass eine „ordentliche höhere Schule für die befähigte Kölner jüdische Jugend" notwendig sei. Sie soll ihren Schülerinnen und Schülern neben Lehrinhalten herkömmlicher Fächer vor allem die Werte jüdischer Religion, Kultur und Bildung vermitteln. Die Jawne zieht in ein Gebäude in der St.-Apern-Straße, in dem zuvor ein jüdisches Lehrerseminar und ab 1907 dann die Morijah, die jüdische Volksschule, beheimatet war.

Ein Großteil der Schüler gehört von vornherein den alteingesessenen Kreisen der orthodoxen Trennungsgemeinde in Köln Adass Jeschurun an, etwa 40 Prozent der Schüler entstammen ostjüdischen Familien und rund zehn Prozent kommen aus religiös liberalen Elternhäusern.

Um die Schule, die ursprünglich nur von der Adass Jeschurun getragen wird, finanziell abzusichern, unterstellt sich die Jawne einem Kuratorium, dem neben den Vertretern der Adass Jeschurun auch Repräsentanten der verschiedenen religiösen Richtungen der Großgemeinde angehören.

Schon der Name der neu gegründeten Schule wird zum Programm: „Jawneh" bedeutet so viel wie „Der Ewige baut"; Jawne ist die alte jüdische Stadt, die nach der Zerstörung Jerusalems im Jahr 70 n.Chr. zum geistigen Zentrum des wiedererstandenen Judentums wird. Sie liegt bei Aschdod, südlich vom heutigen Tel Aviv und wurde 1948 neu gegründet. Dass gleich nach dem Ersten Weltkrieg, als zionistische Kreise im deutschen Judentum darum ringen, das jüdische Bewusstsein der Glaubensbrüder wieder zu stärken, ein Gymnasium gegründet und ihm der Name Jawne gegeben wird, ist sicherlich ein Zeichen, das auf eine hoffnungsvolle und bewusst gelebte jüdische Zukunft weist.

Allerdings sind liberale und assimilierte jüdische Kreise in Köln von dieser neuen Schule der Adass-Jeschurun-Gemeinde zunächst einmal nicht begeistert. Diese Bildungseinrichtung wird mit einer guten Portion Argwohn betrachtet, steuert sie doch – so meint man – den eigenen Integrationsbedürfnissen entgegen.

Und so hält man mancherorts diese Schule nicht nur für einen überflüssigen Luxus, sondern glaubt, sie sei eher hinderlich bei den Bemühungen darum, so „kölsch" wie möglich zu sein. Fritz Bauchwitz und einige seiner Kameraden haben das als Jugendliche jedoch ganz anders erlebt:

Da wir bereits auf einer jüdischen Volksschule waren und inzwischen die „Machtergreifung" stattgefunden hatte, kam als weiterführende Schule nur ein jüdisches Gymnasium in Frage, und in Köln gab es nur ein einziges, die „Jawne" in der St.-Apern-Straße. Religion wurde in unserer Familie und im Kreis unserer Freunde eher liberal gehandhabt, und so öffnete sich uns eine neue Welt, als wir auf die „Jawne" kamen. Zuerst hatten wir die typische Scheu der Uneingeweihten, aber sehr bald hatte man in uns das Interesse für jüdische Geschichte und religiöses Brauchtum geweckt, und das Wissen um unsere Zugehörigkeit zu dieser alten Kultur und Tradition stärkte unser Selbstbewusstsein, das die Nazis doch um jeden Preis zerstören wollten.

Abgesehen von der großen Bedeutung des religiösen Bereichs war die Jawne eine äußerst fortschrittliche Lehranstalt, eben ein Reformrealgymnasium. Das bedeutete, dass außer Hebräisch, das ein Teil des Religionsunterrichts war, nur moderne Fremdsprachen gelehrt wurden.

In einer anderen Beziehung aber hatte die Fortschrittlichkeit ihre Grenzen: Mädchen und Jungen wurden in separaten Klassen unterrichtet. Das war damals allerdings in allen höheren Schulen der Fall. Weil jedoch auf der Jawne die Mädchen zwar in anderen Räumen, aber im selben Gebäude waren, entwickelten sich die ersten Flirts umso heftiger in den Korridoren, im Treppenhaus und auf dem Schulhof – unter der alten Kastanie.

Am 1. April 1929, also zehn Jahre nach der Gründung, begann für die Schule eine neue Epoche. An diesem Tag nämlich tritt der junge Breslauer Studienassessor Dr. Erich Klibansky als neuer Schulleiter der Jawne seine Stelle in Köln an. Damit wird die Ära einer – wenn auch nur kurzen – Blütezeit der Schule eingeleitet.

Erich Klibanskys Familie – eine alte Rabbinerdynastie – stammt ursprünglich aus dem Osten, aus der Gegend von Kowno in Litauen. Geboren wird Klibansky 1900 in Frankfurt, wo sein Vater ein bekanntes Knabenpensionat führt, das dort zu einer bekannten Einrichtung wird, die auch nicht jüdischen Kindern offen steht. Erich Klibansky besucht das Frankfurter Goethe-Gymnasium und studiert anschließend Geschichte, Germanistik und Romanistik in Frankfurt, Marburg und München. Er heiratet die Lehrerin Meta David, Tochter einer alteingessenen Metzgersfamilie aus Hamburg. Die Klibanskys haben drei Söhne: Hans-Raphael, Alexander und Michael.

Im Frühjahr 1929 übersiedelt die Familie nach Köln und bezieht eine schöne, geräumige Wohnung in der Volksgartenstraße 15. Der junge Direktor Klibansky geht mit Engagement und Elan daran, die Jawne zu dem zu machen, was sie später werden soll. Er treibt Gelder ein, um Aus- und Umbau der Schule zu finanzieren und in allen Räumen eine Heizung einzubauen. Da die private Schule keine staatlichen oder städtischen Mittel erhält, ist man auf das Schulgeld der Eltern angewiesen – was sich pro Schüler im Schnitt auf etwa DM 400 jährlich beläuft. Weil die Mittel knapp sind, geht Klibansky immer wieder recht ungewöhnliche Wege: Theaterstücke werden an der Schule aufgeführt, und im Opernhaus gibt es sogar eine Jawne-Inszenierung der *Fledermaus*. Dennoch begleiten Finanzprobleme die Schule ständig. Um den Schulbetrieb aufrechtzuerhalten, nehmen die Lehrkräfte sogar Gehaltskürzungen in Kauf.

Unter Erich Klibansky erlebt die Jawne trotz zahlreicher Probleme einen Aufschwung und erfreut sich quer durch die Kölner jüdische Bevölkerung großer Beliebtheit. Zunächst können die Schüler die Jawne nur bis zur mittleren Reife besuchen, dann wird eine Oberstufe eingerichtet. Bald nach 1933 macht sich die „neue Zeit" bemerkbar – nicht nur im schulischen, auch im privaten Bereich. Fritz Bauchwitz, der bis dahin von Antisemitismus nie etwas bemerkt hat, kommt eines Tages mit blutig aufgeschlagenen Knien, Prellungen und Nasenbluten von den Rheinwiesen heim. Dort waren er und seine Freunde auf ein Rudel Hitlerjungen gestoßen; es war zu einer handfesten Prügelei gekommen, in deren Verlauf die Hitlerjungen mit Pflastersteinen auf Fritz Bauchwitz und seine Mitschüler geworfen hatten.

Nach der Machtübernahme nimmt die Jawne die aus dem öffentlichen Schuldienst entlassenen, zumeist assimilierten jüdischen Lehrer und Lehrerinnen auf. Sie müssen sich aber verpflichten, im Unterricht und in der Öffentlichkeit nicht gegen das Religionsgesetz zu verstoßen. Die neu hinzugekommenen, nicht orthodoxen Schüler und Schülerinnen fügen sich zumeist zwanglos in die Klassengemeinschaft ein, auch wenn sie kaum über Hebräischkenntnisse verfügen, die für eine jüdische Schule unerlässlich sind.

Im November 1933 lädt Erich Klibansky zu einer Elternversammlung in die Aula der Jawne ein. Dort hält er eine Rede, die deutlich macht, dass Illusionen über die Lage der Juden in Deutschland nicht mehr angebracht sind:

Es ist sicher nicht zu viel behauptet, wenn man sagt, dass wohl der größte Teil dieser nunmehr neu zu uns kommenden jüdischen Kreise niemals ohne die Ereignisse der jüngsten Zeit ernsthaft auch nur die Möglichkeit erwogen hätte, ihre Kinder einmal einer jüdischen Schule anzuvertrauen... Wir haben den epochalen Abschluss der deutsch-jüdischen Emanzipationsepisode ja alle miterlebt. Die jüdische Geschichte hat mit einem unwahrscheinlichen Sprung über die Zeiten zurück wieder dort eingesetzt, wo wir vor eineinhalb Jahrhunderten scheinbar stehen geblieben waren. Mit automatischer Notwendigkeit richten sich die Blicke all derer, denen die Ereignisse die Augen geöffnet haben, wieder auf die geistige Rüstkammer unseres Volkes, um sich die alten Waffen zu holen, die wir brauchen, um in solcher Zeit und Not als Juden zu bestehen... In welche Schule schicke ich mein Kind? Diese Frage ist heute entschieden. Man kann nicht mehr einwerfen, wir wollten nicht selbst ins Ghetto zurück, denn der Ausgliederungsprozess des deutschen Volkes gegenüber uns Juden ist in vollem Gange...

Trotz dieser Hellsicht mag Klibansky das Ausmaß dessen, was noch folgen soll, wohl nicht geahnt haben. Er ist ständig auf der Suche nach neuen Gelegenheiten, um für „seine" Schülerinnen und Schüler Auswege aus der immer bedrohlicher werdenden Situation zu finden. Er beschließt, den Jawne-Schülern die englische Prüfung für das Cambridge School Certificate zu ermöglichen. So sollen sie für eine mögliche Auswanderung vorbereitet sein. Bereits zu Beginn des Schuljahres 1937 wird die erste englische Klasse mit 16 Jungen und 14 Mädchen gegründet.

Ende 1937 muß die Familie Klibansky die schöne Wohnung in der Volksgartenstraße 15 räumen; ab Oktober wohnt sie in der Kamekestraße 21 unter recht beengten Verhältnissen. Der Druck auf die jüdische Bevölkerung nimmt zu. In Klibansky reifte der Plan einer Übersiedlung seiner „englischen Klassen" nach Großbritannien. Mit Zustimmung der Reichsstelle für das Auswanderungswesen sucht er in London führende jüdische Persönlichkeiten auf und erhält die Unterstützung des Central British Council for Refugees zur Errichtung eines Internats für seine Schüler.

Er lässt es sich nicht nehmen, einige Klassen selbst zu begleiten. Auch die von Fritz Bauchwitz und Rolf Schild. Im Mai 1939 fahren die beiden Fünfzehnjährigen zusammen mit Erich Klibansky nach Liverpool. Dass der Lehrer ihnen damit das Leben rettet, ahnen sie damals noch nicht. Die Klasse von Fritz Bauchwitz und Rolf Schild ist eine der letzten, die Klibansky aus Deutschland herausbringt. Als im September 1939 der Krieg ausbricht, ist der Weg über den Kanal für die deutschen Schüler versperrt.

Fünf Jawne-Klassen hat Erich Klibansky begleitet. Insgesamt 130 Kinder bringt er so in Sicherheit. Für seine eigenen drei Kinder kann er nichts mehr tun. Am 20. Juli 1942 werden Dr. Erich und Meta Klibansky, zusammen mit den Kindern Hans-Raphael, Alexander und Michael, von Köln aus deportiert. Es gelingt ihnen, aus dem fahrenden Zug heraus eine Postkarte an eine befreundete Familie in Köln zu werfen. Jemand findet sie und wirft sie ein. Abgestempelt ist sie am 21.7.1942 in Berlin. Der Text von Meta Klibansky lautet:

Im Zug, d. 21.7.42
Liebe Familie Jacoby,
Unsere Gedanken gehen zurück ins Vergangene, und da drängt es mich, Ihnen beiden von Herzen zu danken für alle Hilfe, die Sie uns geleistet haben. Ist es ein Zufall, dass die Familie Jacoby die erste war, die ich privat an Menschen in Köln kennen lernte, und dass Sie auch die Letzten waren, die uns Freunde geblieben sind. Lassen Sie mich von Ihnen Abschied nehmen mit dem innigen Wunsch für Ihr Wohlergehen, bleiben Sie drei verschont von Leid und Schwerem. Vielleicht sehen wir uns eines Tages mal wieder...

Erich Klibansky hat darunter geschrieben: *Hoffentlich bleibt die Fahrt so, wie es angefangen hat. Herzliche Grüße und nochmals Dank. Ihr Klibansky.*

Der Zug geht nach Minsk. Im Wald von Blagowschtschina, nicht weit vom KZ Trostenez entfernt, werden die Insassen aus dem Zug geholt, vor eine ausgehobene Grube gestellt und erschossen.

Die Jawne wird im Herbst 1941 geschlossen. Ein knappes Jahr später kommt für alle jüdischen Bildungseinrichtungen das Aus. Die Geschichte des jüdischen Schulwesens in Köln ist damit zu Ende.

Rolf Schild, der heute einen britischen Pass besitzt, ist übrigens nicht Fußballspieler geworden. Und Fritz Bauchwitz, der heute Amerikaner ist, auch nicht Regisseur. Die Wege der beiden Schulfreunde haben sich nach dem noch gemeinsam erlebten Exil in England getrennt. Rolf Schild lebt heute noch immer in England. Fritz Bauchwitz kam als amerikanischer Soldat in seine Heimat zurück, wurde Zivilbeamter und blieb schließlich in Deutschland, wo er noch heute lebt. Er bleibt mit Köln in Kontakt, schließlich ist sein Sohn Pit Bauchwitz Mitglied der kölschen Gesangstruppe De Höhner.

Geblieben sind den beiden Schulfreunden – auch ein Menschenalter später – die vielen Erinnerungen an die Kindheit und an „eine der besten Schulen Deutschlands": die Jawne in Köln.

Geblieben ist von ihr kein Stein. Die alte Kastanie ist das Einzige, was von der berühmten jüdischen Schule in der St.-Apern-Straße 29–31 heute noch zu sehen ist.

„Tochter Israels und Tochter der Kirche": die Geschichte der Philosophin und Karmelitin Edith Stein

Am 9. August 1942 endet in der Gaskammer von Auschwitz das Leben der Philosophin und Karmeliternonne Teresia Benedicta a Cruce, besser bekannt unter ihrem bürgerlichen Namen Dr. Edith Stein. Sie und ihre Schwester Rosa werden dort als Jüdinnen ermordet.

Edith Stein als Studentin bei Husserl.

Edith Stein, am 12. Oktober 1891 in Breslau als Tochter einer frommen jüdischen Familie geboren, studiert in Breslau, Göttingen und Freiburg Germanistik, Geschichte und Philosophie. Bald stößt sie auf das Werk eines großen zeitgenössischen Philosophen: die *Logischen Untersuchungen* Edmund Husserls. Edith Stein entdeckt die Phänomenologie. 1918 promoviert sie bei Husserl. Sie arbeitet als dessen Assistentin und konvertiert 1922 zum katholischen Glauben. Danach ist sie als Lehrerin und Dozentin tätig.

Aufgrund des „Arierparagraphen" wird sie im April 1933 aus ihrer Beamtenstelle entlassen. Im selben Jahr tritt sie als Ordensschwester in den Kölner Karmel ein, der sich damals noch an der Dürener Straße befindet. 1938 flieht sie – einmal wegen der drohenden Verhaftung, aber wohl auch, um ihre Mitschwestern nicht zu gefährden – in den Karmel im holländischen Echt. Dort wird sie am 2. August 1942 verhaftet und zusammen mit ihrer Schwester Rosa nach Auschwitz in den Tod geschickt.

1978 wird Edith Stein in Köln von Papst Johannes Paul II. selig gesprochen; 1998 wird sie in Rom heilig gesprochen. An der Selig- wie an der Heiligsprechung Edith Steins entzündet sich nach wie vor Kritik. Kernpunkt dieser Kritik ist der Verdacht, dass der Tod der als Jüdin ermordeten Karmelitin von der katholischen Kirche zu einem christlichen Opfer umgedeutet werden könnte. Als problematisch darf auch ihre eigene Interpretation ihres Leidensweges gelten. Sie hat diesen Weg als Opfer für ihr Volk verstanden, ja sogar als Sühne für den angeblichen Unglauben der Juden. Das heißt: Edith Stein ist so vollkommen im Katholizismus aufgegangen, dass sie auch den damals üblichen katholischen Antijudaismus und den katholischen Triumphalismus des einzig wahren Wegs zu Gott mit übernommen hat.

Wenn Edith Stein heute, wie es manchmal in katholischen Kreisen geschieht, als Wegbereiterin eines christlich-jüdischen Dialogs dargestellt wird, so ist das widersprüchlich. Hier stellt sich die Frage, wo noch Dialog möglich ist, wenn Auschwitz als Sühne für die Nichtanerkennung der Messianität Jesu durch die Juden gedeutet wird.

Das Archiv des Kölner Karmel bewahrt das Originalmanuskript des philosophischen Hauptwerkes von Edith Stein *Ewiges und endliches Sein* sowie eine Reihe ihrer Briefe auf.

„Denn siehe, Finsternis bedecket die Erde und Wolken düster die Völker...“

(Jesaja 60, 2–3)

Stätten jüdischen Lebens während des Nationalsozialismus

Abraham-Frank-Waisenstiftung, Aachener Straße 443

Das Waisenhaus wurde nach dem Rabbiner Dr. Abraham Frank benannt, der es 1876 ins Leben rief. Seit 1910 befand es sich im Haus
Aachener Str. 443 in Köln-Braunsfeld. Es betreute und erzog mittel-
lose Voll- und Halbwaisen, die einer jüdischen Ehe entstammten und
der Kölner Synagogengemeinde angehörten. 1941 wurde es zwangs-
geräumt, die Kinder und Betreuer im Jüdischen Gemeindehaus Cäci-
lienstr. 18–22 untergebracht. Diese wurden am 20.7.1942 zusammen
mit Kindern des Kinderheims Lützowstraße nach Minsk-Trostenez deportiert. Im Kinderheim Lützowstraße wohnte auch das jüdische Mädchen Amalie Banner, das nach Warschau deportiert wurde.

Während des Novemberpogroms 1938 wurden die Orte jüdischen Lebens
und Glaubens überall geschändet und zerstört. In Köln erinnern heute einige Gedenkstätten an die Ereignisse.

Synagoge Glockengasse

Die größte Synagoge Kölns in der Glockengasse wurde am 9. November
1938 zu großen Teilen zerstört. Was übrig geblieben war, fiel später den
Bomben im Zweiten Weltkrieg zum Opfer. Am Gebäude der Oper, dort,
wo früher die Synagoge stand, ist eine Gedenktafel angebracht. *(Siehe auch
S. 57, Stätten jüdischen Lebens während der Franzosenzeit)*

Synagoge Roonstraße

In der Nacht des Novemberpogroms 1938 wurde auch sie verwüstet
und in Brand gesteckt. Nach dem Krieg wurde sie wieder aufgebaut

173

und am 20. September 1959 erneut eingeweiht. Sie dient der jüdischen Gemeinde Köln bis heute als Gotteshaus. *(Siehe auch S. 76, Stätten jüdischen Lebens im 19. Jahrhundert)*

Synagoge St.-Apern-Straße

Zu der Synagoge der orthodoxen Austrittsgemeinde Adass Jeschurun gehörte ein Lehrerseminar und ab 1907 die Volksschule Morijah. 1912 kam das Gymnasium Jawne hinzu. Das Innere der Synagoge wurde am 10. November 1938 zerstört, das gesamte Gebäude fiel im Zweiten Weltkrieg einem Bombenangriff zum Opfer. Eine Plakette erinnert an die Synagoge. *(Siehe auch S. 77, Stätten jüdischen Lebens im 19. Jahrhundert)*

Synagoge Körnerstraße, Ehrenfeld

Das Gebäude wurde wohl schon vor der Pogromnacht nicht mehr für Gottesdienste benutzt. In der Nacht vom 9. auf den 10. November 1938 wurden die Synagoge und das danebenstehende Haus des Kantors bis auf die Grundmauern niedergebrannt, nachdem das Inventar zuvor mit Äxten zertrümmert worden war. Bei Ausgrabungen 1998 wurden die Fundamente der Synagoge und einer Mikwe freigelegt. Es ist lange Zeit fälschlicherweise angenommen worden, dass der Standort der Synagoge dort gewesen sei, wo heute ein Bunker steht. Auch der Text der Gedenktafel an diesem Bunker weist immer noch darauf hin. Tatsächlich war dieses Bunkergrundstück früher jedoch eine Gartenparzelle. *(Siehe auch S. 77, Stätten jüdischen Lebens im 19. Jahrhundert)*

Synagoge Mülheimer Freiheit

Die Synagoge wurde am 10. November 1938 zerstört.
(Siehe auch S. 76, Stätten jüdischen Lebens im 19. Jahrhundert)

Synagoge Am Reischplatz 6, Deutz

Synagoge und Religionsschule wurden im Novemberpogrom 1938 schwer verwüstet, das ursprüngliche Gebäude im Krieg zerstört. In dem Bau befindet sich heute die Polizeiwache Deutz. Eine Gedenktafel ist neben dem Eingang angebracht. *(Siehe auch S. 76, Stätten jüdischen Lebens im 19. Jahrhundert)*

Auch im Umland von Köln – dort, wo jeder jeden kannte – brannten die Synagogen und/oder verschwanden einfach:

Weilerswist

Die kleine jüdische Gemeinde Weilerswist gehörte zusammen mit den Ortschaften Metternich, Großvernich und Kleinvernich zum Synagogenbezirk Euskirchen. In Weilerswist lebten seit dem 17. Jahrhundert Juden. Ende des 19. Jahrhunderts hatte die jüdische Bevölkerung dort mit rund 40 Familien einen Höchststand erreicht. Über die ehemalige Weilerswister Synagoge an der Hauptstraße 45 (heute Kölner Straße 61) ist nur wenig bekannt. Am Standort der früheren Synagoge befindet sich inzwischen eine Gedenktafel. Im November 1988 gründeten Weilerswister Bürgerinnen und Bürger eine Friedensinitiative, die in einer Publikation mit dem Titel *Vergangenheit unvergessen* das Schicksal der Weilerswister Juden im Dritten Reich nachzeichnete.

Rosbach, Rhein-Sieg-Kreis, Ortsteil von Windeck

Um 1879 weihte die jüdische Gemeinde in Rosbach ihre eigene kleine Synagoge – eigentlich eher ein Bethaus – ein. Sie lag hinter dem heutigen Haus Bergstraße 14. Während des Novemberpogroms wurde die Synagoge zerstört. Auf der Hauptstraße befindet sich ein Schild mit dem Hinweis „Gedenkstätte Landjuden an der Sieg". Das Schild führt zu einem alten Fachwerkhaus, in dem von 1917 an die jüdische Familie Seligmann lebte. Dieses Haus ist heute eine Gedenkstätte, die ein authentisches Bild vom Leben einer jüdischen Familie auf dem Land vor der Schoah vermitteln soll. Die Gedenkstätte ist jeden Mittwoch und jeden ersten und dritten Sonntag im Monat von 14 bis 16 Uhr geöffnet. Führungen außerhalb dieser Zeiten können mit dem Archiv des Rhein-Sieg-Kreises vereinbart werden (Telefon: 02241/13 25 65).

Synagoge Pulheim-Stommeln

1831 berichten die Akten erstmals von einem jüdischen Bethaus in Stommeln, das offenbar in einem Stall untergebracht war. Seit den 1860er-Jahren planten die Stommelner Juden einen Neubau, der sich aber erst 1882 realisieren ließ. Die Einweihung der neuen Synagoge fand am 11. August 1882 statt. Das etwa 43 qm große, heute hinter dem

Haus auf der Haupstraße 85 gelegene Gebäude ist aus Feld-
brandstein im neo-romanischen Stil errichtet. Die Stommelner jüdische Gemeinde wurde bereits um 1930 aufgelöst. 1937 wurde die
Synagoge verkauft und als Stall und Lagerraum genutzt. Kurz nach
seiner Widerentdeckung 1977 wurde das Gebäude von der Gemeinde Pulheim gekauft und später renoviert. Heute befindet sich
dort ein Kulturzentrum.

Synagoge Porz-Zündorf
Das Ziegelsteingebäude mit Rundbogenfenstern in der frührreren
Hauptstraße 68 (heute 159) wurde am 18./19. August 1882 eingeweiht. Die Synagoge lag hinter einem Fachwerkhaus, das nicht
der jüdischen Gemeinde gehörte, und war durch einen schmalen
Gang zu erreichen. Am 9. Februar 1938 wurde die Synagoge enteignet. Später wurde sie zu einem Wohnhaus umgebaut. Es gibt keine Gedenktafel.

Vor aller Augen – der Novemberpogrom in Köln

Alles beginnt mit einer Postkarte. Ein junges Mädchen schreibt aus
dem deutsch-polnischen Grenzstädtchen Zbaszyn (Bentschen) an seinen Bruder nach Paris: *Lieber Herschel,*
du hast gewiss von unserem großen Unglück gehört. Ich gebe dir eine Beschrei-
bung der Vorgänge. Donnerstagabend liefen Gerüchte um, alle polnischen Juden
einer Stadt seien ausgewiesen worden… Um 21 Uhr ist ein Schupo zu uns ge-
kommen und hat uns erklärt, wir müssten ins Polizeirevier kommen und unsere
Pässe mitbringen… Dort war bereits unser ganzes Viertel versammelt. Ein Poli-
zeiwagen hat uns alle ins Rathaus gefahren. Man hatte uns noch nicht gesagt,
worum es sich handelte, aber wir hatten gesehen, dass es um uns geschehen war.
Man steckte jedem von uns einen Ausweisungsbefehl in die Hand. Wir sollten
Deutschland vor dem 29. Oktober verlassen… Ich bin dann in Begleitung eines
Schupos heimgegangen und habe die notwendigsten Kleider in einen Koffer ge-
packt. Und das ist alles, was ich gerettet habe. Wir haben keinen Pfennig. Könn-
test du uns nicht etwas nach Lodz schicken? Küsse von uns allen. Berta.

Diese Nachricht erhält der 17-jährige Herschel Grynszpan in Paris, wo er bei einem Onkel zu Besuch ist. Es ist der 3. November 1938. Der Brief macht den Jugendlichen aufgebracht, zornig, verzweifelt und hilflos. Dann bricht die Wut sich Bahn: Der junge Grynszpan will nicht tatenlos zusehen. Er beschließt zu handeln.

Am Montag, dem 7. November kauft er eine Pistole und Munition. Er geht zur deutschen Botschaft in der Rue de Lille 78 und verlangt den Botschafter zu sprechen. Er wolle ihm ein wichtiges Dokument übergeben. Grynszpan wird in ein Büro geführt. Der Dritte Legationsrat, Ernst vom Rath, empfängt ihn und fordert ihn auf, Platz zu nehmen und sein Anliegen vorzutragen. Grynspan glaubt, den Botschafter vor sich zu haben. Als der Diplomat sich nach dem angeblich wichtigen Dokument erkundigt, springt Herschel Grynszpan auf, zieht die Pistole, richtet sie auf sein Gegenüber und schreit: „Sie sind ein 'sale boche' ('dreckiger Deutscher'), und hier ist das Dokument, im Namen der verfolgten Juden...!"

Dann feuert er insgesamt fünfmal. Anschließend lässt sich Herschel Grynszpan, nicht ahnend, dass er soeben die Lunte an ein Pulverfass gelegt hat, widerstandslos von der französischen Polizei festnehmen. Er gibt an, aus Rache für die Behandlung seiner Eltern und seiner Schwester gehandelt zu haben. Ernst vom Rath wird in eine Pariser Klinik eingeliefert. Dort stirbt er wenige Tage später an seinen schweren Verletzungen und wird per Eisenbahn nach Düsseldorf überführt.

In Deutschland schlägt die Empörung über das Attentat des „Judenlümmels" auf einen deutschen Diplomaten hohe Wellen. Der „Volkszorn" wird erneut bemüht. Die Situation ist angespannt. Ein Zeitzeuge erinnert sich:

In der kritischen Zeit wohnte ich in Köln-Ehrenfeld, Körnerstraße. Zufällig kam ich an dem Bahnhof Köln-Ehrenfeld vorbei, als der Gepäckwagen mit dem Sarg des in Paris erschossenen deutschen Diplomaten vom Rath vorbeifuhr. Ich hatte von der Tat in der Zeitung gelesen, ich sagte mir instinktiv, dass die Tat Folgen haben werde.

Die perfekt funktionierende Goebbels'sche Propagandamaschinerie läuft sofort an. Am 8. November wird in der gleichgeschalteten Presse, so wie im *Völkischen Beobachte*r, angekündigt, dass man nun in eine neue Phase nationalsozialistischer Judenpolitik eintreten werde. Die Tat des

verzweifelten jugendlichen Attentäters wird als „Anschlag des internationalen Judentums auf das Deutsche Reich" ausgeschlachtet.

Am Nachmittag geht im ganzen Reich ein Fernschreiben über die
Ticker der Dienststellen der Staatspolizei:
An alle Stapostellen und Stapoleitstellen
1. Es werden in kürzester Frist in ganz Deutschland Aktionen gegen Juden, ins-
besondere gegen deren Synagogen, stattfinden. Sie sind nicht zu stören.
2. Sofern sich in Synagogen wichtiges Archivmaterial befindet, ist dieses durch
eine sofortige Maßnahme sicherzustellen.
3. Vorzubereiten ist die Festnahme von etwa 20 000 bis 30 000 Juden im Reich.
Es sind auszuwählen vor allem vermögende Juden...
Ein Zusatz für die Gestapo Köln lautet:
4. In der Synagoge Köln befindet sich besonders wichtiges Material. Dies ist
durch schnellste Maßnahme im Benehmen mit SD (Sicherheitsdienst, d. Autorin) *sofort sicherzustellen. Gestapo II. Müller*
Dieses FS (Fernschreiben, d. Autorin) *ist geheim.*

Das war die sorgfältig vorbereitete Regieanweisung. Die Inszenierung folgte unmittelbar darauf. In Köln begann man am 10. November morgens zwischen drei und vier Uhr mit Brandstiftung in Synagogen und Bethäusern, ab sechs Uhr mit der Zerstörung und Plünderung der jüdischen Geschäfte in der Innenstadt. Ab acht Uhr wurden erste Zerstörungen in den Außenbezirken beobachtet.

Schriftliche Quellen zum Novemberpogrom in Köln sind nur sehr
spärlich überliefert. Augenzeugen dagegen geben detaillierte Bilder
der Ereignisse.

Ruth Fischer-Beglückter war damals Schülerin der Jawne in der St.-
Apern-Straße. Nach Unterrichtsschluss wurde sie im Israelitischen
Kinderheim in der Lützowstraße betreut: *An dem Morgen im November*
1938, wenige Tage nach meinem Geburtstag, ging ich wie gewöhnlich zur „Jaw-
ne". Ich erkannte die Straße nicht wieder, glaubte, mich im Weg geirrt zu ha-
ben. Häuser und Läden waren geplündert, Schaufenster kaputt, Gegenstände
jeglicher Art auf die Straße geworfen, und alles war verlassen, kein menschli-
ches Wesen zu sehen... Bis zum heutigen Tag erinnere ich mich an das Bild der
Straßen mit Kleiderschränken, Bettdecken, Tafelgeschirr und zerbrochenem
Glas... In der Nacht nach diesem Tag habe ich verstanden. Wir schliefen be-
reits. Die Schlafräume (im Kinderheim) führten auf die Straße. Plötzlich wur-
de unser Schlaf durch Steine unterbrochen, die von der Straße zu uns herüber-

geworfen wurden. In wenigen Sekunden hatten wir, deren Bett am Fenster stand, es verlassen und wurden auf Anweisung der Aufseherin in Betten untergebracht, die weiter vom Fenster entfernt standen ... Einige Mädchen weinten leise ... Wir erfuhren, dass es Gruppen von Nazis waren, die die Steine warfen. Ich weiß nicht, wie lange es gedauert hat; ich erinnere mich nur an die Angst, die Einschüchterung und den beinahe körperlichen Schmerz, den ich bei jedem Steinwurf empfand ... Ich konnte nicht verstehen, warum man an ein Haus, das von Kindern bewohnt wurde, Steine warf ...

Zwei Mädchen beobachten die Zerstörung eines kleinen jüdischen Altwarenladens und sehen, wie sich SA-Männer im Halbkreis vor dem Geschäft der Eltern des einen Mädchens postieren. Unter Gebrüll und „Juden raus!"-Rufen, werfen sie eine schwere Eisenkugel in den Laden, dessen Schaufenster zerbersten. Später erinnert sich eines der Mädchen: *Nun blieben auch wir Kinder wie erstarrt stehen und blickten hinüber zu den Eltern meiner Schulfreundin, die wortlos zusahen, wie man ihren Besitz vernichtete ...*

Ein Zeitzeuge, der sich auf einer Geschäftsreise befand, kehrt sofort nach Köln zurück, als er von den Brandanschlägen in der Nacht erfährt. Dort sucht er, gemeinsam mit seinem jüdischen Arbeitgeber Schönholz, die Firma im Mauritiussteinweg 81 auf: *Als wir in das Haus gehen wollten, kamen uns SA-Leute entgegen. Sie hatten keinem der Anwesenden etwas angetan, nur in der Wohnung und im Betrieb „ein bißchen aufgeräumt". Anschließend bin ich in der Stadt gewesen. Dort habe ich dann mit eigenen Augen gesehen, dass an vielen Geschäften die Scheiben eingeschlagen worden waren und Gegenstände auf der Straße lagen; zu Plünderungen war es auch gekommen. Polizei gab es ja nicht an diesem Tag.*

Die Kölner Innenstadt bietet ein einziges Bild der Zerstörung: An der Ecke Kreuzgasse war ein Geschäft, das früher feine Glas- und Porzellanwaren führte. Angestellte der Müllabfuhr luden die Trümmer auf. Auch das Schuhhaus Speyer auf der Schildergasse hatte man geplündert. *Passanten nahmen Stiefel und Schuhe mit, die auf der Straße lagen ... Später erfuhr ich von der Zerstörung der Synagoge in der Roonstraße. Einer der Täter soll gesagt haben, was man nicht alles anrichten könne, wenn die Polizei einen in Ruhe lasse.* „Reichskristallnacht" – diese zynische Bezeichnung, die die Nationalsozialisten dem Pogrom selber gaben, macht die Runde.

Das Oberste Parteigericht der NSDAP zieht Bilanz: Im Deutschen Reich wurden 91 Juden, zumeist Geschäftsleute, getötet, 29 jüdische

Warenhäuser durch Feuer vernichtet, 171 Wohnhäuser und 101 Synagogen zerstört, 7500 Geschäfte verwüstet. Die Wirklichkeit war schlimmer.

Auch in Köln gibt es einen Toten: den jüdischen Friseur Moritz Spiro, der einen Salon in der Ehrenfelder Sömmeringstraße besaß. Er war von dem Ehrenfelder Bürogehilfen Norbert H. im Zuge der „Judenaktion" mit einem Besenstiel so misshandelt worden, dass er einige Tage später seinen Verletzungen erlag. Im Bericht des Kölner Oberstaatsanwaltes an den Reichsjustizminister vom 22. November liest sich der Vorfall so: *Die Jüdin Frau S. in Köln hat bei der Kriminalpolizei Anzeige wegen Totschlags ihres Ehemannes, des jüdischen Friseurs Moritz S., in Köln erstattet. Danach seien am 10. November 1938, nachmittags zwischen 17.00 und 17.30 Uhr, zwei Männer in die Wohnung der Eheleute S. eingedrungen. Sie hätten dort den 17-jährigen Sohn Erich getroffen, der seine Eltern herbeigerufen habe. Kurz darauf seien vorn im Ladenlokal Scheiben und Einrichtungsgegenstände zertrümmert worden. Die Eheleute S. hätten sich in den Laden begeben und dort einen Mann im grauen Anzug mit Schlägermütze bemerkt. Als der Ehemann S. gebeten habe, von weiteren Zerstörungen abzusehen, habe er einen Schlag über den Schädel erhalten. S. habe „Oh, mein Kopf!" gerufen und sei ohnmächtig zusammengebrochen. Der Friseur S. ist am 18. November 1938 an einer Schädelzertrümmerung im Israelitischen Krankenhaus in Köln gestorben ...*

Für die jüdischen Kölner, die das Dritte Reich überleben, bleiben die Geschehnisse der Novembernacht unvergesslich. Helmut Goldschmidt etwa, heute 82 Jahre alt, damals Architekt und Mitglied der Synagogengemeinde Köln, arbeitete gerade in seinem Büro an der Ecke Breite Straße/Richmodstraße. Er erinnert sich: *Ich saß in meinem Büro, als ich plötzlich auf der Straße Lärm und Geschrei hörte. Auf der Breite Straße hatte sich eine Menschenmenge vor dem ehemaligen Kaufhaus Landauer versammelt, das inzwischen „arisiert" war. Ich rannte auf die Straße. Scheiben zersplitterten. Ich sah, wie Männer mit Stöcken die Schaufenster der jüdischen Geschäfte einschlugen und die Auslagen auf die Straße warfen ...*

Ich lief zur Schildergasse, wo unter dem johlenden Beifall der Passanten ein Lastwagen mehrmals rückwärts in das Schaufenster eines Kristallgeschäfts fuhr. Geifernde Frauen schrien Hassparolen gegen die Juden. Aus der zerstörten Synagoge an der Glockengasse stiegen Rauchwolken auf...

Die Synagoge Glockengasse brannte lichterloh, sodass man den

Feuerschein überall in der Stadt sehen konnte. Als die Flammen erloschen waren, zeigte sich, dass in all den Trümmern und der Verwüstung nur das Schriftfeld über dem Torahschrein mit den Worten des Propheten Jesaja: „Denn siehe, Finsternis bedecket die Erde und Wolken düster die Völker…" unversehrt geblieben war.

Aber auch die Synagogen in der Roonstraße, in der St.-Apern-Straße, auf der Mülheimer Freiheit und in der Körnerstraße in Ehrenfeld lagen bald in Trümmern. Unter dem Gejohle der schaulustigen Menge wurden die heiligen Geräte aus den Gebäuden heraus auf die Straßen geworfen, zerschlagen oder verbrannt. In den ländlichen Gebieten rund um Köln erreichte die nationalsozialistische Propaganda ebenfalls ihr Ziel. Dort wurden kleine Landsynagogen und Bethäuser geschändet und verwüstet, Läden und Wohnungen geplündert.

Südwestlich von Köln, in dem kleinen Ort Weilerswist etwa, lebten in den 1930er-Jahren acht jüdische Familien. Dort und in den benachbarten Orten Lommersum und Vernich fand der Pogrom einen Tag später statt, also in der Nacht vom 10. auf den 11. November 1938. Die „Aktionen" dauerten bis in die Mittagsstunden des 11. November.

An die Pogromnacht in Weilerswist erinnert sich Herr B.: *Ich kam von der Arbeit, als die Synagoge schon brannte. Von weitem dachte ich, das Martinsfeuer sei schon angezündet worden. Beteiligt waren einheimische und auswärtige Nazis, unter anderen der Bürgermeister. Die Bevölkerung sah von weitem zu, griff aber nicht ein. Die Geschäfte der Juden wurden zerstört. Die Bevölkerung ging zum Teil von hinten (das heißt vom heutigen Markt aus) in die Häuser, um zu plündern. Es beteiligten sich hier nicht so viele wie in Lommersum. Die zahlreichen Schuldner der Juden freuten sich. Einige waren selbst bei der SA. Untereinander – aber nur heimlich – haben die Leute später nicht gut über die „Judenaktion" geredet.*

Ein Weilerswister Bürger, dem die Erinnerung bis heute noch zu schaffen macht, erzählt Folgendes:

Es hatte sich überall herumgesprochen, dass am Spätabend die Geschäfte geplündert und zerstört werden sollten. Die Weilerswister SA war stolz, diesen Anschlag auszuführen, und brüstete sich vorher damit.

Herr M., ein weiterer noch lebender Augenzeuge, berichtet, dass er helfen wollte, den Synagogenbrand zu löschen, von der Polizei aber zurückgedrängt wurde. Er ist überzeugt, dass die Synagoge völlig abbrennen sollte – was ja in der Tat auch geschah. Die Trümmer wurden kurze Zeit später von einem Weilerswister Landwirt, der ein Fuhrunternehmen betrieb, beseitigt.

Südöstlich von Köln – die Sieg hinauf – standen in dem kleinen Ort Rosbach und dem nur wenige Kilometer entfernten Hamm ebenfalls die bescheidenen Gotteshäuser der Juden in Flammen. Hier erzählt ein heute über 70-jähriger Augenzeuge: *Ich ging in die Landschule Pracht – ein kleines Dorf, kurz vor Hamm. Morgens kam der Lehrer in die Klasse und verkündete, wir würden einen Ausflug machen, weil die „Judenhäuser" in Hamm und Rosbach brannten. Wir liefen die vier Kilometer mit dem Lehrer nach Hamm. Als wir hinkamen, brannte die Synagoge noch, besser gesagt, es schwelte, denn es stand nichts mehr. Die angrenzenden Häuser, in denen Juden wohnten, hatten keine Fensterscheiben mehr. Glasscherben lagen herum, Kleider und Hausrat waren über die Straße verstreut. Von den Bewohnern war nichts zu sehen. Rund um die Synagoge war durch SA-Leute alles abgesperrt. Es waren nur wenige Zuschauer da. In der Schule mussten wir – soweit ich mich erinnern kann – einen Aufsatz darüber schreiben. Ich war damals acht Jahre alt. Auf meine Fragen, die ich stellte, bekam ich keine Antwort. Am nächsten Tag wollte ich mit meinem Freund noch einmal dorthin. Beide bekamen wir es aber von unseren Vätern verboten. Erst später habe ich erfahren, wie geschickt die SA vorging. Die „Brandhelfer" wurden in Dörfern eingesetzt, die viele Kilometer weit weg waren, damit sie möglichst nicht erkannt wurden.*

Die Juden, die in Hamm und Rosbach gelebt hatten, waren Teil unseres Alltags gewesen. An den Altwarenhändler Max Seligmann aus Rosbach kann ich mich noch erinnern. Den kannten viele, denn er zog über die Dörfer im Umkreis. Er überlebte, aber die meisten anderen blieben verschwunden.

Der Novemberpogrom ist für den Historiker Wolfgang Benz „ein Rückfall in die Barbarei". In einer einzigen Nacht seien die Errungenschaften der Aufklärung, der Emanzipation, der Gedanke des Rechtsstaates und die Idee von der Freiheit und der Menschenwürde des Individuums zunichte gemacht worden. Seit dem 15. Jahrhundert hatte es in Europa solche Judenverfolgungen nicht mehr gegeben.

Der Pogrom – von staatlichen Instanzen erdacht, geplant und durchgeführt – machte sowohl den deutschen Juden als auch der Weltöffentlichkeit klar, dass für Juden in Deutschland die bürger-

Die zerstörte Synagoge in der Glockengasse.

lichen Rechte und Gesetze nicht mehr galten. Mit keinem anderen Ereignis hatte das NS-Regime bislang so unmissverständlich und kaltblütig demonstriert, dass es selbst auf den Anschein rechtsstaatlicher Normen keinerlei Wert legte.

Diese Nacht bildete den Auftakt für Maßnahmen und Aktionen, die zur „Endlösung" führen sollten. Der Massenmord an jüdischen Menschen war das Ziel. Die Maske der relativen Toleranz, die das nationalsozialistische Regime noch zwei Jahre zuvor für die Olympischen Spiele in Berlin angelegt hatte, war gefallen.

Noch 1933 hatten sich selbst gut informierte Juden, trotz aller Skepsis, das Ausmaß dessen nicht vorstellen können, was folgen sollte. Deutlich macht das ein Artikel, den der Kölner Gemeinderabbiner Dr. Rosenthal am 31. März des Jahres unter der Überschrift „Ein Wort zur Zeit" im Gemeindeblatt der Synagogengemeinde formuliert hatte: *Die neue Zeit hat begonnen – das neue deutsche Reich ist aufgerichtet – für uns Juden hat sie den Einzug gehalten mit Schmälerung unseres bürgerlichen Rechts, Verletzung unserer persönlichen Würde, Einengung unserer religiösen Freiheit. Während alle die anderen mit wehenden Standarten hinausziehen in die Weite, auf die von frohem Lärm durchtobten Gassen, bleibt dem Juden nichts anderes übrig, als die herbe Mahnung des Propheten: „Geh, mein Volk, komm in deine Kammern, mach deine Türen hinter dir zu. Wart ab eine Weile, ob der Sturmbraus vorüberzieht... Warten und harren auf Den, der das Geschick der Menschheit lenkt und fügt, steigen lässt und sinken nach Seinem Willen, von Dem wir aber auch wissen und bekennen: „Siehe, der Hüter Israels schläft und schlummert nicht."*

Seit Erscheinen dieses Artikels waren über fünf Jahre unübersehbaren Terrors gegen die jüdische Gemeinschaft ins Land gegangen. Auch die größten Optimisten unter den Kölner Juden konnten sich nach dieser Novembernacht keinen Illusionen mehr hingeben. Ihre Bindungen an Heimat und Vaterland – das begriffen die meisten von ihnen wohl schlagartig – waren nicht mehr zu halten.

Der Pogrom prägte ihr Bewusstsein und ihre Erinnerungen. Er markierte den Wendepunkt. Es gab keinen Anlass mehr, auf die immer wieder beschworenen „besseren Zeiten" zu hoffen. Die vielzitierte deutsch-jüdische Weggemeinschaft war zu Ende.

Auch auf das Wunder, doch noch von den christlichen Mitbürgern beschützt zu werden, hatten die Kölner Juden vergeblich gewartet. Sicherlich – der eine oder andere Kölner wird vielleicht dem jüdischen Freund, Nachbarn oder Kollegen die Hand gedrückt haben, um so seine eigene Hilflosigkeit zu dokumentieren, doch spontane Bezeugungen von Mitleid, Empörung und Solidarität blieben aus.

Der Novemberpogrom war befohlene Sache. Aber die Bereitwilligkeit, mit der dieser Befehl befolgt wurde, macht erst die Dimension dieses Ereignisses aus.

Köln und Warschau sind zwei Welten
Stationen im Leben des Mädchens Amalie Banner

Das Haus Drachenfelsstraße 16 in Köln-Klettenberg ist heute eines von jenen gesichtslosen Häusern, wie sie nach dem Krieg zu Tausenden in Köln wieder aufgebaut wurden. Nichts erinnert mehr an die alten grauen Mehrfamilienhäuser, die vor dem Krieg hier standen. Und nichts erinnert mehr an ein Kölner Mädchen, das Amalie Banner hieß und „Malchen" gerufen wurde. Geblieben sind von ihm sieben vergilbte Briefe, zwei Postkarten, ein paar Zeichnungen. Und geblieben sind die Erinnerungen einiger weniger Menschen in England, Israel und Amerika.

Malchen Banner ist eine von vielen lebensfrohen, zukunftsorientierten Kölner jüdischen Jugendlichen, die jäh den Weg ins Verderben gehen müssen. Geboren wird Amalie Banner am 25. Februar 1923 in jenem Haus in der Drachenfelsstraße als Tochter jüdischer Eltern, die nach dem Ersten Weltkrieg aus Kolokolin in der Ukraine und Alt-Dzikow in Galizien nach Deutschland eingewandert sind. Ihr Vater, Simon Banner, hatte sein Auskommen als umherziehender Krämer. In der Woche bereiste er mit Waren des täglichen Bedarfs das Kölner Umland. Die Mutter erkrankt sehr früh an einer – damals unheilbaren – Nervenkrankheit und wird in eine psychiatrische Anstalt gebracht, wo sich ihre Spur verliert.

Der Vater kann sich tagsüber nicht um Amalie und die jüngere Schwester Selma kümmern, und so werden die beiden Mädchen in der Israelitischen Waisenstiftung Abraham-Frank-Haus in der Aachener Straße versorgt. Das Haus wird von Therese Wallach geleitet, die für

„ihre" Kinder zu einem liebevollen und einfühlsamen „Mutterersatz"
wird.

Malchen und Selma Banner hatten bislang keine fröhlichen Kind-
heitsjahre. Das ändert sich jetzt. Die Leiterin Therese Wallach versteht
es, eine sorglose und unbeschwerte Gemeinschaft herzustellen. Malchen, so sagen alle, die sich bis heute an sie erinnern, war ein strah-
lendes, fröhliches und anhängliches Mädchen, das vor allem eine
große Begabung fürs Tanzen hatte. Sie erhält Ballettunterricht und
will Tänzerin werden.

Als Amalie elf Jahre ist, 1934, wird bei ihr eine Knochenkrebser-
krankung diagnostiziert. Die Ärzte und Ärztinnen im Israelitischen
Asyl in der Ottostraße, dem renommiertesten Kölner Krankenhaus
dieser Zeit, kämpfen mit einer schweren Gewissensentscheidung, als

Amalie Banner im Garten des Abraham-Frank-Hauses.

sie beschließen, Malchen das rechte Bein zu amputieren. Noch fast 50 Jahre später kann sich die damalige Assistenzärztin Dr. Trude Löwenstein an diese Operation erinnern.

Nach der Operation erholt sich Malchen gut. Die Tanzlehrerin Susanne Levinger nimmt das Kind eine Weile zu sich nach Hause, pflegt es dort und hilft ihm, eine andere wichtige Begabung zu entdecken: das Zeichnen. Mit neuen Zielen und Plänen kehrt Amalie Banner ins Abraham-Frank-Haus zurück. Die Fotos aus dieser Zeit zeigen ein lebensfrohes Mädchen, das mit seiner Beinprothese so gut zurechtkommt, dass viele Kameradinnen und Kameraden im Heim von Malchens Behinderung gar nichts wissen.

Nach der Schulentlassung beginnt Malchen eine Schneiderlehre, kann aber weiter im Abraham-Frank-Haus bleiben. Im Oktober

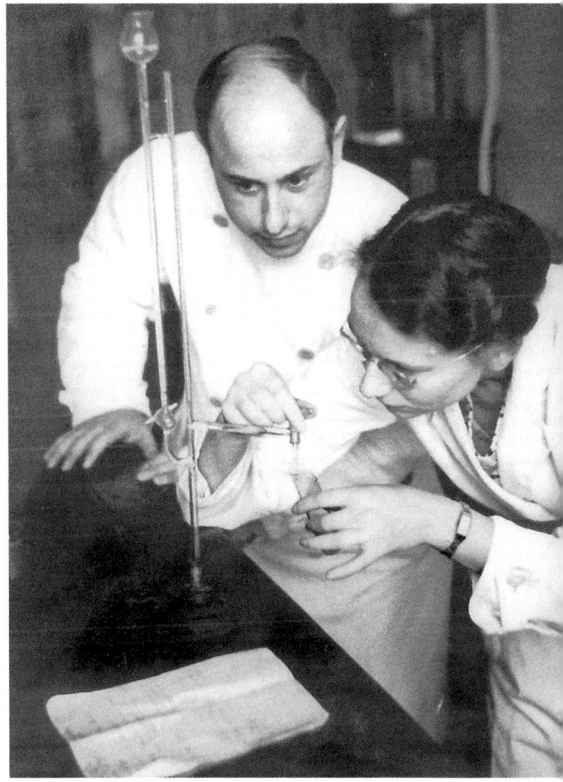

Die Ärztin Trude Löwenstein im Israelitischen Asyl.

1938 bricht über sie und ihre Familie ein neuer Schicksalsschlag herein. Malchens Vater, ein „Ostjude" mit polnischem Pass, wird im Zuge der „Ausweisungsaktion" am 28. Oktober 1938 aufgefordert, Köln zu verlassen, um nach Polen abgeschoben zu werden. Simon Banner will seine Kinder nicht allein in Köln zurücklassen, und so beschließt er, Malchen und Selma mitzunehmen.

Die „Aktion" war überfallartig organisiert und traf die Menschen völlig unvorbereitet. In Windeseile müssen Malchen und Selma Banner im Abraham-Frank-Haus ihre Habseligkeiten zusammenpacken und innerhalb weniger Stunden von dem Ort Abschied nehmen, der ihnen längst Heimat geworden ist.

Zunächst reisen die Ausgewiesenen zu einer Tante nach Posen, dann später nach Warschau. Nach dem Einmarsch deutscher Truppen in Polen und der Einrichtung eines Ghettos in der polnischen Hauptstadt landen die Banners im Frühsommer 1940 schließlich im Vorhof der Hölle: in der Lesznostraße 15 – mitten im Warschauer Ghetto.

Die „Polenaktion"

Am 28. Oktober 1938 erhielten mehr als 17 000 in Deutschland lebende Juden polnischer Staatsangehörigkeit, die um Mitternacht staatenlos werden sollten, polizeiliche Ausweisungsverfügungen. Einige von ihnen wurden in Eisenbahnwaggons an die polnische Grenze gebracht, aber wieder nach Hause zurückgelassen, als man die Grenze gesperrt fand. Der größere Teil der Menschen wurde auf Lastwagen transportiert; ihnen wurde erlaubt, nur so viel an Gepäck mitzunehmen, wie sie tragen konnten. Nahe der Grenzstation Bentschen wurden sie dann ins Freie gejagt. Einige der Alten und Kranken überlebten die Strapazen nicht, und nur den Bemühungen des American Joint Distribution Committee, das versuchte, die Juden in einigen polnischen Städten unterzubringen, ist es zu verdanken, dass eine Katastrophe verhindert werden konnte. Die Organisation dieser ersten Massendeportation unterschied sich nicht wesentlich von den späteren Deportationen nach Auschwitz.

In Bentschen-Zbaszyn, 70 km westlich von Posen, befand sich ab Ende Oktober 1938 das Abschiebelager Neu-Bentschen-Zbaszynek für die aus Deutschland ausgewiesenen polnischen Juden. Von Mai 1941 bis Ende 1943 waren dort Zwangsarbeitslager für Reichsbahnarbeiter.

In der Lesznostraße 15 bewohnt die Familie einen feuchten, dunklen, winzig kleinen Kellerraum. Arbeit gibt es für die Banners nicht. Geld oder Wertgegenstände besitzen sie nicht. Um etwas zu essen zu organisieren, verkauft die Familie die Kleidung, die sie auf dem Leib trägt. Irgendwann beginnen Malchen und Selma, für ein bißchen Geld Strickarbeiten anzufertigen. Aber sie können nur bei Tageslicht arbeiten. Geld, um Strom und Licht zu bezahlen, haben sie nicht. So bringen sie gerade mal eine Strickjacke in der Woche zustande. Der Lohn dafür reicht nur für ein einziges Abendessen. Neben Krankheiten und dem wiederholten Ausbruch von Seuchen war der Hunger für die Bewohner des Ghettos das Schlimmste. In einem Bericht der polnischen Untergrundpresse über die Zustände im Warschauer Ghetto hieß es im April 1942:

Wir sehen täglich bettelarme, vor Hunger geschwollene Gestalten, wir sehen Kinder zu Skeletten abgemagert, mit Hungergeschwüren bedeckt, kraftlos auf der Straße liegen (...) Manche von ihnen singen, wenn sie es denn noch können, das bekannte Ghettolied: „Gute Menschen, habt Erbarmen, werft herab ein Stückchen Brot..."

Von Nachbarn in der Lesznostraße erfahren die Banners, dass es möglich ist, über Lissabon gesendete Pakete in Warschau zu empfangen. Malchen versucht, alle möglichen Bekannten im Ausland anzuschreiben und um ein Lebensmittelpaket zu bitten. Zum Glück trägt die Ghettoverwaltung die Portokosten für diese Korrespondenz. Erlaubt sind Päckchen von 450 Gramm, etwa mit Schokolade oder Kaffee. Diese hochwertigen Lebensmittel werden von den Ghettobewohnern zu Geld gemacht. Die Nahrung, die es dafür zu kaufen gibt, sichert für ein paar weitere Tage das Überleben. Geplagt von Hunger, Elend und Heimweh – aber dennoch vorsichtig, denn die deutsche Zensur liest mit – schreibt Malchen im August 1941 an ihre ehemalige Tanzlehrerin Susanne Levinger in Köln: *Wenn du bedenkst, liebe Susanne, dass wir – insbesondere ich – von unserem geliebten Abraham-Frank-Haus in Köln, in dem wir zehn Jahre lang eine sorglose Kindheit verbrachten, hierher nach Warschau verschlagen wurden, so kannst du dir vorstellen, wie ich mich hier, abgesehen von den finanziellen Qualen, fühle, denn Köln und Warschau sind zwei Welten, und leider ist der Kontrast zu stark, als dass ich mich hier einleben und assimilieren könnte...*

Das letzte Lebenszeichen dieses Kölner Mädchens aus dem Warschauer Ghetto ist ein Brief vom 28. November 1941 – ebenfalls an Susanne Levinger. Darin heißt es zum Schluss: *An der Wand gegenüber hängen drei Bilder, ein großes Porträt von dir und darunter, zu beiden Seiten, je eine Zeichnung. Diese drei Bilder sind das einzig Schöne in unseren dürftigen, feuchten Kellerzimmerchen und passen natürlich gar nicht in unsere Elend hinein.*

Und an dieselbe Adressatin schreibt Simon Banner: *Wie Sie, verehrtes Fräulein Levinger, aus dem Schreiben meiner lieben Tochter Malchen ersehen, tut eine schnelle Hilfe bei uns leider sehr not. Dass Sie, verehrtes Fräulein Levinger, alles tun werden, was in Ihren Kräften steht, um ihr zu helfen, daran besteht für mich gar kein Zweifel. Ich verbleibe mit den besten Grüßen und Wünschen Ihr dankbarer Simon Banner.*

Brief von
Amalie Banner an
Susanne Levinger.

Warschauer Ghetto

Es waren „sachliche" Überlegungen, die zur Einrichtung des Ghettos geführt hatten. „Wir können nicht zweieinhalb Millionen Juden erschießen. Und dennoch müssen wir Schritte einleiten, um sie auszurotten…", hatte Hans Frank, Generalgouverneur des besetzten Polen, 1939 erläutert.

Im Oktober 1940 ließ Heinrich Himmler folglich rund eine halbe Million Juden in dem nur vier Quadratkilometer großen Stadtteil im Zentrum Warschaus mit drei Meter hohen Mauern einschließen. Der deutsche Gouverneur erklärte das Gelände zum „jüdischen Wohngebiet". Für 400 000 Menschen wurde es zum unmenschlichen Gefängnis, zur tödlichen Falle. Hunger und Krankheit forderten in anderthalb Jahren weit über 100 000 Opfer unter den Bewohnern. Die noch Überlebenden wurden ab 1942 in das Vernichtungslager Treblinka deportiert, von den Besatzern ermordet oder starben in dem Feuer, das der Generalmajor der Waffen-SS, Jürgen Stroop, im Mai 1943 nach dem Aufstand im Ghetto legen ließ.

Seit Juli 1944 fuhr täglich ein Zug mit je 6000 Juden von Warschau in die Gaskammern nach Treblinka. Dem „Judenrat", der von den Deutschen eingerichteten Ghettovertretung, wurde befohlen, von nun an täglich 6000 „unnütze Juden" auf dem „Umschlagplatz" – bald ein Schreckenswort im Ghetto – zur „Umsiedlung" in den Osten bereitzustellen. Der Vorsitzende des „Judenrates" Adam Czerniakow, der die Menschen auswählen musste, entzog sich seiner Gewissensqual am zweiten Tag der Aktion durch Selbsttötung.

Im Januar 1943 leistete eine kleine Gruppe Juden auf dem Todesweg zum „Umschlagplatz" plötzlich Widerstand. Einige von ihnen zogen Pistolen und schossen auf die SS-Bewacher. Die Gruppe konnte untertauchen, bevor die Deutschen sich von ihrer Verwirrung erholt hatten. Es wurde klar, dass sich die Bewohner des Ghettos Waffen beschafft hatten und dass sie sich nicht mehr willenlos zur Schlachtbank würden führen lassen. Als die Deutschen mit Geschützen und Panzerwagen in das Ghetto einrückten, um Heinrich Himmlers endgültigen Liquidierungsbefehl auszuführen, schlug ihnen erbitterter Widerstand entgegen. Doch aller Heldenmut der jüdischen Kämpfer war schließlich vergebens. Nachdem die deutschen Besatzer den Aufstand im Warschauer Ghetto blutig niedergeschlagen hatten, sprengten sie die Häuser und setzten sie in Brand, um auch die letzten Bewohner hinauszutreiben.

Das Ende des Ghettos kam im Mai mit der Meldung: *Es gibt keinen jüdischen Wohnbezirk in Warschau mehr. Mit der Sprengung der Synagoge wurde die Großaktion um 20.15 Uhr beendet. Der SS- und Polizeiführer im Distrikt Warschau. Gez.: Jürgen Stroop, 16. Mai 1943.*

Beide Brief tragen das Datum 28. November 1941. Es sind die letzten Lebenszeichen. Danach kommt nichts mehr. Es ist anzunehmen, dass die Familie verhungert ist.

Der – inzwischen verstorbene – Kölner Dieter Corbach und seine Frau Irene haben rund 60 Jahre, nachdem Amalie Banner ihren letzten Brief schrieb, die Lebensgeschichte des Mädchens rekonstruiert. Dieter Corbach hat darüber ein Buch veröffentlicht.

Deportation und „Unbesungene Helden"

Von Deutz-Tief nach Osten

Stätten jüdischen Lebens während des Nationalsozialismus

Bahnhof Deutz-Tief

Eine Gedenktafel an der Rückseite des Bahnhofs erinnert daran, dass von hier aus die Transportzüge mit Kölner Juden in die Ghettos und Vernichtungslager im Osten gingen. Auch rund 1500 Sinti und Roma wurden zwischen 1940 und 1941 von dieser Stelle aus deportiert. Am Bahnhof Deutz-Tief kamen auch die Häftlinge des Konzentrationslagers Buchenwald an, die im KZ-Außenlager Buchenwald interniert wurden. 1995 gab das Kölner NS-Dokumentationszentrum ein Gedenkbuch für die jüdischen Opfer des Nationalsozialismus aus Köln heraus. Dort sind rund 7000 Namen von Kölner Juden verzeichnet, die von Deutz-Tief aus deportiert wurden. Hinzu kommen zahllose, von denen niemand mehr weiß, wie sie hießen, woher sie kamen, wo sie wohnten, wohin sie deportiert wurden und wann sie starben. Vielfach verlieren sich die Spuren Kölner Juden. Von 1941 bis zur Befreiung 1945 wurden insgesamt über 11 000 jüdische Kölner „ab Deutz-Messe" in Konzentrationslager verschleppt und ermordet. Seit 1990 hängt die Gedenktafel an der Rückseite des Bahnhofs. Ihr Text lautet: „An dieser Stelle war der Aufgang zum Bahnhof Deutz-Tief. Über diese Treppe gingen viele Menschen in den Tod."

Barackenlager Köln-Müngersdorf

Die Gebäude des Fort V, einer ehemaligen Befestigung zur Stadtverteidigung, dienten seit 1941 als erstes Sammellager für Juden aus Köln und dem Umland. Hier wurden sie zusammengetrieben, um in die Ghettos und Vernichtungslager im Osten deportiert zu werden. In dem ehemaligen Lagergelände erinnert ein beschrifteter Stein, ein Findling, an die Nöte und Schrecken der Menschen, die, aus ihren Wohnungen geprügelt, an diesem Ort auf ihr Schicksal warten mussten.

Reise in den Tod – im Schatten der Domtürme
Deportationen aus Köln

Im Auftrag der Geheimen Staatspolizei, Staatspolizeistelle Köln, teilen wir Ihnen mit, dass Sie sich für einen Abwanderungstransport, der am 15. d. Mts. abgeht, ab 13.6.1942 zur Verfügung zu halten haben. Ort und Zeit der Gestellung wird Ihnen noch durch den zuständigen Herrn Landrat bekannt gegeben werden. Die anhängende Vermögenserklärung ist für jede Person, auch für jedes Kind ohne Rücksicht darauf, ob Vermögen vorhanden ist oder nicht, sorgfältig auszufüllen und zu unterschreiben ... Wir erwarten von jedem Transportteilnehmer, dass er sich an die vorgenannten Richtlinien genauestens hält. Es ist zwecklos, Rückstellungsanträge bei der Behörde einzureichen, da sie nicht berücksichtigt werden können. Nichtgestellung zum festgesetzten Termin hat staatspolizeiliche Maßnahmen zur Folge...

Die Menschen, die dieses rüde Schriftstück erhielten, das als Absender die „Bezirksstelle Rheinland der Reichsvereinigung der Juden in Deutschland" angab, sammelten sich in Köln zum festgesetzten Termin auf dem Messegelände in Köln-Deutz. Ein Augenzeuge von damals berichtet: *Der erste Transport beginnt. In aller Frühe kommen die dazu Gezwungenen vor der Messehalle Köln-Deutz an. Polizei steht draußen und lässt keinen Fremden mit herein. Die Zurückgebliebenen verabschieden sich tränenden Auges von ihren Angehörigen und Freunden...*

Deutz Messe: Die Hallen dienten als Lager für Kriegsgefangene und Zwangsarbeiter, als Außenlager des KZ-Buchenwald, als Hilfsgefängnis der Kölner Gestapo und – eben als Sammelpunkt für die Deportationen jüdischer Kölner. Tausende Kölner Juden – Männer, Frauen, Alte, Kranke und Kinder – reisten von diesem Ort aus in den Tod.

„6.00 Uhr ab Messe Köln-Deutz" – das war von 1938 an für die Juden in Köln eine Schreckensbotschaft. Sie bedeutete, dass sie sich mit wenigen Habseligkeiten in den Messehallen einzufinden hatten, um vom nahe gelegenen Bahnhof „Deutz-Tief" „nach Osten", wie es hieß, geschickt zu werden. „Deutz-Messe" – das war für viele jüdische Bürger Kölns das letzte Stück Heimat, das sie sehen durften, der letzte Blick auf Köln, auf Dom und Strom, auf eine Stadt, in der es seit fast 2000 Jahren jüdisches Leben gab.

Als der erste „Transport" im Rahmen der „Polen-Aktion" nach Zbaszyn-Bentschen ging, glaubten die in Köln zurückbleibenden Juden noch, dass mit dieser Aktion lediglich die „Fremden" gemeint seien, eben die in Deutschland lebenden polnischen Juden.

Die zweite Deportation geschah gleich nach dem Novemberpogrom vom 9. auf den 10. November 1938. Die Kölner Gestapostelle hatte aus Berlin die Anweisung erhalten, die „Festnahme von männlichen Juden, möglichst unter 40 Jahren, gesund, kräftig und wohlhabend, vorzubereiten". Ein Teil der Festgenommenen wurde in das Provinzialarbeitsamt in Brauweiler, westlich von Köln gelegen, gebracht und von dort in das Konzentrationslager Dachau verschickt. Einige wurden später von dort wieder entlassen – vor allem, wenn sie nachweisen konnten, dass sie konkrete Auswanderungspläne verfolgten.

Weitere Deportationen aus Köln wurden 1940 durchgeführt. Dazu kamen die ersten Bombardierungen der Stadt: Den Juden war es verboten, bei Luftangriffen in öffentlichen Luftschutzräumen Zuflucht zu suchen. Nicht einmal in den eigens dafür hergerichteten Kellerraum unter der Synagoge Roonstraße durften sie gehen.

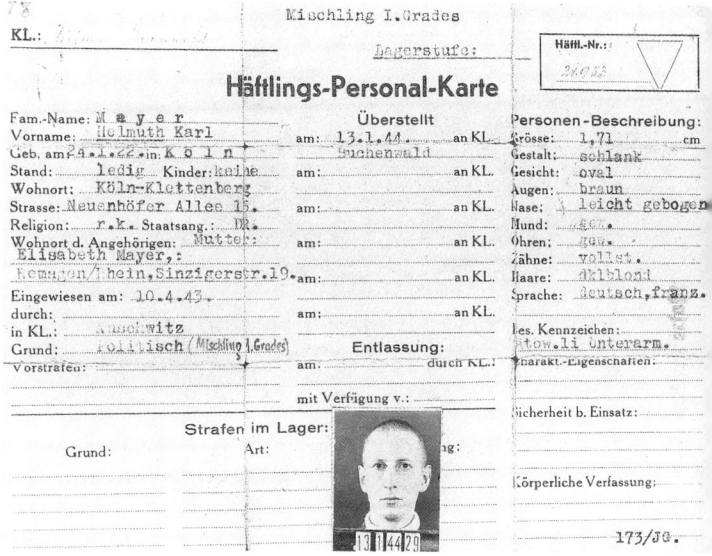

Perfekte Bürokratie: die Häftlingskarte Meyer.

Im Sommer 1941 erklärte Hitler der Sowjetunion den Krieg. Und mit Beginn dieses Krieges drängten die Nationalsozialisten mehr und mehr auf eine „Endlösung der Judenfrage".

Für die Juden bedeutete das eine erneute Verschärfung ihrer Situation. Bis Mitte 1941 hatten manche Kölner Juden noch ihre Wohnungen behalten können, das änderte sich jetzt. Eine neue Verordnung besagte, dass alle Juden ihre Wohnungen räumen mussten und in den „Judenhäusern" zusammengepfercht wurden. Es folgte die Verordnung vom 1. September 1941, die das Tragen des Gelben Sterns

Die zerstörte
Synagoge
am Reischplatz
in Deutz.

für Juden ab sechs Jahren obligatorisch machte. Es wurde immer schwerer, sich der Verfolgung zu entziehen: Emigrationen aus Deutschland wurden praktisch unmöglich. Die Gestapo erklärte sogar bereits erteilte Visa für ungültig. Das endgültige Verbot der Auswanderung erfolgte am 23. Oktober 1941.

Am 20. Januar 1942 fand in Berlin die Wannseekonferenz statt – eine Zusammenkunft von Staatssekretären, hohen Beamten und SS-Führern, im Haus am großen Wannsee 56–58. Dort wurde die „Endlösung der Judenfrage" und damit die planmäßige Vernichtung des europäischen Judentums beschlossen. Zu der Frage, wie die Juden zu „behandeln" seien, bemerkt der Konferenzteilnehmer und Chef der Sicherheitspolizei Reinhard Heydrich laut Protokoll:

Unter entsprechender Leitung sollen im Zuge der Endlösung die Juden in geeigneter Weise im Osten zum Arbeitseinsatz kommen. In großen Arbeitskolonnen, unter Trennung der Geschlechter, werden die arbeitsfähigen Juden straßenbauend in diese Gebiete geführt, wobei zweifellos ein Großteil durch natürliche Verminderung ausfallen wird. Der allfällig endlich verbleibende Restbestand wird, da es sich bei diesem zweifellos um den widerstandsfähigsten Teil handelt, entsprechend behandelt werden müssen. Da dieser eine natürliche Auslese darstellend bei Freilassung als Keimzelle eines neuen jüdischen Aufbaus anzusprechen ist.

Die Deportationen im großen Umfang begannen im Herbst des Jahres 1941. In Köln bestand die Absicht, die Domstadt bis Ende des Jahres 1941 „judenfrei" zu haben. Die Deportationen waren bürokratisch nach einem strikt eingehaltenen System organisiert: Die Synagogengemeinde Köln musste Listen einreichen, auf denen die Gemeindemitglieder verzeichnet waren. Die zur Deportation Vorgesehenen wurden etwa eine Woche vor dem Abfahrtstermin benachrichtigt.

Da sie Erklärungen zu unterschreiben hatten, mit denen sie sich selbst als „staatsfeindlich" bezeichnen mussten, verloren sie jeglichen Anspruch auf ihr Vermögen. Aufgrund der Aberkennung ihrer deutschen Staatsbürgerschaft fiel es an den Staat.

Erlaubt war jedem lediglich, 25 kg Gepäck mitzunehmen. Schmuck, Medikamente und Wertsachen durften nicht dabei sein.

Ein Augenzeuge des ersten Transports am 21. Oktober 1941 berichtet, dass an den Pfeilern des Messsegebäudes die Buchstaben des Alphabets aufgemalt waren, und dass sich jeder, dem Anfangsbuchstaben seines Namens entsprechend, dort anstellen musste.

Die Messehalle, deren Boden schmutzig und mit Stroh bedeckt war, bot einen schrecklichen Anblick, denn viele Menschen hatten zwei Tage und Nächte auf dem Boden liegend oder auf harten Bänken sitzend warten müssen, bis ihr Transport aufgerufen wurde. *Das Kölner Gedenkbuch für die jüdischen Opfer des Nationalsozialismus* verzeichnet einige Todesfälle, die sich schon beim Warten auf die eigentliche Deportation ereigneten – unter den Toten war auch ein Baby.

Die zerstörte Synagoge in Mülheim.

Nach einer abschließenden Kontrolle von Menschen und Gepäck durch Beamte der Gestapo, die ihnen auch noch die letzten Wertsachen wie etwa Füllfederhalter und Uhren abnahmen, wurden die Juden mit ihren Koffern über das Freigelände zum Bahnsteig Deutz-Tief getrieben und für den „Transport" zusammengefasst. Die eigentliche „Verladung", so ein Überlebender, sei dann sehr schnell vonstatten gegangen.

Anfang des Jahres 1942 wurde eine neue Verfügung erlassen, nach der der größte Teil der Juden, die noch in Köln wohnten, in die Baracken des Forts Köln-Müngersdorf verlegt und von dort aus in die Deportation geschickt wurde.

Insgesamt lassen sich in Köln vier verschiedene Phasen der Deportation feststellen: Von Oktober bis Anfang November 1941 gingen die Transporte nach Lodz/Litzmannstadt. In der zweiten Phase, etwa von November bis Dezember 1941, fuhren die Züge nach Riga, Kowno und Minsk. Von Mai bis September 1942 – also in der dritten Phase – hießen die Ziele Minsk, Lublin und Umgebung. In der vierten Phase, ab Sommer 1942 bis Januar 1945, wurden die Menschen nahezu ausschließlich in die Vernichtungslager in Minsk und Auschwitz transportiert. 11 000 jüdische Kölner fuhren so in den Tod.

Die Endstation der Transporte waren häufig große Zentren jüdischen Lebens in Osteuropa, was auch damit zu tun hatte, dass man aufgrund der Entfernung darauf vertrauen konnte, dass der deutsche Normalbürger nicht erfuhr, was dort geschah.

Der wahre Zweck der Deportationen wurde zunächst noch vor den Betroffenen geheim gehalten. Doch den meisten war recht bald klar, dass die Reise nicht in neue Wohn- und Arbeitsgebiete, sondern in Ghettos und Lager ging. Viele Kölner Juden, die das erkannt hatten, nahmen sich daher bei Eintreffen des Deportationsbefehls das Leben. Entrechtung, Diffamierung und Verfolgung geschahen vor aller Augen. Nachbarn, Freunde, Kollegen Schulkameraden konnten die verschiedenen Stufen dieses Prozesses miterleben. Und sie erlebten oftmals auch das Eintreffen der Deportationsbefehle mit, sahen, wie die Betroffenen einige Habseligkeiten zusammenpackten, wie ihre Wohnungen „inventarisiert" wurden und die Menschen sich auf den Weg in die Lager nach Deutz oder Müngersdorf machen mussten. Auf speziell eingerichteten Versteigerungen konnten die „arischen" Kölner Gegenstände aus dem geraubten Hausrat und Besitz der deportierten Juden billig erwerben – eine Möglichkeit, von der ausgiebig Gebrauch gemacht wurde – wohl auch, weil diese „Schnäppchenjäger" genau wussten, dass die rechtmäßigen Besitzer dieser Gegenstände nicht zurückkommen würden. Der Brief eines potenziellen „Bewerbers" für die „Judenwohnung" im Haus Eichendorffstraße 43 in Köln-Ehrenfeld mag für sich sprechen.

Im „heiligen Köln" ist kein nennenswerter Protest gegen die Deportationen bezeugt. Auch die Kirchen schwiegen. Keine Domglocke

Dieser Brief dokumentiert eine Bewerbung für die „Übernahme" des Hauses Eichendorffstr. 43.

198

läutete Sturm, kein Geistlicher wetterte von der Kanzel, als jüdische Kölner im Schatten der Domtürme in den Tod geschickt wurden.

„Die Kirche fürchtet sich vor dem Staat, nicht vor Gott", notierte der Dichter und evangelische Theologe Jochen Klepper, der sich zusammen mit seiner jüdischen Frau das Leben nahm.

„Ich hab gesagt: ‚Kommt, ich nehm' euch mit...'"
Eine Achtzehnjährige rettet ein jüdisches Ehepaar vor der Deportation

Es war ein ganz normaler Familienkrach. Eine trotzige Tochter, die unbedingt mit dem Kopf durch die Wand wollte und ein genervter Vater, der irgendwann einfach mit der Faust auf den Tisch haute und mit einiger Lautstärke die „Diskussion" für beendet erklärte.

Gegenstand des Streites war – ein Strickjäckchen. Eines von diesen modischen kurzen schwarz-rot-grünen Strickjäckchen. Alle, einfach alle jungen Mädchen trugen diese Jäckchen jetzt – nur eben Katharina Meier aus dem Dorf Donrath in der Nähe von Siegburg nicht. Und ein solches Jäckchen war ihr sehnlichster Wunsch.

Allerdings hatte die Sache einen Haken. „So ein Jäckchen", war ihr erklärt worden, „gehört zur BDM-Kluft, und du bekommst es nur, wenn du Mitglied im BDM (Bund deutscher Mädel, d. Autorin) bist." Also bat Katharina ihre Eltern, in den BDM eintreten zu dürfen, ein Ansinnen, das der Vater mit einem kategorischen „Das kommt nicht in Frage. Schluss mit dem Unfug" quittierte.

Katharina Meier hat ihr schwarz-rot-grünes Strickjäckchen nie bekommen. Das strikte väterliche Verbot, in den BDM und später in den Arbeitsdienst zu gehen, hat sie ihr Leben lang nicht vergessen. Auch nicht, dass ihr Vater, Mitglied der Zentrumspartei, ein überzeugter Gegner der Nationalsozialisten war. Und dass er sie vor Mitläufertum warnte und immer sagte: „Du musst dich wehren!"

Der Vater, dieser knorrige ländliche Patriarch, hat Katharinas Handeln geprägt. Albert Meier, 1894 geboren, arbeitete als Angestellter beim Rheinisch-Westfälischen Elektrizitätswerk und hörte seit Kriegsbeginn jeden Abend die deutschen Sendungen des britischen Senders

BBC, was lebensgefährlich war. Er war bereits kurz nach Kriegsausbruch 1939 wegen „Zersetzung der Volksmoral" mehrmals vorübergehend inhaftiert worden, weil er überall wetternd und schimpfend herumgelaufen war und verkündet hatte, dass dieser Krieg sowieso nicht zu gewinnen sei. Ganz ähnlich sah das wohl auch Katharinas sieben Jahre älterer Bruder. Während eines Heimaturlaubs als Soldat verletzte er sich absichtlich am Arm, um nicht an die Front zurückkehren zu müssen.

Im Ort war bekannt, dass die Familie Meier mit „Fremdrassigen", also mit Juden aus dem nahe gelegenen Troisdorf, befreundet war. Zu diesen engen Freunden gehörte die Familie Bernauer, bei der Katharinas Mutter vor ihrer Heirat „in Stellung" gewesen war. Sie hatte die Kinder der Familie gehütet und im Haushalt geholfen.

Die Bernauers und ihre Tochter Karola, die etwa so alt wie Katharina war, kamen ein-, zweimal die Woche nach Donrath zu den Meiers, um sich von dort Milch, Brot und Eier zu holen, da sie als Juden wesentlich weniger Lebensmittelmarken bekamen. Für Katharina, 1926 in Donrath geboren und Schülerin einer Siegburger Handelsschule, war diese Art von Hilfe, die sie zu Hause erlebte, selbstverständlich.

Es war wohl dieses Elternhaus, das der eher unerfahrenen 18-Jährigen vom Lande den nötigen Mut und Rückhalt gab, um eine riskante Rettungsaktion zu wagen.

Zugetragen hat sich die Geschichte im Sommer des Jahres 1944. Die jüdische Familie Bernauer war mit ihrer Tochter Karola in das Sammellager Köln-Müngersdorf gebracht worden. Karola Bernauer jedoch war es wie durch ein Wunder gelungen, aus dem Lager wieder herauszukommen. Weil dort unvorstellbare Zustände herrschten, hatte sie sich freiwillig zur Betreuung von Kranken gemeldet und erklärt, Medikamente besorgen zu müssen. Das hatte man ihr gestattet, doch danach war sie einfach nicht in das Lager zurückgekehrt. Nach Einbruch der Dunkelheit flüchtete sie voller Verzweiflung zu den Menschen, denen sie vorbehaltlos vertraute: zu den Meiers nach Donrath.

Dort bat sie um Lebensmittel für ihre Eltern, damit sie die nächsten Tage im Lager vor ihrem „Abtransport" überleben konnten. Katharinas Mutter Maria – der Vater ist inzwischen an der Front – behält Karola Bernauer zunächst im Haus und versteckt sie dort. Dann packt sie ein

Lebensmittelpaket und schickt Katharina damit auf den recht weiten Weg von Donrath nach Köln-Müngersdorf in das Sammmellager, in dem die Bernauers auf ihre Deportation warten müssen.

Was dann geschieht, hat Katharina später so geschildert: *Wir hatten in Donrath zwar einen Bahnhof, aber der war schon außer Betrieb. Also bin ich bis Overath mit dem Fahrrad gefahren, hab das Rad da angekettet und hab den Zug nach Köln genommen – das Paket für die Bernauers immer unter dem Arm...*

Katharina ist ein Mädchen vom Land, das sich in der Großstadt Köln nicht auskennt. So muss sie sich mühsam durchfragen, um das Lager Köln-Müngersdorf zu finden. Natürlich wird sie gewarnt. Niemand komme in das Lager hinein und – niemand wieder heraus.

Das junge Mädchen findet das Lager – ein riesiges Freigelände mit endlosen Baracken, in denen die Menschen zusammengepfercht sind. Vor dem Lager, im Abstand von je einem Meter, steht SS mit aufgepflanztem Bajonett.

Katharina Meier ist hübsch, blauäugig und mit langem hellblondem Haar. Sie gefällt den Wachen, die sofort beginnen, mit ihr zu flirten. Sie geht darauf ein, flachst unbefangen mit den SS-Männern, die sich für den Abend, gleich nach Dienstschluss, mit ihr verabreden wollen.

Und dann kommt ihr blitzartig eine Idee: Sie erklärt, sie müsse dringend in das Lager hinein, weil ihre Eltern dort in der Küche beschäftigt seien, um für die Juden zu kochen. Sie wolle die Eltern abholen, habe aber nun schon geraume Zeit gewartet und verstehe nicht, warum sie noch nicht erschienen seien. Das Mädchen, das ja eigentlich nur sein Paket für die Bernauers abgeben will, sagt völlig unbefangen zu den Wachen: „Kann ich nicht mal gucken gehen...?"

Die Wachen stimmen zu – unter der Voraussetzung, dass sie verspricht, sich abends pünktlich zum vereinbarten Rendezvous einzufinden, öffnen das Tor und lassen sie durch. Verstört geht sie mit ihrem Lebensmittelpaket über das Gelände und gelangt zu den Baracken, in denen überall verzweifelte Menschen auf dem Fußboden kauern. Plötzlich taucht jemand aus der Menschenmenge auf und zupft sie am Ärmel: Das Ehepaar Bernauer hat sie gesehen. Die drei fallen sich in die Arme, und die Bernauers brechen in Tränen aus. Katharina erzählt: *Ich hab immer auf mein Paket gezeigt und gesagt: „Ich hab euch was zu essen mitgebracht." Und dann haben die beiden Bernauers mich flehend an-*

geguckt und gesagt: „Nimm uns mit." Im ersten Moment war ich starr vor
Schreck, doch dann hab ich kurz überlegt und hab ganz spontan gesagt: „Ja,
kommt, ich nehm euch mit..."

Katharina mag geahnt haben, was dieser Satz bedeutet. Doch wie
sie das anstellen soll, ist ihr zunächst absolut nicht klar. Klar ist ihr
nur, dass sie Zeit gewinnen muss; Zeit zum Nachdenken und zum Planen. Damit die Wachen am Tor keinen Verdacht schöpfen, geht sie zu
ihnen zurück und berichtet, dass sie ihre Eltern noch nicht in der Küche gefunden habe, es aber nochmals versuchen werde und dann
wiederkomme. Und tatsächlich – die Wachleute winken sie ein zwei-
tes Mal durch.

Fieberhaft denkt Katharina nach und beschließt, die Bernauers
aus dem Lager herauszuschleusen, indem sie sie als ihre Eltern aus-
gibt. Sie geht nochmals zurück und teilt Herrn und Frau Bernauer ihr
Vorhaben flüsternd mit. Doch gleich muss das erste Problem gelöst
werden: Die Bernauers tragen den gelben Stern auf ihrer Kleidung. So
zieht Katharina ihren Sommerregenmantel aus und gibt ihn Frau Bernauer; Herr Bernauers Stern wird mit einem langen Schal verdeckt.
Dann nehmen die Bernauers Katharina in die Mitte und gehen, äu-
ßerlich unbefangen plaudernd, in Richtung Ausgang. Als die drei in

die Nähe der Wachen kommen, fängt Katharina demonstrativ an zu schimpfen: „Für diese Scheißjuden müsst ihr so lange arbeiten", sagt sie zu ihren „Eltern". Die Wachen sind arglos, erinnern sie aber nochmals an das Rendezvous am Abend, das Katharina ihnen fest zusagt.

Die drei verlassen das Lager Köln-Müngersdorf. Und erst als sie draußen stehen, wird Katharina Meier klar, was sie getan hat. Sie weiß nicht nur, dass jetzt jeder Schritt lebensgefährlich ist, sondern sie weiß auch, dass sie von nun an die volle Verantwortung für Leben und Wohlergehen des Ehepaares Bernauer hat.

Katharina Overath
geb. Meier
(Februar 1945).

Zwar ist ein Bahnhof in der Nähe, doch durch die Sperre zu gehen – das traut sich Katharina nicht. Die Bernauers sind ohnehin kaum handlungsfähig. Wie gelähmt, wie in Trance gehen sie neben Katharina her. Sie halten sich an einer Böschung, die sich hinter dem Bahnhof befindet, versteckt, bis sie auf den Gleisen einen stehenden Zug entdecken, in den sie einsteigen.

Für Katharina Meier ist klar, dass der nächste Weg in ihr Elternhaus nach Donrath geht. Wohin denn sonst? Schließlich hatte ihr Vater immer gesagt, der Krieg sei bald zu Ende. Und sie selbst und ihre Mutter hatten dasselbe gehört, wenn sie nachts heimlich die BBC einschalteten. *Ich hab mir gedacht, dass dieser ganze Spuk sowieso bald vorbei sein wird. Aber als wir dann zu dritt in Donrath ankamen – da hat meine Mutter fast der Schlag getroffen.*

Im Haus der Meiers mussten nun in fieberhafter Eile drei Menschen – Karola Bernauer war ja auch im Haus – versteckt werden. Und sie brauchten Verpflegung, denn natürlich besaßen die Bernauers keine Lebensmittelkarten. Da das Haus der Meiers etwas abseits stand und man recht weit sehen konnte, was dort geschah, war immer jemand „auf Posten". Näherte sich ein Unbekannter, verschwand die Familie Bernauer durch ein teppichbedecktes Loch im Fußboden in Katharinas Zimmer nach unten in den Keller.

Dennoch gibt es Situationen, die allen Beteiligten den Schreck eiskalt in die Glieder fahren lassen. Eines Abends etwa, als sie alle Karten

Und es gab sie doch! – Menschen, die halfen
Ein Kölner Forschungsprojekt

Das Kriegsende 1945 haben auf dem Gebiet des Deutschen Reiches nach unterschiedlichen Schätzungen etwa 14 000 jüdische Menschen überlebt. Möglich war das aber nur, weil ihnen zehntausende nicht jüdische Deutsche unter Einsatz ihres eigenen Lebens geholfen haben. Wer waren sie, und was bewog sie, zu tun, was sie taten?

65 dieser Menschen, die zur Zeit des Dritten Reiches rassisch, religiös und politisch Verfolgten Hilfe zum Überleben geleistet haben, hat der Kölner Publizist Günther Bernd Ginzel durch sein 1988 ins Leben gerufenes Forschungsprojekt „Unbesungene Helden" ausfindig gemacht.

Das Ergebnis der Forschungen, die sich auf Nordrhein-Westfalen beziehen, findet sich in den beiden Büchern *Mut zur Menschlichkeit* und *Das durfte keiner wissen*. Darin wird erstmals detailliert und systematisch die Hilfe für Verfolgte während des Dritten Reiches dokumentiert und analysiert.

In Köln seien es – wie auch anderswo – meist die „kleinen Leute" gewesen, die ihren jüdischen Mitmenschen halfen: die Bäckersfrau, der Milchmann, die Nachbarin und vor allem die christlichen Dienstmädchen in jüdischen Familien. Aber auch Lehrer und Hausfrauen, Pfarrer und Handwerker und die katholischen Nonnen, die jüdische Kinder unter ihrem weiten Habit versteckt in Sicherheit brachten.

Für die Helfer bedeutete die Entdeckung fast immer Einweisung ins KZ und damit höchste Lebensgefahr. Diese Gefahr drohte nicht nur durch Polizei, SA und SS, sondern vor allem von den unbarmherzig gesetzestreuen Normalbürgern. Jeder Nachbar, jeder Portier, jeder Kegelbruder, jedes Familienmitglied konnte ein Denunziant sein. Die Forschungsergebnisse belegen, dass sich diejenigen, die sich von den Kriterien der Menschlichkeit leiten ließen, das Rechte tun wollten, sich schon bald durch die Umstände gezwungen sahen, Gesetze zu brechen, sich an allerlei illegalen Aktivitäten zu beteiligen. Da mussten Lebensmittelkarten gestohlen, Dokumente gefälscht, Bestechungsgelder gezahlt werden. Da musste oft blitzschnell reagiert, umdisponiert, organisiert werden, etwa wenn in einer Kette von Helfern plötzlich jemand ausfiel, weil er krank geworden oder verhaftet worden war.

Ein regelrechtes Psychogramm, eine Art typisches Persönlichkeitsprofil dieser Helfer ist, den Studien zufolge, schwer auszumachen. Auf die Frage, warum diese Menschen so ganz anders handelten als die Masse ihrer Mitbürger, habe auch die Psychologie bis heute keine eindeutige Antwort. Auffallend sei allerdings, dass die meisten dieser „unbesungenen Helden" so gut wie kein Widerstandsbewusstsein, ja nach eigenen Angaben meist nicht einmal ein politisches Bewusstsein gehabt hätten. Es seien aber überwiegend Menschen gewesen, die mitten im Leben gestanden hätten; Menschen mit Rückhalt in der Familie, in der Gruppe, der Kirche.

50 Menschen überlebten so – durch die Hilfe ihrer Mitmenschen – in Köln das Dritte Reich. 50 von 11 000.

„Nirgendwo wurde dem Nationalsozialismus bis 1933 so viel offener und nach 1933 so viel geistiger Widerstand geleistet wie in Köln", hat der ehemalige Kölner Oberbürgermeister und langjährige Bundeskanzler Konrad Adenauer einmal gesagt. Leider irrte Adenauer.

spielen, klopft plötzlich der Ortsbauernführer an die Tür. Die Bernauers verschwinden zwar sofort in ihr Kellerversteck, aber fünf Kartenpäckchen liegen auf dem Tisch... Die Angst vor unerwartetem Besuch war ständig da.

Im Dorf wurde immer wieder hinter vorgehaltener Hand darüber geredet, dass bei den Meiers wohl nicht alles mit rechten Dingen zugehe. Spätabends oder sogar nachts seien dort ab und zu fremde Besucher oder „Spaziergänger" beobachtet worden.

Wirklich gefährlich wird es aber, als Katharinas Vater im November 1944 auf Urlaub aus Cuxhaven nach Hause kommt. Da er politisch als „unzuverlässig" gilt, wird er auf Schritt und Tritt von den Feldgendarmen beobachtet. Er quartiert sich bei seinem Bruder in Ellhausen, einem Nachbarort östlich von Donrath ein, um die Bernauers in seinem eigenen Haus nicht zusätzlich zu gefährden.

Dennoch, gegen Ende 1944 wird klar, dass die Situation unhaltbar ist. Niemand ist mehr vor Denunziation sicher. Auch die Familie

Meier nicht. Darum wird im Dezember 1944 beschlossen, die Bernauers auf dem Hof der Weegs unterzubringen. Die Weegs waren eine befreundete Bauernfamilie in Schönau-Muchensiefen, einem Ort rund drei Kilometer von Donrath entfernt.

So fuhr Katharina die Bernauers, unter Planen versteckt, eines Nachts mit einem Kutschwagen zur Familie Weegs. Von Dezember 1944 bis April 1945 blieben Herr und Frau Bernauer und ihre Tochter Karola auf dem Hof. Sie erlebten dort die Befreiung und das Kriegsende.

Katharina Meier, die später Heinrich Overath heiratete und bis zu ihrem Tod in ihrem Heimatort Donrath lebte, wurde für ihre mutige Tat 1978 mit dem Bundesverdienstkreuz und im Juni 1990 mit dem Ehrentitel „Gerechte der Völker" der israelischen Holocaust-Dokumentationsstätte „Yad Vashem" ausgezeichnet. Sie starb am 23. November 1995.

Ein Neubeginn auf Trümmern

Das Wiedererstehen jüdischen Lebens in Köln nach 1945

Synagoge Roonstraße

(Siehe S. 76, Stätten jüdischen Lebens im 19. Jahrhundert; S. 173, Stätten jüdischen Lebens während des Nationalsozialismus)

Germania Judaica, Josef-Haubrich-Hof

Die Bibliothek im Gebäude der Stadtbibliothek, dritter Stock, ist die größte Büchersammlung zum Thema „Deutsches Judentum" in Europa.

Kölnische Gesellschaft für Christlich-Jüdische Zusammenarbeit, Richartzstraße 2–4

Die Kölner Christlich-Jüdische Gesellschaft ist inzwischen nach Mitgliederzahlen die größte Christlich-Jüdische Gesellschaft in der Bundesrepublik. Sie wurde am 30. März 1958 gegründet. Ihr Ziel war und ist die Bekämpfung von Antisemitismus und Intoleranz, die Förderung des wechselseitigen Verständnisses der jüdischen und der christlichen Gemeinschaft sowie eine Vertiefung des christlich-jüdischen Dialogs.

Der Neubeginn auf Trümmern: das Wiedererstehen jüdischen Lebens in Köln nach 1945

Nach Kriegsende gibt es kein jüdisches Leben mehr auf deutschem Boden. Die alten aktiven Zentren des europäischen Judentums sind zerstört, die Menschen ermordet. Zwischen den Jahren 1945 und 1947 leben in Deutschland rund 185 000 Juden, die meisten von ihnen sind so genannte „displaced persons", von denen viele mit den Todesmärschen der SS aus den Lagern Osteuropas nach Deutschland gelangt sind. Andere sind auf der Flucht, wollen weiter und bleiben müde, krank und verzweifelt im Land der Täter zurück.

Am 6. März 1945 – das Oberkommando der Wehrmacht hat gerade gemeldet: „Der Trümmerhaufen Köln wurde dem Feind überlassen!" – besetzen amerikanische Truppen die Stadt, in der die Domtürme eine riesige, gespenstisch anmutende Trümmerlandschaft überragen. Über 40 Prozent der Gebäude in Köln sind zerstört, in der Innenstadt sogar über 90 Prozent.

In Trümmern liegen auch die beiden Kölner Synagogen, die einer doppelten Zerstörung zum Opfer gefallen sind: einmal im Novemberpogrom und später in den Bombenangriffen der Alliierten.

Mit dem Einmarsch amerikanischer Truppen wird Köln befreit. Etwa dreißig bis vierzig jüdische Menschen schlüpfen aus ihren Verstecken: aus Kellerlöchern und Dachspeichern, Bretterbuden, Hinterhöfen und Schrebergartenhäuschen, wo sie den Nachstellungen der NS-Schergen und dem Denunziantentum ihrer Mitbürger entgangen sind. Die meisten Kölner Juden sind in den Vernichtungslagern im Osten ermordet worden. Überlebt haben in den Jahren der braunen Diktatur nur diejenigen Juden, die sich auf nicht jüdische Helfer verlassen konnten. So leben nach einem Volkszählungsergebnis vom Oktober 1946 in Köln 437 jüdische Männer, Frauen und Kinder. 437 Menschen von rund 15 000 zu Beginn der nationalsozialistischen Diktatur.

Wie sich der – behelfsmäßige – Neuanfang jüdischen Lebens in Köln gestaltet, hat der frühere Kölner Gemeinderabbiner Zvi Asaria beschrieben:

Alle, die nach dem Einmarsch der Amerikaner befreit wurden, trafen sich zunächst in der Roonstraße vor der früheren Synagoge. Hier war in den ersten Tagen der Treffpunkt dieser wenigen noch überlebenden jüdischen Menschen. Wenigstens ein Raum sollte vom Schutt gesäubert werden. Man schaufelte und räumte. Dann weiter zur Ottostraße 85, zum Jüdischen Asyl. Auch dort wurde geschaufelt, wurden Türen und Fenster eingesetzt, ein provisorischer Betsaal eingerichtet. Es dauerte noch lange, bis hier der erste Gottesdienst abgehalten werden konnte.

Fast grenzt es an ein Wunder: Nach allem, was geschehen ist, existiert der Wunsch, auf den Trümmern eines fast 2000-jährigen Judentums in Köln wieder Neues aufzubauen. Juden kommen zurück in die Domstadt – für einige von ihnen ist es die Vaterstadt – ‚wollen sich aufs Bleiben einrichten, sich in Köln wieder zu Hause fühlen und – wieder eine Gemeinde gründen. Die amerikanische Militärregierung ernennt Fritz Löwenstein zum ersten Vorsitzenden der jüdischen Gemeinde. Er amtiert aber nur kurze Zeit.

Am Tag der Gemeindegründung, am 29. April 1945, findet in der schwer zerstörten Synagoge Roonstraße unter Leitung eines amerikanischen Militärrabbiners der erste jüdische Gottesdienst nach dem Ende der NS-Herrschaft statt. Ende Mai treffen die Nachrichten und Hilferufe aus Theresienstadt ein. Die Kölner aus Theresienstadt bitten, dort abgeholt zu werden. Nach vielen Vorbereitungen wird es möglich, sie in der geliebten Heimatstadt zu empfangen.

Die Wiedereinrichtung jüdischer Gemeinden nach 1945 ist nicht nur von den äußeren, politischen Gegebenheiten her mühsam, sondern vor allem auch physisch und psychisch schwer zu bewältigen. Dass man eines Tages darüber reden wird, dass aus „Juden in Deutschland" vielleicht wieder „deutsche Juden" werden können – diese Vorstellung liegt damals jedenfalls für die meisten der betroffenen Überlebenden in weiter Ferne.

Dennoch findet am 20. September 1959 die feierliche Wiedereinweihung der Synagoge Roonstraße statt, schlagen ein kleine Gruppe jüdischer Überlebender und einige Honoratioren – unter ihnen Bundeskanzler Konrad Adenauer – ein neues Kapitel in der Geschichte der jüdischen Gemeinde Kölns auf. Nachdem die Klänge des „Ma Towu" („Wie schön sind deine Zelte, Jakob, und deine Wohnun-

Die zerstörte
Synagoge in der
Roonstraße 1945.

gen, Israel...“), des Eingangsliedes beim Betreten der Synagoge, verhallt sind, spricht der Geschäftsführer der Gemeinde, Sally Kessler, an jenem 20. September 1959 die denkwürdigen Worte:

Wenn unsere Kinder dereinst in den Annalen der jüdischen Gemeinde blättern und darin die Namen derer lesen werden, die sich heute in unser Buch eingetragen haben, dann wird jene kommende Generation die volle Bedeutung dieses Tages vielleicht besser würdigen, als wir es heute können. Es ist nicht leicht, für einen jüdischen Menschen, dies zu begreifen. Denn vor etwas mehr als einem Jahrzehnt waren wir noch Geächtete. Für uns ist alles noch zu nah. Und es ist ja nicht leicht, vom Schmerz zur Freude umzuschalten.

Als Konrad Adenauer ans Rednerpult tritt, sagt er:

Der Rabbiner hat einen Satz gesprochen, den ich mir zu Eigen mache. Er hat den Wunsch und die Hoffnung ausgedrückt, dass der neue Staat, den wir haben, dass die Bundesrepublik Deutschland ein Hort der Ordnung und ein Schutz des Rechts sein möge. Das ist ein gutes Wort. Und wenn ich heute zu Ihnen gekommen bin, dann bin ich in meiner Eigenschaft als Bundeskanzler zu Ihnen gekommen, um Ihnen damit sichtbar zum Ausdruck zu bringen, ...dass wir alle miteinander sein wollen ein Schutz der Ordnung und ein Hort und Schild der Gerechtigkeit...

Im Lauf der nachfolgenden Jahre wird deutlich: Jüdische Gemeinden in diesem Land, nach Kriegsende als Notgemeinden der Überlebenden gegründet, damals Provisorien ohne Aussicht auf Zukunft, werden wieder zur Heimat – auch wenn das bei einigen Unverständnis hervorruft.

210

Aber wen wundert das? Seit Auschwitz sind schließlich noch nicht einmal zehn Jahre vergangen. Die Mörder leben noch. Und keiner der Überlebenden, der damals durch die Straßen Kölns geht, mit der Straßenbahn fährt oder in einem Kölner Café sitzt, kann sicher sein, dass der Passant, der da vorbeigeht, der Mann, der am Nebentisch sitzt, nicht vielleicht derjenige ist, der die Eltern, die Geschwister oder die Kinder im KZ umgebracht hat. Dass Juden nach Deutschland, nach Köln zurückkehren, ist also nicht selbstverständlich.

Viele von denen, die hierher zurückgekehrt sind, wollen nicht bleiben, planen eine neues Leben in Israel oder Amerika, sitzen auf den sprichwörtlichen „gepackten Koffern". Der Konflikt zwischen Bleiben und Gehen bestimmt denn auch die Identität dieser ersten Generation.

Der Kinderchor der Synagoge Roonstraße.

Die Entscheidung fürs Gehen oder Bleiben hängt auch ganz unmittelbar mit der Politik der jeweiligen Besatzungszone zusammen: In der amerikanischen Besatzungszone, zum Beispiel in Bayern, werden die Juden von den Besatzern regelrecht zur Auswanderung gedrängt. Die britische Besatzungszone, das Rheinland etwa, haben die Briten für jüdische Flüchtlinge gesperrt, weil sie verhindern wollen, dass mehr Juden in ihre Zone kommen, und die britische Regierung dann stärker in ihrer Palästina-Politik unter Druck gesetzt wird.

Die zurückgekehrten Juden beginnen, Häuser, Synagogen, Kindergärten zu bauen, planen eine Zukunft für sich und ihre Kinder, demonstrieren damit auch, dass es ihn gibt, den Willen, hier in Köln zu Hause zu sein und – erfahren oft recht drastisch, wie lang die Schatten der Vergangenheit sind. Antisemitismus und die Neigung zur Ausgrenzung und Diffamierung sind nicht mit Kriegsende verschwunden.

Der Neubeginn auf Trümmern war und blieb belastet. Belastet von den physischen und psychischen Traumata der jüdischen Rückkehrer, belastet von der Gleichgültigkeit der auf Wiederaufbau konzentrierten nicht jüdischen Bevölkerung, belastet von dem Wunsch der Nichtjuden nach Verdrängung, ja, Verleugnung.

Belastet auch von einer Kontinuität der Eliten, von ehemaligen Nazigrößen, die – zumeist unbehelligt – nach Kriegsende ihr Wirken in Staat, Politik, Wirtschaft und Gesellschaft fortsetzen können. Belastet werden Rückkehrer und Überlebende in Köln auch durch erneute antisemitische Ausbrüche, die sich von 1947 an überall im Rheinland – und auch in Köln, wo die Synagoge mit Hakenkreuzen beschmiert wird – ereignen.

Nach 1945 legen die meisten Deutschen ihre Seele auf Eis. Die Krematorien sind kaum erkaltet, das letzte Kaddisch, Totengebet, kaum gesprochen, als man auch schon aufhört, nach den Ermordeten zu fragen – ganz wie Hannah Arendt in ihrem Essay „Besuch in Deutschland" im Jahr 1950 so treffend schildert.

Zur viel zitierten „deutsch-jüdischen Symbiose" der Jahrhundertwende gibt es kein Zurück mehr.

„Ein Kind der Hoffnung ist sie geworden ...“
Germania Judaica – die Kölner Bibliothek des deutschen Judentums

Die Luft ist jedes Mal zum Schneiden – in jenen Frühsommertagen des Jahres 1958, wenn zwei Kölner Kettenraucher immer wieder in ihren verräucherten Arbeitszimmern zusammensitzen und sich die Köpfe heiß diskutieren: die Schriftsteller Heinrich Böll und Paul Schallück. So hat es Frau Dr. Jutta Bohnke-Kollwitz, die erste Leiterin der Germania Judaica, immer wieder erzählt. Manchmal wird die verrauchte, vom blauen Dunst umnebelte Runde noch um den Verleger Ernst Brücher und um den gerade aus dem englischen Exil zurückgekehrten Journalisten Wilhelm Unger erweitert. Das Thema, um das die Gespräche kreisen, ist zunächst einmal der Köln-Besuch des berühmten jüdischen Religionsphilosophen Martin Buber. Auf Einladung der Volkshochschule und der ein Jahr zuvor ins Leben gerufenen Kölnischen Gesellschaft für Christlich-Jüdische Zusammenarbeit hat Buber im Gürzenich eine beeindruckende Rede gehalten. Und anlässlich dieses Besuchs ist schmerzlich deutlich geworden, dass in Deutschland keine Einrichtung existiert, die der nachwachsenden Generation Zeugnis von Geschichte und Kultur des vernichteten deutschen Judentums geben kann.

Erfahren hat das auch immer wieder der Buchhändler Karl Keller, Geschäftsführer der Universitätsbuchhandlung Witsch, bei seinen Gesprächen mit Studenten der Kölner Universität. In diesen Gesprächen, so gibt er zu Protokoll, tauche immer wieder die Frage auf, ob es denn keine Literatur gebe, kein Buch, keinen Aufsatz, der zuverlässig über Judentum und das vernichtete jüdische Leben in Deutschland informiere, über seine Religion, seine Geschichte in der Welt, seine Geschichte in Deutschland, seine Feste und Gesetze, seine Literatur – irgendetwas, das über die Darstellung der Verfolgungs- und Leidenszeit im Nationalsozialismus hinausgehe. Natürlich gibt es solche Bücher – allerdings kaum in Deutschland. Und das Angebot fremdsprachiger Publikationen ist schwer zu überblicken, der Weg durch die Antiquariate mühselig und zeitraubend. Böll, Schallück und Unger wissen das. Sind nicht, so fragen sie sich, 2000 Jahre jüdischen Lebens in Deutschland der Erinnerung der Lebenden wert? Und ist, wenn diese Erinnerung gegenwärtig wird, vielleicht ein neues Miteinander zwischen Juden und Nichtjuden möglich?

Doch es ist nicht nur das Entsetzen über die Schoah, umgetrieben werden die Männer auch von der Sprachlosigkeit, der Verdrängung und der Verleugnung dessen, was geschehen ist. Und so bleiben die intensiven Gespräche nicht ohne Ergebnis.

Heinrich Böll und Paul Schallück, Wilhelm Unger, Ernst Brücher, Karl Keller, der Bankier Iwan D. Herstatt und der Kulturdezernent der Stadt Köln, Dr. Kurt Hackenberg, beschließen eine Büchersammlung zum Thema Judentum ins Leben zu rufen, also wieder Bücher aufzutreiben, die zwölf Jahre lang in Deutschland tabu waren. Und fast ein wenig tollkühn wird dann am 1. Juni 1959 für den folgenden Monat die Eröffnung einer solchen Bibliothek angekündigt, die den Namen Germania Judaica tragen wird. In einer programmatischen Erklärung, die 1959 mit der Satzung veröffentlicht wird, heißt es dazu: *Die Bibliothek Germania Judaica, die wir Ihnen heute vorstellen, ist gegründet worden aus der Erkenntnis, dass die Öffentlichkeit nur in unzureichendem Maße über die Geschichte des Judentums in Deutschland informiert ist. Diese Erkenntnis hat in der Vergangenheit die Propagierung von Vorurteilen ermöglicht. Es ist dieselbe Unkenntnis, die heute noch die alten Vorurteile nährt.*

Es soll die Aufgabe der Germania Judaica sein, Bücher und Dokumente aller Art zu sammeln, die geeignet sind, das Judentum in unserem Land bekannter zu machen. Der Bereich der Sammlung wird durch kein historisches Datum begrenzt... Über diese Sammlung von Büchern und Dokumenten hinaus wird die Bibliothek eine eigene Schriftenreihe herausgeben, publizistische Arbeiten und Forschungsergebnisse, die über die Geschichte des Judentums in Deutschland Auskunft geben. In den Räumen der Bibliothek sollen auch Gespräche stattfinden. Die Gründer denken vor allem an Gespräche mit solchen Persönlichkeiten, die für die Information der Öffentlichkeit verantwortlich sind, mit Erziehern, Publizisten, Politikern. Eines der Ziele dieser Gespräche ist die Klärung der Begriffe, die Reinigung der Umgangssprache vom Vokabular des Vorurteils...

Gegen Vorurteile ankämpfen – das will man natürlich; dennoch sind aber auch die Worte Martin Bubers nicht vergessen, die er damals bei seinem Empfang in Köln gesprochen hat:

Sammelgebiete der Germania Judaica

1. Geschichte des deutschsprachigen Judentums ab dem 18. Jahrhundert

Schutzjudentum – Emanzipation – Gemeindegeschichte – Organisation – Biographien – Juden im Nationalsozialismus – Konzentrationslager – Emigration – Exilgeschichte – Juden nach 1945.

2. Allgemeine jüdische Geschichte und Kultur

Religion – Kunst – Erziehungswesen – Soziologie – Juden in außerdeutschen Ländern.

3. Antisemitismus

Quellen – Rassismus – Antisemitismustheorien – Abwehrmaßnahmen – Neonazismus.

4. Zionismus

Palästina – Staatsgründung – Nahostkonflikt – Einwanderung – Siedlungsformen – Kultur – Reiseberichte.

5. Darstellung von Juden in Literatur und Film

Romane – Dramen – Jugendbücher – Sekundärliteratur.

Periodica: über 500 verschiedene deutsch-jüdische Zeitungen und Zeitschriften, 125 laufende Abonnements.

Darüber hinaus aber auch Kulturgeschichte der Juden im 19. und 20. Jahrhundert durch alle Sparten: Politik, Wissenschaftsgeschichte, Universitätsgeschichte, Literatur, Kunst, Film, Musik, Familiengeschichten, Belletristik.

Ich habe in meinem Leben nie gegen etwas gekämpft, auch nicht gegen den Antisemitismus, nicht einmal in der bösen Zeit. Warum sollte ich es jetzt tun? Man muss eine Sache nur richtig darstellen, dann ergibt sich alles von selbst...

Das mag uns heute etwas blauäugig scheinen. Dennoch – die damaligen Gründer der Bibliothek handeln aus einer doppelten Verantwortung heraus: der Verantwortung für das reiche Erbe des deutschen Judentums und der Verantwortung für die kommenden Generationen junger Deutscher, die ihre Geschichte nicht ohne die Geschichte der Juden in diesem Land verstehen können.

Die Anfänge dieses ehrgeizigen Projekts sind bescheiden. Die Räumlichkeiten äußerst begrenzt. Und als an einem eisigen Februartag 1960 die neue Bibliotheksleiterin ihre Arbeitsstelle im Haus Merlostraße 24 antreten will, wird sie zunächst einmal vom Pförtner barsch abgewiesen.

Frau Dr. Jutta Bohnke-Kollwitz erklärt ihm geduldig, sie sei die neue Leiterin der winzigen Bibliothek in einer kleinen Wohnung in eben dieser Merlostraße 24 in der Kölner Innenstadt. Aber der Mann ist nicht überzeugt – einfach, weil er von dieser ungewöhnlichen Büchersammlung noch nie gehört hat. Und so lässt er schließlich die neue Leiterin der Germania Judaica, die Enkelin der Künstlerin Käthe Kollwitz, nur widerwillig an ihrem Arbeitsplatz.

Diese Ahnungslosigkeit hat er bis heute mit vielen Kölnern gemeinsam. Noch immer wissen die allermeisten nicht, dass inzwischen der dritte Stock der Zentralbibliothek eine Bücherei von Weltrang beherbergt: die Germania Judaica, die Bibliothek zur Geschichte des deutschen Judentums. Nur drei ähnliche Institute gibt es noch auf der Welt: die Leo-Baeck-Institute in New York, London und Jerusalem.

Träger der Germania Judaica ist der eingetragene Verein gleichen Namens, dem rund 90 Mitglieder angehören. Sein Vorstand besteht aus sieben Personen. Finanziert wird die Germania Judaica aus Landesmitteln und aus Mitteln der Stadt Köln, aus Spenden privater Förderer und kleineren Einnahmen wie Mitgliedsbeiträgen.

Dr. Anette Haller,
die Leiterin der Germania Judaica.

Mit einigen Dutzend Büchern beginnt 1959 also alles, und heute, so erzählt die Bibliotheksleiterin Frau Dr. Annette Haller stolz, sitze man auf richtigen Schätzen. Schätze wie etwa die goldschnittgeschmückten Bände einer alten *Encyclopaedia Judaica* oder eines Lexikons des Judentums aus den frühen 1930er-Jahren, das – zeitbedingt – nur bis zum Buchstaben L herausgegeben wurde.

Von den wenigen Bänden, die Frau Dr. Jutta Bohnke-Kollwitz zu Beginn ihrer Tätigkeit in einem verglasten Bücherschrank bestaunen darf, ist die Germania Judaica in den jetzt 41 Jahren ihres Bestehens auf stattliche 61 000 Bände und etwa 500 deutsch-jüdische Zeitungen und Zeitschriften angewachsen. Tatkräftig unter die Arme gegriffen haben ihr dabei in den Anfangsjahren Bibliotheken und Archive der Leo-Baeck-Institute in London und New York sowie die Wiener Library in London.

Aus der Beengtheit der Merlostraße geht es zu Beginn der 1960er-Jahre dann in ein Hochhaus am Hansaring, und schließlich findet die Germania Judaica ihre endgültige Heimat im dritten Stock des Gebäudes der Kölner Zentralbibliothek im Josef-Haubrich-Hof in der Nähe des Neumarktes. Heute steht neben den Standardwerken zur Kultur und Geschichte des Judentums die gesamte Regional- und Lokalgeschichte im deutschsprachigen Raum in den Regalen.

Für hunderte von Doktorarbeiten sind Werke aus der Germania Judaica wissenschaftliche Grundlage. Wissenschaftler und interessierte Laien aus allen Teilen der Bundesrepublik, aber auch aus England, Frankreich, Amerika, Israel und Japan finden sich regelmäßig hier ein. Und auch denen, die nicht selber kommen können, stehen die Mitarbeiterinnen der Germania Judaica immer für Recherchen zur Verfügung.

Heute ist diese Bibliothek längst die führende Institution zur Erforschung deutsch-jüdischer Geschichte.

Und so hat sich bewahrheitet, was Heinrich Böll einmal über die Germania Judaica gesagt hat: „Als ein Kind des Kummers ist sie gegründet worden; zu einem Kind der Hoffnung ist sie geworden…"

Die Kölnische Gesellschaft
für Christlich-Jüdische Zusammenarbeit

Die Geschichte der Christlich-Jüdischen Zusammenarbeit in Deutschland reicht bis in die 1920er-Jahre – etwa zu den Gesprächen Martin Bubers mit christlichen Partnern im Stuttgarter Jüdischen Lehrhaus – zurück. Die 1928 in den USA gebildete National Conference of Christians and Jews mit örtlichen Zweigstellen wurde zum Vorbild der 1948 in Frankfurt, München, Stuttgart und Berlin entstanden Gesellschaften für Christlich-Jüdische Zusammenarbeit. Durch den Deutschen Koordinierungsrat mit heutigem Sitz in Bad Nauheim fanden sie ihren Zusammenschluss.

Der Wunsch vieler Kölner Bürgerinnen und Bürger, eine solche Gesellschaft auch in Köln zu gründen, wurde im März 1958 mit der Initiative von Stadtsuperintendent Hans Encke, Oberstadtdirektor Dr. Hermann Pünder, Stadtdechant Dr. Robert Grosche und Vertretern der Synagogengemeinde erfüllt.

Seitdem ist die „Gesellschaft" in Köln, die im Übrigen die größte in der Bundesrepublik ist, mit einer Fülle von Veranstaltungen, Tagungen, Symposien, Ausstellungen, Gedenkfeiern, Dokumentationen und Israelreisen an die Öffentlichkeit getreten. In der Satzung heißt es:

Ziel und Zweck der Gesellschaft ist die Beseitigung von Vorurteilen zwischen Menschen verschiedener ethnischer, nationaler und religiöser Herkunft. Sie erstrebt die Achtung und Würde eines jeden Menschen und erwartet von ihren Mitgliedern offenes und freies Eintreten überall da, wo gegen die Grundsätze der Menschenwürde und Freiheit verstoßen wird...

Alljährlich zur „Woche der Brüderlichkeit" verleiht der Deutsche Koordinierungsrat, also der Dachverband aller Christlich-Jüdischen Gesellschaften in der Bundesrepublik, die Buber-Rosenzweig-Medaille – benannt nach den beiden jüdischen Religionsphilosophen Martin Buber (1878–1965) und Franz Rosenzweig (1886–1929). Mit dieser Auszeichnung würdigt der Koordinierungsrat Menschen, die sich in besonderer Weise um die Verständigung zwischen Christen und Juden verdient gemacht haben.

„All dies traf uns – doch nicht dein vergaßen wir..." (44. Psalm)

Jüdisches Leben in Köln – heute

von Miguel Freund

Wer das kleine Museum im Gemeindehaus der Synagogen-Gemeinde Köln, Roonstraße 50, besucht, sieht an der Wand den „Lebensbaum", der die Geschichte der ältesten jüdischen Gemeinde auf deutschem Boden wiedergibt. Hier ist nicht der Ort, auf die wechselvolle Geschichte jüdischen Lebens in Köln mit ihren Höhen und Tiefen näher einzugehen. Es gilt aber festzustellen, dass zu Beginn der 1930er-Jahre in Köln rund 20 000 Juden ansässig waren. Namhafte Rabbiner, hervorragende kulturelle und schulische Einrichtungen, prachtvolle Synagogen und eine Anzahl von kleineren Bethäusern und -stuben rechtfertigten den Ruf Kölns als aktive, im religiösen, kulturellen und sozialen Bereich gut funktionierende Gemeinde.

Eine schlichte Tafel in der Gedenkhalle vor dem Eingang zur Synagoge beklagt den Tod von 11 000 während der Nazizeit ermordeten Kölner jüdischen Bürgern. Dort findet sich auch das Zitat, das diesem Beitrag den Titel gibt.

Niemand konnte sich 1945, ja bis in die frühen 1950er-Jahre, vorstellen, dass Juden sich wieder in nennenswerter Zahl auf deutschem Boden niederlassen würden. Jahrzehntelang hielten die Juden an der Illusion fest, sie seien hier nur auf der Durchreise, auf gepackten Koffern sitzend. Erst in den 1980er-Jahren veränderte sich etwas Wesentliches in ihrem Bewusstsein. Sie gaben zu, dass Deutschland ihre Heimat geworden war. Es wurde sogar darüber diskutiert, ob sich der Zentralrat der Juden in Deutschland nicht in Zentralrat der deutschen Juden umbenennen müsse.

Die jüdische Gemeinschaft in Deutschland wächst

Mit dem Zusammenbruch der ehemaligen Sowjetunion veränderte sich die Lage der jüdischen Bevölkerung in Deutschland grundlegend. Die BRD erlaubte den Zuzug von Juden aus Staaten der ehemaligen Sowjetunion in reglementierten Verfahren.

Einige Zahlen mögen verdeutlichen, wie stark die jüdische Gemeinschaft in Deutschland durch Zuzug gewachsen ist. 1990 lebten gut 29 000 Juden in Deutschland – bezogen auf registrierte Gemeindemitglieder. Ende 2000 waren es 85 000. Seit 1990 hat sich die Zahl der in jüdischen Gemeinden gemeldeten Juden also nahezu verdreifacht. Gleichzeitig hat sich die Zahl der so genannten Alteingesessenen aber um ein Drittel verringert, von 28 000 auf 19 000 – eine Folge der Überalterung. Das bedeutet, der Anteil der Juden aus der ehemaligen Sowjetunion an der jüdischen Gemeinschaft beträgt heute etwa 75 Prozent. Für Köln sind die Zahlen entsprechend: 1990 waren es rund 1200 Mitglieder, Ende 2000 schon 4000. Von den 1200 Alteingesessenen leben noch rund 900.

Mitgliederzahlen der jüdischen Gemeinschaft in Deutschland

	Mitglieder	Mitglieder (ohne Zuwachs)
1990	29 089	28 081
1991	33 692	27 486
1992	36 804	26 821
1993	40 917	25 729
1994	45 559	24 850
1995	53 797	24237
1996	61 203	22 946
1997	67 471	22 211
1998	74 289	20 730
1999	81 739	19 251
1.Hj. 2000	84 369	

Zum 50-jährigen Unabhängigkeitstag des Staates Israel, Jom HaAtzma'ut,
wurde in der Synagogen-Gemeinde gefeiert.

Die jüdische Gemeinschaft in Deutschland ist damit heute die prozentual am schnellsten und stärksten wachsende jüdische Gemeinschaft außerhalb Israels. Es ist davon auszugehen, dass der Zuzug von Juden aus der ehemaligen Sowjetunion noch lange nicht beendet ist.

Die räumliche Neuordnung der Synagogen-Gemeinde Köln

Das Anwachsen der Mitgliederzahlen hatte Ende der 1990er-Jahre eine räumliche Neuordnung der Synagogen-Gemeinde unumgänglich gemacht. 1997 ergab sich die Gelegenheit, einen kleinen Teil des vor dem Krieg als Israelitisches Asyl und nach dem Krieg als Gemeindezentrum genutzten Areals an der Ottostraße in Ehrenfeld zu erwerben. Historisch nicht ohne Reiz, konnte mit diesem Ankauf an wichtige jüdische Einrichtungen aus der Vor- und Nachkriegszeit angeknüpft werden, die sich auch in der Gebäudearchitektur widerspiegeln.

Doch die hochtrabenden Pläne, die die damalige Gemeindeführung beim Ankauf leiteten, mussten nach einer Machbarkeitsstudie auf ein realistisches Maß zurückgeführt werden. Das Zentrum jüdischen Lebens sollte nach den ersten Konzeptionen ganz nach Ehrenfeld verlegt werden. Ein Elternheim, Altenwohnungen, ein Altenzentrum, eine Kindertagesstätte, die Verwaltung mit der stark angewachsenen Sozialabteilung, die Religionsschule und eventuell eine jüdische Grundschule, das Jugendzentrum, eine Synagoge, ein Restaurant und eine Begegnungsstätte sollten in dem angekauften Gebäude untergebracht werden. Das war schon aus Raumgründen nicht möglich.

Stattdessen wurde eine neue Konzeption entwickelt, die sich an den Fragen der Erforderlichkeit, Zweckmäßigkeit und langfristigen Finanzierbarkeit auszurichten hatte. Die Synagoge in der Roonstraße wird demnach nach einer umfassenden Renovierung das Gemeindezentrum bleiben, mit einem großen Gemeindesaal, einem attraktiven Jugendzentrum und einem repräsentativen koscheren Restaurant. In Ehrenfeld dagegen wird ein Wohlfahrtszentrum entstehen mit einem Altenpflegeheim mit 72 Plätzen, einer Kindertagesstätte mit 75 Plätzen, einer kleinen Synagoge und Räumen für die ganze Verwaltung. Viel Glas wird die Transparenz des neuen Zentrums unterstreichen und die Bürger einladen, das Foyer zu Ausstellungen und anderen kulturellen Veranstaltungen zu nutzen.

Im November 2000 wurde mit den Umbauarbeiten begonnen, die in der zweiten Jahreshälfte 2002 abgeschlossen sein sollen.

Vereine der Gemeinde

Die Synagogen-Gemeinde Köln „lebt" von ihren zahlreichen Vereinen und Organisationen: Der jüdische Sportverein **Makkabi** ist Sammelpunkt für Basketballspieler, Tennis- und Tischtennisspieler, Bridge- und Schachspieler und Sportler anderer Disziplinen. Die von Makkabi veranstalteten Turniere, häufig mit Beteiligung jüdischer Mannschaften aus anderen Städten, erfreuen sich besonderer Beliebtheit, vor allem bei den jüngeren Mitgliedern der Gemeinde.

Für die „reiferen Semester" gibt es Angebote im **Esra-Club**. Mitglieder dieses Clubs treffen sich einmal im Monat im großen Gemeindesaal bei Kaffee und Kuchen. Dabei bietet sich die Gelegenheit, neue Bekanntschaften zu knüpfen, Freundschaften zu schließen und so mit neuen Menschen zusammenzukommen.

Die Tätigkeit des **jüdischen Frauenvereins** in Köln läuft in zwei Richtungen: Die Frauen kümmern sich zum einen um allein stehende ältere Leute und machen Krankenbesuche. Eine besondere Aufgabe ist jetzt die Hilfe zur Integration der vielen Neueinwanderinnen.

Die **WIZO** ist ebenfalls eine Frauenorganisation, die aber den Schwerpunkt ihrer Arbeit in der Unterstützung von Hilfsprojekten in Israel sieht. Es werden Vortragsabende über jüdische Frauenthemen veranstaltet, gemeinsame Theaterbesuche organisiert und alljährlich der berühmte WIZO-Wohltätigkeitsbasar durchgeführt.

Der **Bund jüdischer Jugendlicher und Studenten Köln (BjJSK)** hat sich die Aufgabe gestellt, das jüdische Bewusstsein seiner Mitglieder wachzuhalten, jede Art von kollektiven Vorurteilen, jede Form rassistischer, religiöser und politischer Diskriminierung, besonders den Antisemitismus, zu bekämpfen und alle Bemühungen in Deutschland zu unterstützen, eine kritische politische Haltung zu fördern und die deutsche Öffentlichkeit über spezifisch jüdische und israelische Probleme zu informieren.

Die Einwanderung als Herausforderung für die jüdische Gemeinde Kölns

Als mit dem Fall des Eisernen Vorhangs und dem Zusammenbruch der ehemaligen Sowjetunion der Zuzug der jüdischen Einwanderer aus der ehemaligen Sowjetunion begann, sah die jüdische Gemeinschaft darin eine große Chance, jüdisches Leben in Deutschland langfristig zu sichern.

Die enorme Einwanderung stellt allerdings eine gewaltige Herausforderung für die jüdischen Gemeinden dar. Ausmaß und Tempo dieser Immigration haben alle Bereiche jüdischen Lebens in Deutschland beeinflusst, und es ist noch nicht abzusehen, wohin diese Entwicklung gehen wird.

Um die Einreiseerlaubnis nach Deutschland zu bekommen, müssen die Immigranten nur nachweisen, dass sie von einem jüdischen Vater oder einer jüdischen Mutter abstammen. In Deutschland haben sie dann Anspruch auf staatliche Unterstützungen, die ihnen bei der Integration helfen soll. Dazu gehören Sprachkurse, die Möglichkeit der Umschulung, unentgeltliches Gesundheitswesen und Sozialleistungen. Nach einem Aufenthalt von sieben Jahren in Deutschland können sie schließlich die deutsche Staatsbürgerschaft beantragen.

Die neuen Mitglieder sind zweifellos „anders": Sie haben anders als die meisten alteingesessenen Juden in Deutschland wirtschaftliche Probleme, sie sprechen eine andere Sprache, sie sind größtenteils nur nominell jüdisch, sie sind kulturell und politisch anders geprägt und zudem zu einem überwiegenden Teil auch schon relativ alt. Viele in der Gemeindearbeit Tätige klagen, die Immigranten wollten zu viel zu rasch erreichen. Die Immigranten verstehen nicht, wieso die Gemeinden ihnen nicht helfen können. Sie begreifen nicht, dass in unserem Gesellschaftssystem in erster Linie jeder für sich selbst zu sorgen hat.

Mit den jüdischen Zuwanderern ist ein großes Potenzial an wissenschaftlicher Ausbildung und Erfahrung in allen akademischen Bereichen nach Deutschland gekommen. Viele Immigranten haben jedoch noch immer nicht den Anschluss an den deutschen Arbeitsmarkt gefunden. Ursache ist häufig mangelnde Sprachkenntnis. Die Arbeitslosigkeit ist für ehemals aktiv im internationalen Wissenschaftsbetrieb und intellektuellen Leben stehende Forscher höchst unbefriedigend. Gleiches gilt auch für die zahlreichen Künstler, die unter den Immigranten sind. Unduldsamkeit gegenüber denen, die integriert sind, kann da nicht verwundern.

Die Alteingesessenen, die wesentlich früher als die russischsprachigen Immigranten, aber zum großen Teil auch erst nach dem Krieg nach Deutschland gekommen sind, reagieren andererseits auch nicht immer überschwänglich auf den Zuzug. Sie haben nach der Schoah nicht nur die Synagogen wiederbelebt und neu errichtet, sondern auch gewisse Traditionen und moralische Grundpfeiler des gesellschaftlichen und religiösen Lebens neu geschaffen, die ihnen vertraut und unumstößlich erscheinen. Sie erkennen die Gemeinden, die ihnen über Jahrzehnte so vertraut waren, oft nicht mehr wieder. Die meisten Veranstaltungen sind auf Russisch, die Aushänge in der Gemeinde und das Gemeindeblatt ebenfalls, zwei Drittel der Kinder im Kindergarten sprechen Russisch, die Gemeindeversammlung wird simultan in zwei Sprachen übersetzt.

Ein Gottesdienst in der Synagoge Roonstraße.

In den meisten jüdischen Gemeinden ist das religiöse, soziale und kulturelle Angebot in den vergangenen zehn Jahren den russisch sprechenden Immigranten angepasst worden. Auch das hat unter den alteingesessenen Gemeindemitgliedern nicht immer nur Freude ausgelöst. So hatte zum Beispiel die Gemeindevertretung der Synagogen-Gemeinde Köln 1993 beschlossen, die Aufnahme in den zu klein gewordenen Kindergarten von der sozialen Situation der Betroffenen abhängig zu machen. Die Folge: Die Kinder der Alteingesessenen bekamen keinen Platz mehr. Erst 1995, nach dem Ausbau des Kindergartens, entspannte sich die Situation.

Natürlich gibt es nach zehn Jahren erfolgreiche Ansätze der Integration. Menschen, die Wohnung und Beruf gefunden haben; Kinder, die mit großem Erfolg die Schule besuchen. Aber durch den nicht endenden Strom der Einwanderung geht dies in der Wahrnehmung leider zu oft unter – bei den Alteingesessenen und den Immigranten. Die alles entscheidende Frage, wie die Integration der Immigranten auszusehen hat, wie das Spannungsfeld von Zuwandereridentität und Identität der Einwanderungsgesellschaft zu lösen ist, wird nur unzureichend diskutiert.

1999 führte die Synagogengemeinde Köln eine Podiumsdiskussion zu Fragen der Integration durch. Sie endete damit, dass Alteingeses-

Ein liberaler Gottesdienst für Köln

Die Kölner Synagogen-Gemeinde versteht sich – wie nahezu alle jüdischen Gemeinden in Deutschland – als Einheitsgemeinde. Dies bedeutet, dass alle religiösen Strömungen, die es im Judentum gibt (Orthodoxe, Konservative und Liberale) unter einem organisatorischen Dach vereint sind. Allerdings bot die Gemeinde bislang nur einen orthodox ausgerichteten Gottesdienst an. Dies hatte zwei Gründe: Zum einen war die Gemeinde lange Zeit viel zu klein, um sich in mehrere parallele Gottesdienste aufzuspalten. Der Gottesdienst, der allen Richtungen ein gemeinsames Gebet ermöglicht, ist aber der orthodoxe. Zum anderen war jedoch auch nie der ernsthafte Wunsch der Gemeindemitglieder nach einem anderen als dem traditionell eingeführten Dienst geäußert worden. Dies hat sich geändert: Nach einer Podiumsdiskussion über einen liberalen Gottesdienst ist eine kleine Gruppe von fünfzehn, zwanzig Gemeindemitgliedern an die Gemeindevertretung herangetreten und hat um Unterstützung bei der Vorbereitung eines solchen Dienstes gebeten. Die Gemeindevertretung hat sich dazu bereit erklärt. Man wird sehen, ob es dieser kleinen Gruppe gelingen wird, einen dann zweiten Gottesdienst kontinuierlich zu organisieren.

sene die sofortige sprachliche Integration verlangten und Immigranten Russisch zur Gemeindesprache erklären wollten. Beides kann es nicht sein.

Als 1990 die Einwanderung begann, diskutierten die Gemeindemitglieder Kölns, wie sie das Problem der Aufnahme jüdischer Immigranten lösen könnten. Patenschaften für junge Familien wurden übernommen, für den Kindergarten eine Deutschlehrerin eingestellt. Einige Gemeindemitglieder erklärten sich bereit, Religionsunterricht für Erwachsene abzuhalten. Bald musste die Gemeinde jedoch erkennen, dass die Probleme der Integration viel weit reichender waren, als sie bis dahin angenommen hatte. 1996 wurde deshalb eine Integrationskommission ins Leben gerufen.

Die Frage der religiösen, sozialen, sprachlichen und beruflichen Integration wurde über viele Monate von über fünfzig Gemeindemitgliedern in verschiedenen Arbeitsgruppen diskutiert. Dabei wurde deutlich, es kann nicht ein Gesamtkonzept der Integration geben, vielmehr bedarf es einer Mischung aus Gemeinsamem und Multikulturalität. Alt- und Neumitglieder formulierten gemeinsam einen Antrag, den eine Gemeindeversammlung 1997 auch verabschiedete:

Reißt die Mauern ein!

Die Synagogen-Gemeinde Köln hat sich in den Jahren von 1991 bis 1996 von 1200 auf 2700 Mitglieder vergrößert. Ähnliches gilt für die anderen jüdischen Gemeinden in Deutschland. Hervorgerufen wird dieser Anstieg nahezu ausschließlich durch die Einwanderung aus den Staaten der ehemaligen Sowjetunion. Dank dieses Zuwachses kann man heute sagen, es gibt wieder eine nennenswerte Zahl von Juden in Deutschland. Das jüdische Volk lebt – auch in Deutschland. Gemeinden, deren Überleben mehr als fraglich war, haben nun wieder eine Chance, sich zu entwickeln.

Heute sind mehr als die Hälfte unserer Gemeindemitglieder russischsprachig. Die Integration dieser Menschen muss die vordringliche Aufgabe der Synagogen-Gemeinde Köln sein. Dabei wird es kein Problem sein, die Kinder und Jugendlichen zu integrieren. Kindergarten, Jugendzentrum und Religionsschule werden dies in kurzer Zeit schaffen. Auch für die bis Vierzigjährigen ist Integration leistbar – nicht so schnell, aber ist erst einmal eine Wohnung und eine Arbeitsstelle gefunden, kommt der Rest fast von alleine.

Schwierig und kaum lösbar ist die Integration der über Vierzigjährigen. Dies gilt sowohl in religiöser als auch sozialer Hinsicht. Sie sind kaum der deutschen Sprache mächtig – und werden sie aufgrund ihres Alters auch nur schwer lernen.

Sie sind – beileibe nicht freiwillig – im Atheismus erzogen worden und haben so keine oder nur geringe Kenntnisse vom Judentum, seinen Traditionen und seiner Kultur.

Natürlich gilt dies auch für die Jüngeren – diese haben aber weit mehr Möglichkeiten, Probleme aus eigener Kraft oder mit nur wenig Hilfe zu überwinden.

Die Älteren haben kaum eine Chance auf einen Arbeitsplatz. Sie kennen nicht das westliche System, die Rechte, die es dem Einzelnen gibt, und auch nicht die Pflichten, die es von dem Einzelnen abverlangt. Der soziale Abstieg, die kulturelle Fremdheit, die Perspektivlosigkeit führen zu gesundheitlichen Problemen psychischer Art, die kaum lösbar sind.

Hier hat die Synagogen-Gemeinde Köln ihre zentrale Aufgabe. Nur wenn es gelingt, die Menschen aus den ehemaligen Staaten der Sowjetunion in unsere Gesellschaft, in unsere Gemeinde zu integrieren, wird die Gemeinde überleben können.

Die Gemeindeversammlung beauftragt Vorstand und Gemeindevertretung, die nachstehenden Punkte umzusetzen und auf der nächsten Gemeindeversammlung über das Erreichte umfassend zu berichten:

Die Gemeinde bildet einen paritätisch besetzten Ausschuss zur Integration der russisch sprechenden Mitglieder. Vorschläge dieses Ausschusses können nur mit einer schriftlichen Begründung abgelehnt werden.

Alle Rundschreiben (Gottesdienstordnung, Einladungen etc.) werden zweisprachig abgefasst.

Die Gemeinde unterstützt den Club der Akademiker und andere Interessierte bei der Einrichtung von Sprachkursen in finanzieller und räumlicher Hinsicht. Es wird eine regelmäßige Sprechstunde eingerichtet, in der die russisch sprechenden Mitglieder in rechtlicher, sozialer und gesundheitlicher Hinsicht fachkundig beraten werden.

Die Gemeinde errichtet gemeinsam mit dem Club der Akademiker und anderen Interessierten eine Trägerorganisation, die für die russisch sprechenden Mitglieder Arbeitsplätze schafft und vermittelt (3. Arbeitsmarkt).

Die Suche nach der richtigen Mixtur bei der Integration prägt seitdem die Arbeit in der Gemeinde Köln. Es ist schwer, das den Beteiligten zu vermitteln. Denn es bedeutet für die Alteingesessenen und die Immigranten ein ständiges Aufeinanderzugehen, die ständige Bereitschaft, den anderen in seiner Lebenswirklichkeit zu verstehen.

Niemand wird dabei erwarten können, dass die gegenseitige Integration von Zuwanderern und Einheimischen konfliktfrei abläuft. Aber statt soziale Gruppen durch ethnische Attribuierung zu fixieren und ihnen damit festgelegte Positionen zuzuschreiben, müssen die sozialen Probleme und Spannungen wahrgenommen werden, die durch solche Positionsfixierungen ausgelöst werden, um ihnen vorzubeugen. Immerhin ist das bisweilen, leider nicht immer, und oft auch erst spät gelungen. Einige Beispiele:

So erhalten die Immigranten etwa vom Arbeitsamt Deutschunterricht, allerdings nur dann, wenn sie dem Arbeitsmarkt zur Verfügung stehen. Ältere Immigranten haben entsprechend keinen Anspruch darauf. Dank der Hilfe einer pensionierten Lehrerin konnte bereits früh in der Kölner Gemeinde ein Deutschunterricht für Senioren angeboten werden. Woran zunächst nicht gedacht wurde: Die älteren neuen Gemeindemitglieder sind überwiegend Sozialhilfeempfänger, sie sind nicht mobil, und sie leben in den Kölner Randgebieten, Am Kölnberg, in Chorweiler und in Porz.

Also wurden 1997 mit Unterstützung des Arbeitsamtes Lehrer eingestellt, die vor Ort Deutschunterricht anboten – ein riesiger Erfolg, an den aber leider nicht angeknüpft werden konnte, als die entsprechenden ABM-Stellen nicht weiter finanziert wurden. Anfang 2001 konnte die Initiative jedoch wieder aufgenommen werden: Mit Hilfe zahlreicher Freiwilliger der Kölnischen Gesellschaft für Christlich-Jüdische Zusammenarbeit konnten über 25 neue Sprach- und Konversationskurse auf das ganze Stadtgebiet verteilt eingerichtet werden.

Die meisten Zuwanderer haben nur wenig religiöses Wissen mitgebracht, 70 Jahre Kommunismus haben vieles unterdrückt. Es wurde deshalb in der Gemeinde Köln auch Religionsunterricht angeboten und Gebetbücher in russischer Transkription besorgt. Die Resonanz darauf war allerdings gering. Auch hier war das Problem die man-

Deutschunterricht
für Zuwanderer.

gelnde Mobilität. Als der besonders für die Betreuung der Neuzuwanderer eingestellte Rabbiner Schtrocks Gottesdienste, Religionsunterricht und gesellige Treffen in den Wohngebieten anbot, war die Resonanz darauf hingegen groß.

Immer wieder wurde in der Gemeinde bedauert, dass nur wenige Gemeindemitglieder am Freitagabend-Gottesdienst teilnehmen. Seitdem jedoch die Neuzuwanderer in ihrer eigenen Sprache von einer Jüdin, die selbst erst vor wenigen Jahren aus der ehemaligen Sowjetunion einwanderte, mit Liedern, Gebeten und Brachot – hebräische Segenssprüche – zum Schabbat und mit Inhalt und Symbolen der Feiertage vertraut gemacht werden, kommen mehr als 150 Teilnehmer zu den Freitagabend-Gottesdiensten.

Die Integration der neuen Gemeindemitglieder bedeutet für die Gemeinde eine zusätzliche finanzielle Belastung. Zwar finanzieren sich die jüdischen Gemeinden aus Kultussteuern, diese Einnahmequelle ist jedoch in den vergangenen zehn Jahren nahezu unverändert geblieben – trotz der Verdreifachung der Mitgliederzahl.

Hier hilft der im Dezember 1992 ratifizierte Staatsvertrag, den die jüdischen Gemeinden in Nordrhein-Westfalen mit dem Bundesland zur Erhaltung und Pflege des jüdischen Kulturlebens geschlossen haben.

Abschließend kann man sagen, dass sich Entwicklungen abzeichnen, die den Bruch innerhalb der Gemeinden, das Scheitern von Integrationsbemühungen nicht unwahrscheinlich erscheinen lässt. Es besteht die konkrete Gefahr, dass die Gemeinden es nicht schnell genug

Einrichtungen der Gemeinde

Der Sonntag in der Gemeinde gehört der Jugend, die sich im Jugendzentrum **„Jachad"** versammelt. Etwa 80 Jungen und Mädchen, nach Altersgruppen eingeteilt, treffen sich beim Sonntagsprogramm zu Spielen, Liedern und Tänzen, die jüdische Tradition vermitteln sollen. Alle Spiele und Aktivitäten werden von Madrichim geleitet – überwiegend Gymnasiasten und Studenten, die ehrenamtlich und erfolgreich die Jugend betreuen.

Der **Franz-Herschtritt-Kindergarten** der Synagogen-Gemeinde Köln zählt über 60 Kleinkinder, die ganztägig betreut werden. Der jüdische Kalender mit seinen zahlreichen Festen und historischen Bezügen bestimmt dabei die inhaltliche Arbeit dort. Seit Jahren leisten die Mitarbeiter und Mitarbeiterinnen hervorragende Dienste bei der Heranführung der Kinder an jüdische Traditionen und seit 1990 bei der sprachlichen und gesellschaftlichen Integration der Kinder Neuzuwanderer.

Das **Elternheim** der Gemeinde in der Berrenrather Straße bietet 30 Senioren eine qualifizierte Pflege und Betreuung. Gesellige Veranstaltungen, gemeinsame Gottesdienste und vieles mehr bringen Leben in das Heim.

In dem geplanten neuen Wohlfahrtszentrum in Ehrenfeld werden 72 Plätze neu eingerichtet. Sobald diese Plätze zur Verfügung stehen, wird das Haus in der Berrenrather Straße geschlossen.

Junge mit einer Torahrolle anlässlich seiner Bar-Mitzwah.

Das von der Familie Weiss betriebene koschere **Restaurant** im Gemeindehaus in der Roonstraße ist eine der Stützen des Gemeindelebens. Keine Feier, die nicht durch die ausgezeichnete Bewirtung des Hauses eine besondere Note erhält. Als einziges koscheres Restaurant in Nordrhein-Westfalen erfüllt es auch eine wichtige Aufgabe für alle sich an die jüdischen Speisegesetze haltenden Juden, die die Region besuchen. Da das Restaurant ebenfalls für die Öffentlichkeit zugänglich ist, ist die Roonstraße 50 auch eine gastronomisch interessante Adresse in Köln.

schaffen, Sprachbarrieren abzubauen und die zum gegenseitigen Verstehen notwendige Religiosität zu vermitteln.

Dort wo die Gemeinde zusammenwachsen soll, ist oft die Nahtstelle, an der die Gemeinde auseinander zu reißen droht. Die Alteingesessenen brauchen die Immigranten, weil nur sie das Überleben der jüdischen Gemeinden in Deutschland sicherstellen können. Die Immigranten brauchen die Alteingesessenen, weil sie das Know-how haben, die Tradition, die das jüdische Leben maßgeblich bestimmt – also die besten Voraussetzungen für ein gedeihliches Miteinander von Einwanderungsgesellschaft und Immigranten.

Gäste sind herzlich willkommen

Das Interesse an der Arbeit der jüdischen Gemeinde ist enorm. An den Führungen, die die Synagogen-Gemeinde Köln anbietet, nehmen von Jahr zu Jahr immer mehr Interessenten teil. Im Jahre 1998 waren es etwa 10 000: Schüler, Studenten und Lehrer, Interessierte aus evangelischen und katholischen Kirchengemeinden, Vereine, Theologen, Gewerkschaftler, Soldaten und Politiker, die in ein bis zwei Stunden versuchen, sich ein Bild über das jüdische Leben in Köln zu machen.

Die Synagogen-Gemeinde hat immer wieder erklärt, dass sie sich über dieses Interesse freut. Auch wenn Sicherheitsüberlegungen den Zugang nicht einfach gestalten, ist jeder Besucher herzlich willkommen. Es liegt im gemeinsamen Interesse von Nichtjuden und Juden, sich besser kennen und damit – hoffentlich – auch besser verstehen zu lernen.

Während der Führung werden die Besucher mit vielen oft für sie neuen Begriffen und Informationen konfrontiert. Sie hören Daten und Zahlen und haben kaum die Möglichkeit, sich diese alle zu merken. Darum hat die Synagogen-Gemeinde 1999 eine Publikation herausgegeben, die Führungen unterstützt und ergänzt.

Gleichzeitig wurde mit Hilfe des Kölnischen Stadtmuseums eine neue Ausstellungskonzeption für das kleine Museum in der Roonstraße entwickelt. Dies alles ermöglicht den interessierten Gästen der Synagogen-Gemeinde, die Kenntnisse über das Judentum und über die älteste jüdische Gemeinde nördlich der Alpen zu vertiefen.

Die Synagoge Roonstraße heute.

Quellenverzeichnis

Asaria, Zvi, *Die Juden in Köln,* Köln 1959

Blasius, Dirk/Diner, Dan, *Zerbrochene Geschichte*, Frankfurt 1991

Brocke, Michael (Hrsg.), *Feuer an Dein Heiligtum gelegt*, Bochum 1999

Corbach, Dieter, *6.00 ab Messe Köln-Deutz*, Köln 1999

Corbach, Dieter, *Köln und Warschau sind zwei Welten*, Köln 1993

Dreßen, Wolfgang, *Deutsche verwerten jüdische Nachbarn*, Berlin 1988

Evangelische Kirche im Rheinland, *Der Erste Kreuzzug und seine Folgen*, Düsseldorf 1996

Fings, Karola, *Messelager Köln*, Köln 1996

Fischer-Fabian, S., *Der Jüngste Tag*, München 1983

Friedensinitiative Weilerswist, *Vergangenheit unvergessen*, Weilerswist 1988

Germania Judaica (Hrsg.), *Köln und das rheinische Judentum*, Festschrift der Germania Judaica, Köln 1984

Gidal, Nahum T., *Die Juden in Deutschland*, Gütersloh 1988

Ginzel, Günther B. (Hrsg.), *Das durfte keiner wissen*, Köln 1995

Ginzel, Günther B. (Hrsg.), *Antisemitismus*, Köln 1991

Heydecker, Joe J., *Das Warschauer Ghetto*, München 1983

Hilberg, Raoul, *Die Vernichtung des europäischen Judentums*, Frankfurt 1990

Joseph, Artur, *Meines Vaters Haus*, Köln 1970

Kölnisches Stadtmuseum (Hrsg.), *Juden in Köln*, Köln 1984

Kölsch, Julia, *Politik und Gedächtnis. Zur Soziologie funktionaler Kultivierung von Erinnerung*, Wiesbaden 2000

Matzerath, Horst/Buhlan, Harald/Becker-Jákli, Barbara, *Versteckte Vergangenheit*, Köln 1994

Mayer, Hans, *Ein Deutscher auf Widerruf*, Frankfurt 1984

Müller-Jerina, Alwin, *Germania Judaica*, Köln 1986

NS-Dokumentationszentrum Köln, Katalog zur Ausstellung des Historischen Archivs der Stadt Köln/NS-Dokumentationszentrums, *Jüdisches Schicksal* in Köln 1918–1945, Köln 1989

NS-Dokumentationszentrum Köln, *Die jüdischen Opfer des Nationalsozialismus*, Köln 1995

Pehle, Walther H. (Hrsg.), *Der Judenpogrom* 1938, Frankfurt 1988

Pracht, Elfi, *Jüdisches Kulturerbe in Nordrhein-Westfalen*, Köln 1997

Roeseling, Severin, *Das braune Köln*, Köln 1999

Schilling, Konrad (Hrsg.), *Monumenta Judaica*, Köln 1963

Sievers, Leo, *Juden in Deutschland*, Hamburg 1979

Stürmer, Michael/Teichmann, Gabriele/Treue, Wilhelm,
Wägen und Wagen, München 1989

Thalmann, Rita/Feinermann, Emmanuel, *Die Kristallnacht*,
Frankfurt 1988

Bildnachweis

Edith Stein Archiv, Tübingen: S. 171

Germania Judaica, Köln: S. 33, 46, 52, 150, 160, 161

Historisches Archiv der Stadt Köln: S. 16 f., 19, 48 f., 56, 59, 92 ff.

NS-Dokumentationszentrum Köln: S. 99 f., 111f., 114, 116, 119, 123, 124, 127,
129 f., 141, 143, 155, 187, 196, 198, 202 f.

Privatarchiv Dr. Thomas Blisniewski, Köln: S. 62, 81, 95

Privatarchiv der Familie Oppenheim, Köln: S. 61, 66–69, 73 f.

Privatarchiv Herbert Sachs, Köln: S. 216, 221, 225, 230 f., 233

Privatarchiv Winfried Seibert, Köln: S. 82

Rheinisches Bildarchiv, Köln: S. 78, 80, 142, 164, 183, 186, 197, 210

Sammlung Prof. Hubmann, Wien: S. 70

Register